REVOLUÇÃO TECNOLÓGICA, CRISE DA DEMOCRACIA E CONSTITUIÇÃO

Direito e políticas públicas num mundo em transformação

Luís Roberto Barroso

REVOLUÇÃO TECNOLÓGICA, CRISE DA DEMOCRACIA E CONSTITUIÇÃO
Direito e políticas públicas num
mundo em transformação

1ª reimpressão

Belo Horizonte

2024

© 2021 Editora Fórum Ltda.
2024 1ª reimpressão

É proibida a reprodução total ou parcial desta obra, por qualquer meio eletrônico, inclusive por processos xerográficos, sem autorização expressa do Editor.

Conselho Editorial

Adilson Abreu Dallari
Alécia Paolucci Nogueira Bicalho
Alexandre Coutinho Pagliarini
André Ramos Tavares
Carlos Ayres Britto
Carlos Mário da Silva Velloso
Cármen Lúcia Antunes Rocha
Cesar Augusto Guimarães Pereira
Clovis Beznos
Cristiana Fortini
Dinorá Adelaide Musetti Grotti
Diogo de Figueiredo Moreira Neto (in memoriam)
Egon Bockmann Moreira
Emerson Gabardo
Fabrício Motta
Fernando Rossi
Flávio Henrique Unes Pereira

Floriano de Azevedo Marques Neto
Gustavo Justino de Oliveira
Inês Virgínia Prado Soares
Jorge Ulisses Jacoby Fernandes
Juarez Freitas
Luciano Ferraz
Lúcio Delfino
Marcia Carla Pereira Ribeiro
Márcio Cammarosano
Marcos Ehrhardt Jr.
Maria Sylvia Zanella Di Pietro
Ney José de Freitas
Oswaldo Othon de Pontes Saraiva Filho
Paulo Modesto
Romeu Felipe Bacellar Filho
Sérgio Guerra
Walber de Moura Agra

FÓRUM
CONHECIMENTO JURÍDICO

Luís Cláudio Rodrigues Ferreira
Presidente e Editor

Coordenação editorial: Leonardo Eustáquio Siqueira Araújo
Aline Sobreira de Oliveira

Rua Paulo Ribeiro Bastos, 211 – Jardim Atlântico – CEP 31710-430
Belo Horizonte – Minas Gerais – Tel.: (31) 99412.0131
www.editoraforum.com.br – editoraforum@editoraforum.com.br

Técnica. Empenho. Zelo. Esses foram alguns dos cuidados aplicados na edição desta obra. No entanto, podem ocorrer erros de impressão, digitação ou mesmo restar alguma dúvida conceitual. Caso se constate algo assim, solicitamos a gentileza de nos comunicar através do *e-mail* editorial@editoraforum.com.br para que possamos esclarecer, no que couber. A sua contribuição é muito importante para mantermos a excelência editorial. A Editora Fórum agradece a sua contribuição.

B277r	Barroso, Luís Roberto Revolução tecnológica, crise da democracia e Constituição: direito e políticas públicas num mundo em transformação / Luís Roberto Barroso . 1. reimpressão – Belo Horizonte: Fórum, 2021. 272 p.; 14,5x21,5cm ISBN: 978-65-5518-161-6. 1. Direito Constitucional. 2. Políticas Públicas. 3. Tecnologia. I. Título. CDD: 341.2 CDU: 342.7

Elaborado por Daniela Lopes Duarte – CRB-6/3500

Informação bibliográfica deste livro, conforme a NBR 6023:2018 da Associação Brasileira de Normas Técnicas (ABNT):

BARROSO, Luís Roberto. *Revolução tecnológica, crise da democracia e Constituição*: direito e políticas públicas num mundo em transformação. 1. reimpr Belo Horizonte: Fórum, 2021. 272 p. ISBN 978-65-5518-161-6.

Para Tereza, Luna e Bernardo, como sempre.

SUMÁRIO

Introdução 13

ARTIGOS ACADÊMICOS

REVOLUÇÃO TECNOLÓGICA, CRISE DA DEMOCRACIA E MUDANÇA CLIMÁTICA: LIMITES DO DIREITO NUM MUNDO EM TRANSFORMAÇÃO 17
          Introdução 17
Parte I   Algumas lições do século XX 19
I   Distopias, desejos e realidade 19
II   O mundo melhorou muito: o avanço dos valores iluministas 22
III   A importância decisiva das instituições 25
Parte II Transformações e aflições do século XXI 31
I   A revolução tecnológica 31
II   A crise da democracia 35
III   O aquecimento global 40
Parte III Os desafios do nosso tempo: limites e possibilidades do direito 44
I   Alguns riscos da revolução tecnológica 44
II   A democracia e seus inimigos internos 50
III   Os esforços contra o aquecimento global 57
          Conclusão 64

O CONSTITUCIONALISMO DEMOCRÁTICO COMO IDEOLOGIA VITORIOSA DO SÉCULO XX 67
          Nota prévia 67
I   Introdução 67
Parte I   O constitucionalismo no mundo 68
I   Dois modelos de constitucionalismo 68
II   A prevalência do modelo americano 69
III   Surgimento do Estado constitucional de direito 70
Parte II O constitucionalismo no Brasil 71
I   A acidentada história constitucional brasileira 71

II	A Constituição de 1988	72
1	Estabilidade institucional	73
2	Estabilidade monetária	73
3	Inclusão social	74
III	Três mudanças de paradigmas	75
Parte III	O novo direito constitucional brasileiro	77
	Nota prévia terminológica	77
I	A ascensão institucional do Poder Judiciário. Judicialização e ativismo judicial	78
1	Um fenômeno mundial	78
2	Circunstâncias brasileiras	79
3	Judicialização e ativismo judicial	80
II	Complexidade da vida, indeterminação do direito e interpretação constitucional	81
III	Papéis das Supremas Cortes e avanços nos direitos fundamentais	84
1	O papel contramajoritário	84
2	O papel representativo	85
3	Papel iluminista	86
	Conclusão	88
I	Síntese das ideias apresentadas	88
II	A legitimidade democrática da atuação das supremas cortes	89
III	Encerramento	90

O PAPEL CRIATIVO DOS TRIBUNAIS – TÉCNICAS DE DECISÃO EM CONTROLE DE CONSTITUCIONALIDADE 93

I	Introdução	93
II	Decisões intermediárias: mitigação do dogma da nulidade das leis inconstitucionais	96
III	Decisões interpretativas	99
1	Interpretação conforme a Constituição	99
2	Declaração de inconstitucionalidade parcial sem redução de texto	102
3	Declaração de inconstitucionalidade sem a pronúncia de nulidade e apelo ao legislador	102
4	Declaração de lei ainda constitucional em trânsito para a inconstitucionalidade	104
IV	Decisões construtivas	105
1	Decisões construtivas aditivas	107

2	Decisões construtivas substitutivas..	111
V	Críticas enfrentadas pelas decisões construtivas.........................	114
1	Princípio democrático...	115
2	Princípio da separação dos poderes...	118
3	Equilíbrio orçamentário...	121
4	Argumentos consequencialistas..	122
	Conclusão..	123

A EDUCAÇÃO BÁSICA NO BRASIL: DO ATRASO PROLONGADO À CONQUISTA DO FUTURO 127

	Introdução..	127
1	O propósito do presente trabalho...	127
2	A falsa prioridade..	128
3	A importância prioritária da educação básica...............................	129
Parte I	O desenho do sistema...	131
I	A legislação relevante...	131
1	Constituição Federal...	131
2	Legislação ordinária..	132
2.1	Lei de Diretrizes e Bases da Educação Nacional – LDB (Lei nº 9.394, de 20.12.1996)	132
2.2	Plano Nacional de Educação – PNE (Lei nº 13.005, de 25.6.2014)..	133
3	Alguns atos internacionais...	133
II	A educação escolar..	134
III	Descrição sumária do modelo legal da Educação Básica.............	135
1	Educação infantil...	136
2	Ensino fundamental..	137
3	Ensino médio..	139
Parte II	Alguns problemas de cada fase da Educação Básica	139
I	Educação Infantil...	139
II	Ensino fundamental..	141
III	Ensino médio..	144
1	O problema da evasão escolar no Ensino Médio	145
Parte III	Reflexões gerais e ideias para os problemas existentes................	148
I	Os sistemas de avaliação..	148
II	Atração e capacitação de professores...	149
III	Escola em tempo integral	151
IV	Ensino profissionalizante	152

V	Fim da indicação estritamente política dos diretores de escola..	153
VI	Ênfase na Educação Infantil	154
VII	Financiamento e gestão	156
	Conclusão	160

COMO SALVAR A AMAZÔNIA: PORQUE A FLORESTA EM PÉ VALE MAIS DO QUE DERRUBADA 163

	Introdução – Amazônia: segurança humana, desenvolvimento sustentável e prevenção de crimes	163
I	Apresentação do tema	163
Parte I	O quadro atual: o risco de perecimento da floresta	166
I	A mudança climática	166
II	A importância da Floresta Amazônica	168
III	Recuo e avanço do desmatamento	169
Parte II	O caminho da degradação: a dinâmica perversa da destruição da floresta	172
I	Os crimes ambientais	172
II	Regularização da grilagem, corrupção e impunidade	183
III	O dramático desgaste da política ambiental brasileira	186
Parte III	Alguns caminhos para a preservação: a floresta vale mais em pé do que derrubada	189
I	O insucesso dos modelos de desenvolvimento adotados até aqui	189
1	Modelo desenvolvimentista: derrubada da floresta para exploração de atividades econômicas	190
2	Modelo ambientalista: ênfase na preservação máxima da floresta	194
3	O modelo híbrido: o difícil equilíbrio	196
II	Um novo modelo de desenvolvimento: a quarta revolução industrial e a bioeconomia da floresta	198
III	A participação internacional	203
1	Financiamento e assistência técnica para redução do desmatamento: MDL e REDD+	203
2	Exigência dos mercados consumidores: produtos não associados ao desmatamento	206
3	Critérios para as instituições financeiras: o desmatamento como fator de depreciação e risco	208
	Conclusão	209

ARTIGOS JORNALÍSTICOS

HISTÓRIA DO BRASIL QUE DÁ CERTO 215

E SE FIZÉSSEMOS DIFERENTE? 219

NÓS, O SUPREMO 221
I   Introdução 221
Parte I   Problemas e dificuldades do Supremo Tribunal Federal 222
I   As críticas procedentes 222
II   As competências que o STF não deveria ter 222
III   Propostas de solução 223
Parte II   A inestimável contribuição do STF para a democracia
brasileira 224
I   A proteção dos direitos fundamentais 224
II   A proteção das regras do jogo democrático e da moralidade
política e administrativa 225
III   Os diferentes papéis de uma suprema corte 225
Parte III O STF e o momento brasileiro: a dura luta contra a corrupção .. 226
I   Extensão e profundidade do problema 226
II   O papel decisivo do STF na mudança da cultura de
impunidade 227
III   A reação oligárquica 228
           Conclusão 228

O SEQUESTRO DA NARRATIVA 231

A GUERRA PERDIDA 235

PREFÁCIOS

ALGO DE NOVO DEBAIXO DO SOL 241

A CONSTITUCIONALIZAÇÃO TARDIA DO DIREITO PENAL
BRASILEIRO 247
I   O autor e o tema que escolheu 247
II   O livro 249
III   Conclusão 252

COMPLIANCE E A REFUNDAÇÃO DO BRASIL 253
I   Introdução 253

II	O quadro brasileiro atual..	254
III	Conteúdo e importância de *compliance*..	257

VIDA E MORTE DAS CONSTITUIÇÕES NA AMÉRICA LATINA: DEMOCRACIA, INSTABILIDADE E PAPEL DOS TRIBUNAIS................ 261

I	Algumas vicissitudes comuns ao constitucionalismo latino-americano...	262
II	Uma história fragmentada: a duração das constituições na América Latina...	263
III	Fatores que influenciam a durabilidade das constituições..........	264
IV	O núcleo essencial das constituições latino-americanas: as cláusulas pétreas..	266
V	O controle de constitucionalidade de emendas...........................	267

O CAMINHO DO MEIO.. 269

INTRODUÇÃO

As angústias do nosso tempo

Ninguém viu que vinha vindo. De repente, em 11 de março de 2020, a Organização Mundial da Saúde declara uma pandemia sem precedentes desde a gripe espanhola, no início do século XX, que custou 50 milhões de vidas, inclusive a do presidente da República do Brasil, Rodrigues Alves. Com a Covid-19, os números, embora inferiores, são também aterradores. Em fevereiro de 2021, quando escrevo essas linhas, já haviam ocorrido quase 2,5 milhões de mortes pelo mundo afora e cerca de 250 mil, só no Brasil.

A pandemia trouxe problemas em múltiplas dimensões. Além dos impactos sanitários, há também os: a) *econômicos*, com a queda do PIB de todos os países e quebra sequencial de empresas; b) *sociais*, com a escalada do desemprego; e c) *fiscais*, com o superendividamento dos países, com destaque para o Brasil. A dívida pública, que já era elevada, bate recordes diante da necessidade de acudir os necessitados com auxílio emergencial, ajuda às empresas em dificuldades e gastos com o setor de saúde. Ao menos temporariamente, sairemos mais pobres de tudo isso. A esperança é que possamos sair, também, mais conscientes em relação à pobreza e à desigualdade e, consequentemente, mais solidários.

Em diferentes partes do mundo, também a democracia tem vivido momentos de sobressaltos. No início de fevereiro de 2021, a imprensa noticiou um golpe militar em Mianmar. Países como Hungria, Polônia e Turquia, em meio a outros, vivem sob o que tem sido cognominado *democracias iliberais*, com concentração de poderes no Executivo, esvaziamento das cortes constitucionais e ataques à imprensa. Nos Estados Unidos, uma assustadora invasão do Capitólio por militantes *trumpistas* inconformados com o insucesso eleitoral – incentivados pelo presidente derrotado – enviou sinais de alerta para todo o mundo. No Brasil, o Supremo Tribunal Federal e o Congresso Nacional procuraram lidar da melhor forma com o negacionismo em relação à pandemia e a outras opções controvertidas em questões relacionadas a indígenas, meio ambiente e participação de organismos da sociedade civil em órgãos de deliberação, para citar algumas.

Na verdade, o mundo assiste a três fenômenos distintos, que se tornam particularmente problemáticos quando ocorrem simultaneamente: a) o populismo; b) o conservadorismo extremista; e c) o autoritarismo. O *populismo* identifica a manipulação dos medos e das necessidades da população por líderes carismáticos. Ele vem com a promessa de soluções simplistas e imediatas, que cobram um preço alto no futuro. Suas estratégias mais comuns incluem: (i) o uso das redes sociais para comunicação direta com o povo; (ii) o *by-pass* das instituições intermediárias de mediação da vontade popular, como o Legislativo, a imprensa e entidades da sociedade civil; e (iii) ataques às supremas cortes ou a quaisquer instituições que exerçam efetivo controle do poder.

O *conservadorismo extremista*, frequentemente raivoso, não se confunde com o conservadorismo em si, uma legítima visão de mundo em meio a muitas que a democracia oferece. O extremismo se manifesta em comportamentos de intolerância e agressividade, pelos quais se procura negar ou retirar direitos daqueles que pensam de maneira diferente, e se disseminam ódios, mentiras deliberadas e teorias da conspiração. E o *autoritarismo*, o ímpeto da concentração arbitrária do poder no Executivo, é um fantasma que assombra, desde sempre, países na América Latina, na Europa oriental, na África e na Ásia. Como a história demonstra, trata-se de uma tentação permanente daqueles que chegam ao poder nessas partes do mundo.

O presente livro reúne minhas reflexões dos últimos dois anos sobre temas diversos. Na parte dos *Artigos acadêmicos*, discorro sobre revolução tecnológica, crise da democracia e mudança climática, sobre a vitória do constitucionalismo democrático, apesar das agruras atuais, sobre o papel criativo dos tribunais, sobre como priorizar a educação e sobre como salvar a floresta amazônica. Seguem-se um conjunto de *Artigos jornalísticos*, sobre as eleições, as pandemias, a atuação do Supremo Tribunal Federal, a luta contra a corrupção e a questão das drogas. E, por fim, em *Prefácios*, selecionei aqueles em que faço reflexões sobre teoria do direito, direito penal, corrupção e *compliance*, constitucionalismo latino-americano e direito do trabalho.

Escrevendo, ainda, em meio à pandemia da Covid-19, dedico este livro aos visionários que conceberam o Sistema Único de Saúde – SUS e aos milhares de profissionais da saúde que, em condições adversas, arriscam-se para salvar milhares de vidas. Dedico-o, também, àqueles que, em meio à descrença e a ameaças, mantêm a fé na democracia, numa comunidade de pessoas livres e iguais que trabalha pelo bem de todos e por um país melhor e maior.

Brasília, fevereiro de 2021.

ARTIGOS ACADÊMICOS

REVOLUÇÃO TECNOLÓGICA, CRISE DA DEMOCRACIA E MUDANÇA CLIMÁTICA: LIMITES DO DIREITO NUM MUNDO EM TRANSFORMAÇÃO[1][2]

Introdução

O artigo que se segue procura analisar as relações entre o direito e três fenômenos que moldam de forma emblemática o mundo contemporâneo. O primeiro desses fenômenos é a *revolução tecnológica ou digital* e o limiar da Quarta Revolução Industrial. A conjugação da tecnologia da informação, da inteligência artificial e da biotecnologia produzirá impacto cada vez maior sobre os comportamentos individuais, os relacionamentos humanos e o mercado de trabalho, desafiando soluções jurídicas em múltiplas dimensões. Em segundo lugar, a *crise da democracia* ronda países de diferentes continentes. Mesmo nas democracias mais maduras, um número expressivo de cidadãos tem abandonado visões políticas moderadas para apoiar minorias radicais, com aumento preocupante da tolerância para com soluções autoritárias. O constitucionalismo democrático precisa reagir aos riscos e às ameaças desses novos tempos. Por fim, afetando de maneira transversal todas as nações do globo, está a *questão ambiental*. Apesar da persistência de algumas posições contrárias, a maioria esmagadora dos cientistas adverte

---

[1] Este artigo foi publicado, na versão em inglês, no *International Journal of Constitutional Law*, 18:334, 2020; e, na versão em português, na *Revista Estudos Institucionais*, 5:1262, 2019.

[2] Este artigo foi escrito, em sua maior parte, na Harvard Kennedy School. Sou grato a Sushma Raman e a Mathias Risse pela gentil acolhida no Carr Center for Human Rights Policy. Agradeço, também, a Roberta Thomazoni Mayerle por sua valiosa ajuda na pesquisa das questões ambientais.

dos perigos de se retardarem as providências prementes exigidas para conter a mudança climática,[3] que em longo prazo ameaça a própria sobrevivência da vida na Terra.

O direito, por sua vez, como a grande instituição universal,[4] procura incidir sobre as novas realidades, com sua eterna pretensão de ubiquidade, universalidade e completude. Porém, num mundo complexo, plural e volátil, repleto de dilemas éticos e impasses políticos, seus limites e possibilidades são testados e abalados. A confluência desses fatores produz a conjuntura crítica da atualidade. É nesse ambiente que se procura: manter o avanço tecnológico numa trilha ética e humanista; revitalizar a democracia, incorporando as potencialidades do mundo digital e redesenhando instituições que envelheceram; bem como despertar corações e mentes dos cidadãos e atitudes das autoridades para lidar com a gravidade do aquecimento global e as suas consequências. A história registra que é em momentos críticos que se abrem janelas de oportunidade para mudanças estruturais na política, na economia e nas práticas sociais em geral. Por exemplo: o período que sucedeu à Segunda Grande Guerra proporcionou ao mundo avanços civilizatórios significativos. É preciso, portanto, nessa quadra em que vivemos, oferecer resistência aos retrocessos, mas liberar a energia criativa do movimento da história, sem temer as inovações e as transformações irreversíveis.

---

[3] Mudança climática e aquecimento global são expressões frequentemente utilizadas como identificando o mesmo fenômeno. Porém, mais recentemente, tem se preferido a denominação mudança climática, por seu caráter mais abrangente. V. ROMM, Joseph. Is there a difference between global warming and climate change? *The Years Project*. Disponível em: https://theyearsproject.com/ask-joe/difference-global-warming-climate-change/. Acesso em: 4 jul. 2019: "Mudanças climáticas ou mudanças climáticas globais são geralmente consideradas um termo mais cientificamente preciso do que o aquecimento global, como a NASA explicou em 2008, em parte porque as mudanças nos padrões de precipitação e no nível do mar provavelmente terão um impacto humano muito maior do que temperaturas sozinho".

[4] BARROZO, Paulo. *Law in time*: jurisprudence for legal history. 2019. Mimeo. p. 9: "O Direito é a grande instituição universal. Isso significa que, em princípio, ninguém está fora do seu alcance; e tal característica nenhuma outra instituição pode igualar. Na medida em que os sistemas jurídicos domésticos se conectam entre si e com o sistema de direito internacional em uma grande variedade de maneiras, a ubiquidade do Direito aponta para sua universalidade".

Parte I
Algumas lições do século XX

I Distopias, desejos e realidade

Duas distopias[5] totalitárias marcaram época no século XX. A primeira delas foi *Admirável mundo novo*, livro de Aldous Huxley publicado em 1932, entre a Primeira e a Segunda Guerra Mundiais, um período caracterizado pelo otimismo tecnológico. A segunda foi *1984*, de autoria de George Orwell, publicada em 1949, após a Segunda Guerra, um momento em que se vivia o crescente poderio da União Soviética e o apelo político do comunismo. Um terceiro texto assinalou os anos finais do século passado: *O fim da história*, de Francis Fukuyama, publicado em 1989[6] e, depois, expandido em um livro lançado em 1992.[7] O texto foi contemporâneo do fim da Guerra Fria e refletiu a empolgação daquele momento.

Em *Admirável mundo novo*,[8] Huxley retrata uma organização política futurística, denominada Estado Mundial, na qual inexistem guerras, revoluções ou conflitos sociais. A sociedade é dividida em cinco classes, cada uma delas destinada a cumprir uma função: desde os Alfas, criados para serem líderes, até os Epsilons, que desempenharão os trabalhos manuais. Os embriões eram concebidos em laboratório, numa linha de produção na qual, por manipulação genética e tecnologias de condicionamento, eram desenvolvidos para realizar, com satisfação, o papel social que lhes seria atribuído. Nesse universo, inexistiam figuras como pai, mãe ou gestação. A ordem política e social era organizada para o fim utilitário de maximizar a felicidade de todos e de cada um. Para tanto, foram suprimidos, desde a origem, emoções fortes, desejos afetivos e relações pessoais mais intensas. Na eventualidade de alguma frustração ou tristeza, consumia-se uma droga capaz de eliminar sentimentos negativos, denominada *Soma*. Todo o sistema era baseado no prazer, sendo o sexo livre e não monogâmico. Os não conformistas eram exilados. A sociedade, como a conhecemos hoje, subsistia apenas em uma *Reserva Selvagem*, que as pessoas podiam visitar para ver os

---

[5] Utopia designa um sistema social idealizado e próximo da perfeição. Distopia identifica o oposto: um sistema social opressivo, com variados tipos de coerção.
[6] FUKUYAMA, Francis. The end of history. *The National Interest*, verão de 1989.
[7] FUKUYAMA, Francis. *The end of history and the last man*. Nova York: Free Press, 1992.
[8] HUXLEY, Aldous. *Brave new world*. Nova York: Double Day, 1932.

horrores de outra época – a nossa! – com violência, rituais religiosos estranhos e sofrimentos. O único personagem que se rebela contra o modelo do Estado Mundial acaba sucumbindo ao sistema e se suicida. O aparente paraíso hedonista de Huxley é, na verdade, totalitário e desumanizador.

No livro *1984*,[9] Orwell narra o contexto assustador e deprimente de um Estado totalitário, fundado no controle social opressivo dos cidadãos, com censura, vigilância, propaganda e brutal repressão. A história se passa em Oceania, um dos três super-Estados em que se dividiu o mundo na sequência de guerras e revoluções internas que se seguiram à Segunda Grande Guerra. Os outros dois Estados "intercontinentais" são Eurásia e Lestásia. Todos vivem em guerra permanente. O governo é conduzido por um partido único, no qual se cultua a personalidade de um líder cuja existência real é incerta, conhecido como *Big Brother*. A sociedade é dividida em três classes: a alta, que abriga a reduzida elite partidária, a média e o proletariado. Os ministérios são designados por nomes que representam o seu oposto: o da Paz cuida da guerra, o da Abundância administra o racionamento, o do Amor promove tortura e lavagem cerebral e o da Verdade trata da propaganda e da revisão da história. O personagem principal, Winston Smith, trabalha no Ministério da Verdade, reescrevendo a história de acordo com as demandas do partido. Winston é inconformado com o sistema opressivo, em que, além de não haver liberdade de pensamento, até mesmo seu relacionamento amoroso tem que ser clandestino. Ele procura se juntar ao movimento de resistência, mas é vítima de uma armadilha, sendo preso, longamente torturado e submetido à lavagem cerebral. No final melancólico do livro, Winston passa a apoiar o partido e a amar *Big Brother*.

Diferentemente dos dois primeiros, o texto de Fukuyama não é ficção futurista, mas, ao contrário, teve a pretensão de retratar a realidade histórica, corrente e futura. Dois meses após o discurso de Mikhail Gorbachev, nas Nações Unidas, anunciando que a União Soviética não mais interferiria nos assuntos dos seus então satélites do leste europeu, o autor proferiu, em fevereiro de 1989, a palestra que lançaria as bases do seu artigo *O fim da história*, publicado meses depois,

---

[9] ORWELL, George. *1984*. Nova York: Chelsea House, 2007 (a 1ª edição é de 1949).

e do livro que aprofundaria o tema.[10] Seu argumento era simples: com o fim da Guerra Fria e a iminente derrocada do comunismo, o embate ideológico que marcara o século XX, entre capitalismo e comunismo, assim como a Guerra Fria que lhe servia de pano de fundo, haviam chegado ao fim. A democracia liberal, fundada no Estado de direito, no livre mercado, nas liberdades individuais e no direito de participação política, consagrou-se como o ponto culminante da evolução ideológica da humanidade.[11] Segundo ele, Marx estava errado: o capitalismo, e não o comunismo, prevaleceu no final. Hegel, por sua vez, estava certo quando previu que uma forma perfeitamente racional de sociedade e de Estado um dia se tornaria vitoriosa.[12] Poucos meses após a publicação do artigo, a queda do muro de Berlim, em 9.11.1989 e, mais à frente, a dissolução da União Soviética, em 26.12.1991, pareciam dar razão a Fukuyama. O tempo demonstraria, todavia, que o vaticínio do fim da história era mais um desejo – *wishful thinking* – do que uma realidade.

Nenhuma das duas distopias se tornou realidade, seja no próprio século XX, seja nesse quarto inicial do século XXI. É certo que *1984* tinha seu enredo baseado em riscos históricos mais próximos, à vista das experiências do nazismo e do stalinismo. Já o *Admirável mundo novo*, como obra de ficção científica, mirava um futuro mais remoto. Nada obstante, ambas trazem alertas importantes, que vêm do século XX, para os riscos reais da combinação entre política, autoritarismo, tecnologia e engenharia genética. Profecias assustadoras, como as dessas duas obras, nem sempre são formuladas como antecipação do que vai efetivamente acontecer, mas, justamente ao contrário, servem para despertar as consciências para perigos que podem germinar na sociedade. Quanto à democracia constitucional, é correta a constatação de que ela foi a ideologia vitoriosa do século XX.[13] Sem embargo, nesse

---

[10] FUKUYAMA, Francis. The end of history. *The National Interest*, verão de 1989; FUKUYAMA, Francis. *The end of history and the last man*. Nova York: Free Press, 1992.

[11] FUKUYAMA, Francis. The end of history. *The National Interest*, verão de 1989. p. 4: "What we may be witnessing is not just the end of the Cold War [...], but the end of history as such: that is, the end point of mankind's ideological evolution and the universalization of Western liberal democracy as the final form of human government".

[12] FUKUYAMA, Francis. The end of history. *The National Interest*, verão de 1989. p. 4.

[13] Em 1900, nenhum país do mundo tinha seus governantes eleitos por sufrágio universal. Em dezembro de 1999, 119 países poderiam ser identificados como democráticos. V. FREEDOM HOUSE. *End of century survey finds dramatic gains for democracy*. 7 dez. 1999. Disponível em: https://freedomhouse.org/article/end-century-survey-finds-dramatic-gains-democracy. V. também, BARROSO, Luís Roberto. *Constitucionalismo democrático*: a ideologia vitoriosa do século XX. Ribeirão Preto: Migalhas, 2019.

início do novo século, ela enfrenta contestações e desafios relevantes. Em suma: as distopias não se realizaram, mas a história não acabou.

II O mundo melhorou muito: o avanço dos valores iluministas

O século XX talvez não tenha sido tão breve, mas certamente foi uma era de extremos:[14] teve, simultaneamente, a marca de guerras e genocídios, de um lado, e a consagração dos direitos humanos e a expansão da democracia, de outro. Guerras foram muitas: *mundiais*, como a Primeira, de 1914 a 1917, e a Segunda, de 1939 a 1945; e *localizadas*, como as da Coreia, do Vietnam e do Golfo, entre outras. Além de uma prolongada Guerra Fria, com o risco de conflito nuclear. Foram dois os holocaustos: o de mais de 1,5 milhão de armênios pelo Império Otomano, entre 1915 e 1923, e o de mais de 6 milhões de judeus pelos nazistas, entre 1941 e 1945. Alguns incluiriam nessa lista, também, o massacre de mais de 500 mil Tutsi, em Ruanda, em 1994. O século foi igualmente palco da Revolução Russa, de 1917, e da grande depressão do mundo capitalista, a partir de 1929. Também foi o cenário da ascensão e da queda do fascismo, do nazismo e do comunismo, bem como da eclosão do fundamentalismo islâmico.

Após a Segunda Guerra Mundial, houve a criação das Nações Unidas e a aprovação de diversas declarações de direitos humanos. Da metade para o quarto final do século, ocorreram inovações importantes nos costumes e na cultura, que incluíram o desenvolvimento da pílula anticoncepcional, a emancipação feminina, a conquista de direitos civis pelos negros e o início do reconhecimento de igualdade para os grupos LGBT. Mesmo após a dissolução da União Soviética, o século ainda continuou acelerado, com o desenvolvimento e difusão dos computadores pessoais, dos telefones celulares e, sobretudo, a revolução trazida pela internet, conectando quase todo o mundo em tempo real. Foi, igualmente, a era do rádio, da televisão, do jazz, do *rock'n'roll*, dos Beatles e da bossa nova. De Pablo Picasso, Frida Khalo e Andy Warhol. E, também, de Villa-Lobos e Caetano Veloso. A pluralidade, intensidade e velocidade dos eventos, interpretados sob pontos de vista ideológicos

---

[14] *A era dos extremos: o breve século XX* é o título do livro célebre de um dos mais proeminentes historiadores do século XX, Eric Hobsbawm, publicado em 1994. Nos Estados Unidos foi publicado com o título *The age of extremes: a history of the world*.

e existenciais diversos, levaram a avaliações contrapostas acerca do impacto que o período produziu na história da humanidade em geral e no século XXI, que se iniciou em seguida.

Uma visão geral negativa e até pessimista do século XX é exposta pelo historiador inglês Eric Hobsbawm, em aclamado livro publicado em 1994. A obra se inicia com declarações de 12 intelectuais relevantes, começando por Isaiah Berlin, que se referem ao "breve século XX" – período que vai do início da Primeira Guerra à dissolução da União Soviética – como "o mais terrível", "o mais violento", "século de massacres e guerras". O próprio Hobsbawm afirmou que o século começou com catástrofe e terminou em crise, com uma curta "época de ouro" de crescimento econômico e transformação social, que vai do final da Segunda Guerra ao início dos anos 70.[15] Na visão do autor, tanto o comunismo quanto o capitalismo fracassaram, e o futuro não é promissor. Para ele, o mundo do terceiro milênio certamente continuará a ser marcado pela violência política.[16] O livro foi concluído imediatamente após o fim da Guerra Fria e do desmoronamento do projeto socialista. Tendo sido um ativo intelectual marxista, Hobsbawm não viu ali o triunfo da democracia liberal e do livre mercado, mas a prevalência de um sistema que considerava incapaz de trazer justiça social e estabilidade. Para ele, "o velho século terminou mal".[17]

Não se devem minimizar as vicissitudes do século XX, relatadas com maestria por Eric Hobsbawm, nem os riscos de um capitalismo sem competidores ideológicos. Porém, não é possível, tampouco, fechar os olhos para um fato inegável: a humanidade iniciou o século XXI em condições melhores do que jamais esteve. Olhando em perspectiva histórica, o mundo que se desenvolveu sob o signo das ideias do Iluminismo, consagradas ao final do século XVIII – razão, ciência, humanismo e progresso –,[18] é de evolução contínua em múltiplos domínios: vivemos mais e melhor, num planeta com menos guerras, menos desnutrição, menos pobreza, maior acesso ao conhecimento, mais direitos, inclusive para minorias secularmente discriminadas, como mulheres, negros e *gays*. Mesmo a ética animal entrou no radar da sociedade. O século XX, com seus avanços na ciência, na medicina,

---

[15] HOBSBAWM, Eric. *Age of extremes*. Londres: Penguin, 1994. p. 6.
[16] HOBSBAWM, Eric. *Age of extremes*. Londres: Penguin, 1994. p. 460.
[17] HOBSBAWM, Eric. *Age of extremes*. Londres: Penguin, 1994. p. 17.
[18] PINKER, Steven. *Enlightenment now*: the case for reason, science, humanism and progress. Nova York: Penguin, 2018.

na tecnologia digital, na democracia não simboliza, por isso mesmo, um período de decadência da condição humana.[19] Justamente ao revés, foi o século que desfez ilusões e nos tornou mais exigentes, mais realistas e livres de narrativas abrangentes imaginárias. Parte do romantismo foi trocada pela exigência de comprovação empírica do que funciona e do que não funciona.

Em um livro repleto de dados reconfortantes, Steven Pinker documenta essa evolução, com fartura de dados e de informações. A *expectativa de vida*, em meados do século XVIII, na Europa e nas Américas, era em torno de 35 anos. No início do século XXI, era superior a 70.[20] A *desnutrição* ainda afeta, tragicamente, 13% da população mundial. Mas, em 1947, esse percentual era de 50%.[21] A *pobreza extrema* caiu de 90% para 10% em 200 anos, tendo o salto na curva ocorrido no quarto final do século XX. Ademais, a tecnologia e a globalização modificaram o significado do que é ser pobre.[22] Apesar das muitas nuances envolvendo a *desigualdade* persistente, o fato objetivo é que o coeficiente Gini – índice internacional utilizado para medir a desigualdade social – revela que ela está em declínio.[23] A *educação* ainda enfrenta graves deficiências em toda parte, e há metas específicas em relação ao tema fixadas em documentos internacionais.[24] Porém, o avanço é crescente. A alfabetização, que era privilégio de poucos, mesmo quando já avançado o século XIX, hoje alcança 87% da população mundial.[25] Quanto à paz, a guerra permanente deixou de ser o estado natural das relações entre os países. E, embora, tristemente, ainda existam guerras geograficamente limitadas, a quase

---

[19] Nas palavras the HARARI, Yuval Noah. *Homo Deus*. Nova York: HarperCollins, 2017. p. 21: "Tendo garantido níveis sem precedentes de prosperidade, saúde e harmonia, e dado nosso histórico passado e nossos valores atuais, os próximos alvos da humanidade provavelmente serão a imortalidade, a felicidade e a divindade" (tradução livre).

[20] PINKER, Steven. *Enlightenment now*: the case for reason, science, humanism and progress. Nova York: Penguin, 2018. p. 53-55.

[21] PINKER, Steven. *Enlightenment now*: the case for reason, science, humanism and progress. Nova York: Penguin, 2018. p. 71.

[22] PINKER, Steven. *Enlightenment now*: the case for reason, science, humanism and progress. Nova York: Penguin, 2018. p. 87; 117.

[23] PINKER, Steven. *Enlightenment now*: the case for reason, science, humanism and progress. Nova York: Penguin, 2018. p. 105.

[24] Na Agenda de Desenvolvimento Sustentável para 2030, das Nações Unidas, aprovada em 2015, o Objetivo 4 é o seguinte: "Assegurar a educação inclusiva e equitativa e de qualidade, e promover oportunidades de aprendizagem ao longo da vida para todos".

[25] PINKER, Steven. *Enlightenment now*: the case for reason, science, humanism and progress. Nova York: Penguin, 2018. p. 236.

totalidade das nações do mundo tem o compromisso de não entrar em conflito bélico, salvo em legítima defesa ou com a aprovação da ONU.[26] Esses avanços civilizatórios são confirmados pelo IDH – Índice de Desenvolvimento Humano, adotado pelo Programa de Desenvolvimento das Nações Unidas, que mede a qualidade de vida das pessoas com base na expectativa de vida, educação e renda *per capita*.[27] Os progressos referidos acima sugerem uma marcha na direção certa, embora não na velocidade desejada. A superação da pobreza extrema e a redução das desigualdades continuam a ser causas inacabadas da humanidade. Ainda assim, é bom desfazer a crença de que o mundo está em declínio, prestes a cair no domínio caótico de miséria, guerras, revoluções, terrorismo, tráfico de drogas, intolerâncias diversas e epidemias. Há momentos em que a fotografia parece assustadora, mas é sempre necessário olhar o filme inteiro.

III A importância decisiva das instituições

Uma das lições do século XX é o papel decisivo das instituições no desempenho político e econômico dos países. Instituições são as "regras do jogo" e os mecanismos necessários ao seu cumprimento. Tais regras, formais e informais, instituem limites e incentivos na interação humana.[28] São padrões de comportamento e de relacionamento à vista da Constituição, leis, regulamentos e normas éticas, bem como de costumes e práticas sociais nas áreas mais diversas. Também permeiam o conceito atitudes sociais relativamente a valores como trabalho, justiça, confiança, integridade e cooperação, entre outros. Uma constatação essencial é a de que, quando as instituições formais não funcionam adequadamente, institucionalizam-se práticas informais, muitas vezes *contra legem*.[29] O que explica as diferenças no nível de realizações das diferentes sociedades? O papel das instituições políticas e econômicas na

---

[26] PINKER, Steven. *Enlightenment now*: the case for reason, science, humanism and progress. Nova York: Penguin, 2018. p. 13; 163.

[27] UNITED NATIONS DEVELOPMENT PROGRAMME. *Human development reports*. Disponível em: http://hdr.undp.org/en/content/human-development-index-hdi.

[28] NORTH, Douglass C. *Instituições, mudança institucional e desempenho econômico*. Tradução de Alexandre Morales. São Paulo: Três Estrelas, 2018. p. 13.

[29] Por exemplo: onde o sistema de justiça funciona mal, aumenta a violência privada; onde a burocracia impõe ônus excessivos, desenvolvem-se esquemas alternativos de propinas; onde a tributação é desproporcional, multiplicam-se os artifícios para a sonegação. Assim é, porque sempre foi.

construção das nações, determinando seu sucesso ou fracasso, é objeto de vasta literatura acadêmica. Um dos autores mais relevantes sobre o tema foi Douglass C. North, covencedor do Prêmio Nobel de Economia do ano de 1993, cujas ideias permeiam as reflexões que se seguem.

No plano político, instituições existem para criar uma ordem estável, que diminua o nível de incerteza nas interações humanas.[30] No plano econômico, as instituições são responsáveis, em última análise, pelas oportunidades existentes em dada sociedade, já que são fatores decisivos para o comportamento humano e para a formação dos custos de produção e de transação.[31] Elas definem e limitam as escolhas que as pessoas podem fazer. Os incentivos decorrentes do arranjo institucional vigente são determinantes na definição de quais habilidades e conhecimentos serão mais valiosos e quais comportamentos recompensam melhor os indivíduos e as empresas.[32] A seguir, alguns exemplos de como a maior ou menor eficiência das instituições traça o destino das nações.

O papel das instituições políticas e econômicas foi o marco divisor da trajetória de países como Espanha e Inglaterra. No início do século XVII, a Espanha era a grande potência mundial e a Inglaterra, uma ilha relativamente secundária no contexto da Europa. Todavia, ao longo do século, as instituições inglesas evoluíram na direção da afirmação do Parlamento, com maior garantia dos direitos de propriedade, um sistema de justiça imparcial, ampliação da liberdade política e, sobretudo, da liberdade econômica. A Espanha, por sua vez, enfrentou a crise fiscal trazida por guerras sucessivas, exacerbando o poder monárquico, aumentando tributos, realizando confiscos de propriedades e desenvolvendo uma burocracia centralizadora e monopolista, voltada

---

[30] NORTH, Douglass C. *Instituições, mudança institucional e desempenho econômico*. Tradução de Alexandre Morales. São Paulo: Três Estrelas, 2018. p. 13; 16-17; 197. North faz uma importante distinção conceitual entre instituições e organizações. Instituições, como visto, são as regras do jogo. As organizações (partidos políticos, empresas, sindicatos, universidades etc.) são os jogadores. As regras do jogo não se confundem com as estratégias dos jogadores.

[31] Custo de transação é o custo de fazer negócios, comprando e vendendo bens ou serviços. Eles incluem despesas com comunicação, serviços jurídicos, obtenção de informações adequadas, controle de qualidade e mesmo transporte. V. TRANSACTION costs. *Business Dictionary*. Disponível em: http://www.businessdictionary.com/definition/transaction-cost.html. Acesso em: 14 jul. 2019. Se em dado mercado é difícil obter uma linha telefônica, comprar uma peça de reposição ou ver um processo judicial julgado em tempo razoável, o custo de transação aumenta significativamente. O trabalho considerado seminal nessa matéria é de COASE, Ronald. *The nature of the firm*. [s.l.]: [s.n.], 1937.

[32] NORTH, Douglass C. *Instituições, mudança institucional e desempenho econômico*. Tradução de Alexandre Morales. São Paulo: Três Estrelas, 2018. p. 135.

para os interesses da Coroa. Quando o século XVII chegou ao fim, a Espanha vivia um processo de estagnação que duraria até o quarto final do século XX, enquanto a Inglaterra preparara o caminho para a Revolução Industrial e para tornar-se a maior potência mundial.

Outro contraste relevante que comprova o papel das instituições é o que opõe os Estados Unidos e a América Latina. Nos Estados Unidos, não tendo sido possível a exploração do trabalho indígena, restou aos colonos a necessidade do trabalho próprio. Além disso, a ideia inglesa de limitação do poder e de algum grau de participação política da cidadania, o pluralismo religioso e a garantia dos direitos de propriedade definiram uma trajetória que desaguaria em uma Constituição escrita, separação de poderes, declaração de direitos, autonomia dos Estados e pujança econômica. O quadro institucional ofereceu os incentivos adequados para estímulo da atividade econômica produtiva e nem mesmo uma das piores guerras civis da história alterou essa realidade. Já na maior parte da América Latina, impôs-se o trabalho forçado às populações nativas, bem como sua conversão ao cristianismo. Além disso, o continente foi herdeiro de um modelo autoritário, centralizador, em que a Igreja não era separada do Estado e no qual a Coroa controlava todas as atividades econômicas, delegadas a particulares por diferentes métodos de favoritismo.[33]

O papel fundamental das instituições foi retomado no livro merecidamente aclamado de Daron Acemoglu e James A. Robinson, *Why nations fail*,[34] cujas ideias são o fio condutor dos parágrafos a seguir. A tese central da obra é a de que as origens do poder, da prosperidade e da pobreza das nações não se encontram – ao menos na sua parcela mais relevante – na geografia, na cultura ou na ignorância acerca de qual seja a coisa certa a se fazer. A real razão do sucesso ou do fracasso dos países está na existência ou não de instituições políticas e econômicas inclusivas. As instituições políticas estabelecem a distribuição de poder na sociedade e os fins para os quais esse poder será empregado. Por essa razão, embora sejam as instituições econômicas as determinantes da

---

[33] Sobre o tema, v. NORTH, Douglass C. *Instituições, mudança institucional e desempenho econômico*. Tradução de Alexandre Morales. São Paulo: Três Estrelas, 2018. p. 173-176. Após a independência, os países latino-americanos importaram, de uma maneira geral, o modelo constitucional norte-americano. Tal fato, todavia, não foi capaz de assegurar a efetividade das novas normas, tampouco de transmudar as disfunções arraigadas nas instituições espanholas e lusitanas, que se perpetuaram no tempo e ainda hoje cobram seu preço.

[34] ACEMOGLU, Daron; ROBINSON, James A. *Why nations fail*: the origins of power, prosperity and poverty. Londres: Profile Books, 2013.

riqueza ou da penúria dos países, elas são produto das decisões políticas tomadas pelas elites governantes. Como consequência, existe intensa sinergia entre ambas: como regra geral, instituições políticas inclusivas geram instituições econômicas inclusivas e, inversamente, instituições políticas extrativistas geram instituições econômicas extrativistas.[35]

A demonstração de que a geografia e a cultura não desempenham o papel que tradicionalmente se supôs no destino das nações é feita com casos reais e emblemáticos. Como o de Nogales, cidade que é cortada ao meio por uma cerca, ficando metade no Arizona, nos Estados Unidos, e a outra metade em Sonora, no México. Em Nogales, Arizona, a renda média anual por domicílio é de 30 mil dólares e a cidade tem bons serviços de eletricidade, telefonia, saúde e transportes, além de lei e ordem. Em Nogales, Sonora, a situação é bem pior: a renda média anual por domicílio é um terço da que foi apurada do outro lado da fronteira, os serviços públicos são bastante deficientes, a criminalidade é alta e abrir um negócio é bastante arriscado. A fotografia de cada um dos lados da cerca exibe mundos distintos. Paralelo semelhante, mas ainda mais dramático, pode ser traçado na comparação entre Coreia do Sul e Coreia do Norte. O padrão de vida no Sul é similar ao de Portugal e Espanha. No Norte, é próximo do da África subsaariana, sendo um décimo do padrão da Coreia do Sul. A fotografia noturna, tirada por satélite, documenta de forma desconcertante a realidade desigual: enquanto a Coreia do Sul aparece iluminada em toda a sua extensão, a Coreia do Norte é uma mancha escura, com alguns poucos pontos de luz na capital. Na mesma linha comparativa, os indicadores da Alemanha Ocidental e da Oriental eram significativamente discrepantes. Em todos esses casos, geografia e cultura eram as mesmas.[36]

Mas o que vêm a ser, exatamente, instituições políticas e econômicas inclusivas? Vejamos as instituições políticas, em primeiro lugar. As Revoluções Inglesa, Americana e Francesa afastaram do poder as elites que historicamente o ocupavam (absolutistas, colonialistas, nobreza e clero) e cuidaram, progressivamente, de conferir direitos políticos aos cidadãos. O poder político foi sendo limitado, os direitos fundamentais foram sendo ampliados e os governos se tornaram mais responsivos à vontade popular. Terras foram distribuídas de forma

---

[35] ACEMOGLU, Daron; ROBINSON, James A. *Why nations fail*: the origins of power, prosperity and poverty. Londres: Profile Books, 2013. p. 43; 80-81.
[36] ACEMOGLU, Daron; ROBINSON, James A. *Why nations fail*: the origins of power, prosperity and poverty. Londres: Profile Books, 2013. p. 7-9; 71-73.

relativamente justa[37] e os direitos de propriedade, inclusive intelectual, passaram a ser valorizados e respeitados. Um Judiciário independente e eficiente arbitrava os conflitos entre particulares ou destes com o Estado. Deve-se anotar que a democracia liberal não é, por si, garantia de que as instituições políticas serão inclusivas. É certo, porém, que eleições regulares, com competição política livre e plural, têm a tendência natural de produzir esse resultado.[38]

As instituições econômicas, por sua vez, começaram a se tornar inclusivas ao longo do processo histórico que conduziu à Revolução Inglesa, apelidada de Revolução Gloriosa (1689). Ali se deu a limitação definitiva dos poderes do rei e a afirmação do Parlamento, que passou, inclusive, a deter competências relativamente às instituições econômicas. Deu-se sequência, então, à política de abolição dos monopólios domésticos e internacionais, com expressiva abertura da economia a diferentes segmentos da sociedade, o que serviu como incentivo para investimentos, comércio e inovação. Também se pôs fim à tributação arbitrária e confiscatória. Tais transformações fomentaram o empreendedorismo e pavimentaram o caminho para a Revolução Industrial, que foi o marco inicial das experiências de desenvolvimento sustentável no mundo. A primeira beneficiária foi, naturalmente, a Grã-Bretanha, seguida de outros países da Europa Ocidental que embarcaram no trem histórico da liberdade econômica e da inovação tecnológica. Ficaram para trás os modelos absolutistas extrativistas, como o Império Austro-Húngaro, o Império Otomano, a Rússia e a China, para citar alguns.[39]

O ambiente natural das instituições econômicas inclusivas é o da economia de mercado, em que indivíduos e empresas podem produzir, comprar e vender quaisquer produtos e serviços que desejem. No reverso da medalha estão as instituições políticas extrativistas,

---

[37] ACEMOGLU, Daron; ROBINSON, James A. *Why nations fail*: the origins of power, prosperity and poverty. Londres: Profile Books, 2013. p. 37, expõem, contrastando os Estados Unidos com a América Latina, o modo de distribuição de terras em um e outra: "Nos Estados Unidos, uma longa série de atos legislativos, desde a Lei Terras (*Land Ordinance*) de 1785 até a lei conhecida como Homestead Act, de 1862, deu amplo acesso às terras de fronteira. Embora os povos indígenas tivessem sido marginalizados, isso criou uma fronteira igualitária e economicamente dinâmica. Na maioria dos países latino-americanos, entretanto, as instituições políticas criaram um resultado muito diferente. Terras de fronteira foram alocadas para os politicamente poderosos e aqueles com riqueza e contatos, tornando essas pessoas ainda mais poderosas" (tradução livre).

[38] ACEMOGLU, Daron; ROBINSON, James A. *Why nations fail*: the origins of power, prosperity and poverty. Londres: Profile Books, 2013. p. 102-103; 105; 197; 243.

[39] ACEMOGLU, Daron; ROBINSON, James A. *Why nations fail*: the origins of power, prosperity and poverty. Londres: Profile Books, 2013. p. 50; 62; 68; 396.

geradoras de instituições econômicas igualmente extrativistas, que transferem riqueza e poder para as elites. As nações fracassam, nos dias de hoje, quando não conseguem dar a todos segurança jurídica, confiança e igualdade de oportunidades para pouparem, investirem, empreenderem e inovarem. Países que se atrasaram na história foram conduzidos por elites extrativistas e autorreferentes, que controlam um Estado apropriado privadamente e distribuem por poucos os frutos do progresso econômico limitado que ele é capaz de produzir. Os mecanismos para tanto incluem monopólios, concessões, licenças, liberação de empréstimos públicos, empresas estatais e uma profusão de cargos públicos de livre nomeação. Ao longo da história, instituições extrativistas têm prevalecido na América Latina, na África, na Ásia e em países do leste europeu.[40]

Seria, então, a pobreza e o atraso uma irreversibilidade, um determinismo histórico? A resposta é negativa. Pode não ser fácil, mas é sempre possível transformar instituições extrativistas em inclusivas, tomando a rota da prosperidade. A história é um caminho que se escolhe e não um destino que se cumpre. Instituições inclusivas, como visto, favorecem o crescimento econômico e o avanço tecnológico. As inovações que se produzem nesse ambiente são acompanhadas pelo que o célebre economista austríaco Joseph Schumpeter denominou "destruição criativa", que é a substituição do velho pelo novo.[41] Novas tecnologias e novas empresas passam a atrair os investimentos, promovendo a redistribuição de poder e riqueza. Esse processo, como intuitivo, produz vencedores e perdedores.[42] Porque assim é, onde prevalecem instituições extrativistas, as elites dominantes não apenas não incentivam a destruição criativa como, mais que isso, empenham-se para impedir as

---

[40] ACEMOGLU, Daron; ROBINSON, James A. *Why nations fail*: the origins of power, prosperity and poverty. Londres: Profile Books, 2013. p. 372; 401.

[41] SCHUMPETER, Joseph. *Capitalism, socialism and democracy*. Nova York: HarperCollins, 2008 (a 1ª edição foi publicada em 1942). p. 83: "O impulso fundamental que define e mantém o motor capitalista em movimento vem dos novos bens de consumo, dos novos métodos de produção ou transporte, dos novos mercados, das novas formas de organização industrial que a empresa capitalista cria".

[42] O tear a vapor, marco da Revolução Industrial, retirou a indústria tradicional de algodão do mercado; na indústria da música, o CD abalou o vinil e foi praticamente erradicado pelos *downloads* e *streamings* digitais; os meios de comunicação impressos, como jornais e revistas, vivem a crise trazida pelo predomínio da informação *on-line* em tempo real; as empresas de telefonia sofrem a concorrência de meios alternativos de comunicação, como WhatsApp, Skype e outros.

transformações. O fato, porém, é que não há crescimento sem destruição criativa e verdadeira inovação.[43]

Por essa razão, mudanças institucionais relevantes são, em regra, produzidas por *conjunturas críticas* que as coloquem em xeque, abalando o equilíbrio político e econômico existente.[44] Quando essas viradas históricas ocorrem, abre-se uma janela de oportunidade para a substituição ou transformação das instituições políticas e econômicas. Eventos como a Peste Negra, a Revolução Industrial, a Grande Depressão, o término da 2ª Guerra Mundial, o fim do colonialismo africano, a superação das ditaduras militares na América Latina e a queda do Muro de Berlim são alguns exemplos desses momentos catalizadores de transformações. As conjunturas críticas são o cenário provável da mudança institucional, mas, naturalmente, não há garantia de que ela vá ocorrer.[45] Note-se, também, que mesmo quando um evento drástico quebra os pilares da velha ordem, o processo de mudança e sua consolidação se dão de maneira incremental, e não como um fato datado.[46]

Parte II
Transformações e aflições do século XXI

I A revolução tecnológica[47]

Tudo começou há cerca de 13,5 bilhões de anos, quando ocorreu o *Big Bang* e surgiu o universo, com seus elementos fundamentais: matéria, energia, tempo e espaço. Pouco mais de 9 bilhões de anos depois, formou-se o sistema solar. E, com ele, a Terra, onde os primeiros

---

[43] ACEMOGLU, Daron; ROBINSON, James A. *Why nations fail*: the origins of power, prosperity and poverty. Londres: Profile Books, 2013. p. 84; 207; 442.

[44] ACEMOGLU, Daron; ROBINSON, James A. *Why nations fail*: the origins of power, prosperity and poverty. Londres: Profile Books, 2013. p. 432-433: "Conjunturas críticas são eventos importantes que rompem o equilíbrio político e econômico existente em uma ou várias sociedades. [...] As conjunturas críticas são pontos de inflexão históricos" (tradução livre).

[45] ACEMOGLU, Daron; ROBINSON, James A. *Why nations fail*: the origins of power, prosperity and poverty. Londres: Profile Books, 2013. p. 111; 431.

[46] NORTH, Douglass C. *Instituições, mudança institucional e desempenho econômico*. Tradução de Alexandre Morales. São Paulo: Três Estrelas, 2018. p. 18: "Ademais, as instituições comumente mudam antes de forma incremental que de modo descontínuo".

[47] As informações sobre a evolução cósmica e humana veiculadas nesse tópico foram colhidas, em sua maior parte, em: HARARI, Yuval Noah. *Sapiens*: a brief history of humankind. Nova York: HarperCollins, 2015 e HARARI, Yuval Noah. *Homo Deus*. Nova York: HarperCollins, 2017; GLEIZER, Marcelo. *Criação imperfeita*. Rio de Janeiro: Record, 2012; e HAWKING, Stephen. *Brief answers to the big questions*. Nova York: Bantam Books, 2018.

sinais de vida orgânica remontam a 4 bilhões de anos. Os antepassados mais remotos dos humanos teriam aparecido há 2,5 milhões de anos. Nosso ancestral direto, o *homo sapiens*, tem sua linhagem reconduzida a mais ou menos 70 mil anos. Somos crianças no universo. A escrita foi inventada entre 3.500 e 3.000 a.C. Até então, obras emblemáticas da história da humanidade, como a Bíblia Hebraica, a Ilíada grega, o Mahabarata indiano e as primeiras escrituras budistas passaram de geração a geração como narrativas orais. Três grandes revoluções moldaram a história da humanidade: a Revolução Cognitiva, a Revolução Agrícola e a Revolução Científica.[48]

A *Revolução Cognitiva* deu-se por volta de 70 mil anos atrás, marcando verdadeiramente o início da história. A partir desse momento, desenvolve-se o traço distintivo essencial que singulariza a condição humana, que é a comunicação, a linguagem, a capacidade de transmitir informação, conhecimento e ideias. Registros que passam de uma geração para a outra, sem que a transmissão se dê geneticamente, via DNA.[49] A *Revolução Agrícola* teve lugar há cerca de 10 mil anos, com o domínio de técnicas de plantio e a domesticação de animais. A possibilidade de produzir alimentos em vez de ir buscá-los ou caçá-los fixou os grupos humanos em lugares determinados, fazendo com que passassem de nômades a sedentários. Começam a surgir as cidades, os Estados e os Impérios. Por fim, veio a *Revolução Científica*, que tem início ao fim do Renascimento, na virada do século XV para o XVI, e se estende até os dias de hoje. Um rico período da história da humanidade, que incluiu a publicação da obra revolucionária de Nicolau Copérnico e a conquista da lua, o Iluminismo e a Revolução Industrial, até chegar ao mundo interligado por computadores. Éramos 500 milhões de pessoas em 1500, ao final da Idade Média. Somos 7 bilhões hoje.[50]

O conhecimento convencional se firmou no sentido de que ocorreram, historicamente, três Revoluções Industriais. A primeira teve início na segunda metade do século XVIII e prolongou-se pelo século XIX, sendo seus marcos principais o desenvolvimento de novos

---

[48] HARARI, Yuval Noah. *Sapiens*: a brief history of humankind. Nova York: HarperCollins, 2015. p. 3; 15; 77; 122; 127; 130; 247; GLEIZER, Marcelo. *Criação imperfeita*. Rio de Janeiro: Record, 2012, p.110, 237 e 240; HAWKING, Stephen. *Brief answers to the big questions*. Nova York: Bantam Books, 2018. p. 47; 71; 73.

[49] HAWKING, Stephen. *Brief answers to the big questions*. Nova York: Bantam Books, 2018. p. 76.

[50] HARARI, Yuval Noah. *Sapiens*: a brief history of humankind. Nova York: HarperCollins, 2015. p. 247.

equipamentos na indústria têxtil, o avanço nas técnicas de produção do ferro, a construção de estradas de ferro, o emprego da água e, sobretudo, do vapor como fonte de energia para a mecanização da produção em geral. A Segunda Revolução Industrial situou-se entre o final do século XIX e as primeiras décadas do século XX, com a expansão de indústrias como aço, petróleo e tendo como símbolos o telefone, a lâmpada elétrica, o motor de combustão interna, o carro, o avião e, notadamente, o uso da energia elétrica para massificação da produção. A Terceira Revolução Industrial aconteceu da metade para o final do século XX, estendendo-se até os dias de hoje. Caracterizou-se pelo avanço da indústria eletrônica, dos grandes computadores (*mainframe computers*) e pela substituição da tecnologia analógica pela digital. Também conhecida, por isso mesmo, como Revolução Digital, a nova tecnologia permitiu a massificação do computador pessoal, do telefone celular inteligente e, conectando bilhões de pessoas em todo o mundo, a internet. Quem quiser eleger um protagonista para cada uma das três revoluções poderia arriscar o vapor, a eletricidade e a rede mundial de computadores.

A Revolução Digital de fato transformou profundamente a maneira como se realiza uma pesquisa, fazem-se compras de mercadorias, reserva-se um voo ou ouve-se música, para citar alguns exemplos.[51] A sociedade contemporânea vive sob a égide de um novo vocabulário, uma nova semântica e uma nova gramática. A linguagem dos nossos dias inclui um conjunto de termos recém-incorporados, sem os quais, no entanto, já não saberíamos mais viver. Para citar alguns: Google, Windows, Mac, WhatsApp, Telegram, Uber, Dropbox, Skype, Facetime, Facebook, Twitter, Instagram, Waze, Spotify, Amazon, Google maps, Google translator, iTunes, Netflix, YouTube. Para os solteiros, tem o Tinder, também. Não há setor da economia tradicional que não tenha sido afetado. Indivíduos e empresas estão em busca de adaptação, inovação e novos modelos de negócio. Como bússola desse caminho, procura-se, também, uma nova ética, que consiga combinar criatividade, ousadia, liberdade e, ao mesmo tempo, privacidade, veracidade, proteção contra *hackers* e contra a criminalidade *on-line*.

A velha economia não morreu. Ainda há gente que frequenta supermercados, livrarias e lojas em *shopping centers*. Mas o fato

---

[51] No Supremo Tribunal, hoje, a maior parte dos processos é eletrônica. O interessado faz o *upload* da sua petição onde estiver. O ministro pode despachar acessando o sistema de onde estiver. E pode assinar eletronicamente a decisão por meio de um *app*, esteja em Brasília, Londres ou Vassouras.

insuperável é que a economia baseada nas interações pessoais, bem como na produção agrícola e industrial, na transformação de matérias-primas e na elaboração de bens materiais – ouro, petróleo, fábricas, trigo – cede espaço à nova economia, cuja principal fonte de riqueza é a propriedade intelectual, o conhecimento e a informação.[52] Há um século, uma *commodity* era responsável pelo crescimento exponencial de uma indústria: o petróleo. Reguladores antitruste tiveram de intervir para evitar a excessiva concentração de poder econômico. Nos dias de hoje, as preocupações que no início do século eram despertadas pelas empresas petrolíferas transferiram-se para uma nova indústria: a que lida com dados. Há inquietações diversas, que incluem concorrência, tributação, privacidade e desemprego. Amazon, Apple, Facebook, Microsoft e Google estão entre as empresas mais valiosas do mundo. É a chamada economia de dados.[53]

Três ideias científicas se tornaram especialmente proeminentes ao longo do século XX: o átomo, o *byte* e o gene. Cada uma delas constitui a unidade irredutível de um todo: o átomo, da matéria; o *byte*, da informação digital; o gene, da hereditariedade e da informação biológica.[54] O conjunto de transformações que essas ideias produziram abriu caminho para o que se tem denominado Quarta Revolução Industrial. De acordo com Klaus Schwab, fundador do Fórum Econômico Mundial e autor de artigo e livro específicos sobre o tema,[55] a Quarta Revolução Industrial é produto da fusão de tecnologias, que está misturando as linhas entre as esferas física, digital e biológica e, em alguma medida, redefinindo o que significa ser humano. Comparada com as Revoluções anteriores, esta se desenvolve em velocidade exponencial, em vez de

---

[52] Nas palavras de Tom Goodwin: "Uber, a maior empresa de táxis do mundo, não possui veículos. Facebook, o proprietário de mídia mais popular do mundo, não cria conteúdo. Alibaba, o varejista mais valioso, não tem estoque. E o Airbnb, o maior provedor de acomodações do mundo, não possui imóveis. Algo interessante está acontecendo" (GOODWIN, Tom. The battle is for the interface with the client. *Techcrunch*, 3 mar. 2015. Disponível em: https://techcrunch.com/2015/03/03/in-the-age-of-disintermediation-the-battle-is-all-for-the-customer-interface/. Acesso em: 30 jul. 2019).

[53] THE world's most valuable resource. *The Economist*, 6 maio 2017. p. 9 e FUEL of the future. *The Economist*, 12 maio 2017. p. 19-22.

[54] V. MUKHERJEE, Siddhartha. *The gene*: an intimate history. Nova York: Scribner, 2016. p. 9-10.

[55] SCHWAB, Klaus. *The fourth industrial revolution*. Nova York: Crown Business, 2017; SCHWAB, Klaus. The fourth industrial revolution: what it means and how to respond. *Snapshot*, 12 dez. 2015.

linear.⁵⁶ Inovações e avanços tecnológicos constroem esse admirável mundo novo⁵⁷ da biotecnologia, da inteligência artificial, da robótica, da impressão em 3-D, da nanotecnologia, da computação quântica, de carros autônomos e da internet das coisas. Algoritmo vai se tornando o conceito mais importante do nosso tempo.⁵⁸ O futuro é imprevisível.⁵⁹

Em resumo: durante boa parte da história da humanidade, o principal ativo foi a propriedade da terra. Na era moderna, sobretudo após a Revolução Industrial, máquinas, fábricas, fontes de energia e meios de produção em geral se tornaram mais importantes. No século XXI, a tecnologia da informação e o controle sobre os dados transformaram-se nos grandes ativos. A evolução econômica, portanto, atravessou quatro estágios: caça e coleta, agricultura, indústria e informação. Já agora, a fusão entre a tecnologia da informação e a biotecnologia acena com um novo estágio, no qual se antecipa a integração entre o físico e o virtual, o humano e o mecânico. A seleção natural sendo substituída pelo desenho inteligente.⁶⁰ Um mundo de promessas, desafios e novos riscos.

II A crise da democracia

O século XX foi cenário de ditaduras diversas, de um lado e de outro do espectro político. Algumas foram ferozes e genocidas, fundadas em ideologias abrangentes e de dominação, como a Alemanha de Hitler e a União Soviética de Stalin. Outras foram subprodutos da Guerra Fria e da instabilidade política, como os regimes militares da América Latina, da África e da Ásia. E houve, também, ditaduras teológicas, erigidas sobre o fundamentalismo religioso, como o Irã dos aiatolás.

---

⁵⁶ SCHWAB, Klaus. The fourth industrial revolution: what it means and how to respond. *Snapshot*, 12 dez. 2015.
⁵⁷ Como descrito na Parte I deste artigo, *Admirável mundo novo* é o título do livro clássico de Aldous Huxley que tem como pano de fundo os riscos da evolução da biotecnologia. Para os mais jovens, *livro* é um meio de transmissão de conhecimento e informação impresso em papel e encadernado, que podia ser adquirido em lojas denominadas *livrarias*, das quais ainda existem algumas remanescentes.
⁵⁸ HARARI, Yuval Noah. *Homo Deus*. Nova York: HarperCollins, 2017. p. 83, em que também assinala: "Algoritmo é um conjunto metódico de passos que pode ser usado para fazer cálculos, resolver problemas e tomar decisões" (tradução livre).
⁵⁹ Por vezes, mesmo a interpretação do passado recente pode ser arriscada. Em 1º.7.1858, Charles Darwin expôs sua teoria da evolução por seleção natural, em reunião da Linnean Society, em Londres. Ao comentar as atividades daquele ano, o presidente da sociedade observou que nenhuma descoberta digna de nota havia sido apresentada. V. MUKHERJEE, Siddhartha. *The gene*: an intimate history. Nova York: Scribner, 2016. p. 39.
⁶⁰ HARARI, Yuval Noah. *Homo Deus*. Nova York: HarperCollins, 2017. p. 73.

A redenção democrática veio em duas ondas diversas:[61] uma após a Segunda Guerra Mundial, com a reconstitucionalização de países como Alemanha, Itália e Japão; e a outra numa faixa de tempo que vai dos anos 70 aos anos 90, começando com a Revolução dos Cravos de 1974, em Portugal, passando pela redemocratização de diversos países da América Latina, na década de 80, como Brasil, Argentina e Uruguai, e chegando aos países da Europa Central e Oriental, como Hungria, Polônia e Romênia, após a dissolução da União Soviética, na década de 90, e também à África do Sul. Tendo disputado a primazia com diversos projetos alternativos – fascismo, comunismo, regimes militares, fundamentalismo islâmico – é legítimo afirmar que a democracia constitucional foi a ideologia vitoriosa do século XX.[62]

Nos últimos tempos, porém, alguma coisa parece não estar indo bem. Ao comentarem o período que se inicia em meados da primeira década do século XXI e vem até os dias de hoje, autores têm se referido a uma *recessão democrática*[63] ou *retrocesso democrático*.[64] Os exemplos foram se acumulando ao longo dos anos: Hungria, Polônia, Turquia, Rússia, Geórgia, Ucrânia, Filipinas, Venezuela, Nicarágua. Em todos esses casos, a erosão da democracia não se deu por golpe de Estado, sob as armas de algum general e seus comandados. Nos exemplos acima, o processo de subversão democrática se deu pelas mãos de presidentes e primeiros-ministros devidamente eleitos pelo voto popular.[65] Em seguida, paulatinamente, vêm as medidas que pavimentam o caminho para o autoritarismo: concentração de poderes no Executivo, perseguição a líderes de oposição, mudanças nas regras eleitorais, cerceamento da liberdade de expressão, novas constituições ou emendas constitucionais com abuso de poder pelas maiorias, esvaziamento ou *empacotamento*

---

[61] V. HUNTINGTON, Samuel P. The third wave: democratization in the late twentieth century. *Journal of Democracy*, 2:12, 1991. Huntington foi o primeiro a utilizar a ideia de "ondas de democratização": a primeira onda teria ocorrido na primeira metade do século XIX, quando os países crescentemente foram adotando a ideia de sufrágio universal; a segunda se deu após o fim da Segunda Guerra Mundial; e a terceira a partir dos anos 70. O texto é anterior ao florescimento de democracias após o fim do modelo comunista.

[62] V. BARROSO, Luís Roberto. *Constitucionalismo democrático*: a ideologia vitoriosa do século XX. Ribeirão Preto: Migalhas, 2019. V. também ACKERMAN, Bruce. The rise of world constitutionalism. *Virginia Law Journal*, 83: 771, 1997. Escrito no final do século passado, assim anotou o autor: "A esperança iluminista em constituições escritas está varrendo o mundo" (p. 772) (tradução livre).

[63] DIAMOND, Larry. Facing up to the democratic recession. *Journal of Democracy*, 26:141, 2015

[64] HUQ, Aziz; GINSBURG, Tom. How to lose a constitutional democracy. *UCLA Law Review*, 65:78, 2018. p. 91 e s.

[65] LEVITSKY, Steven; ZIBLATT, Daniel. *How democracies die*. Nova York: Crown, 2018. p. 3.

das cortes supremas com juízes submissos, entre outras. O grande problema com a construção dessas democracias *iliberais*[66] é que cada tijolo, individualmente, é colocado sem violação direta ao direito vigente. O conjunto final, porém, resulta em supressão de liberdades e de eleições verdadeiramente livres e competitivas. Este processo tem sido caracterizado como *legalismo autocrático*.[67]

Por trás desse desprestígio corrente da democracia está um conjunto de eventos e de circunstâncias que assinalam o mundo contemporâneo: a globalização e seu impacto sobre o emprego e o nível salarial, as ondas de imigração, o terrorismo, as mudanças climáticas, o racismo, a debilidade e baixa representatividade dos partidos políticos, o fundamentalismo religioso, o movimento feminista, as conquistas dos grupos LGBT, em meio a muitos outros. A reação à soma desses componentes heterogêneos explica o avanço do populismo conservador na política de diferentes países do mundo, incluindo os Estados Unidos (Trump), a Grã-Bretanha (Brexit), a Europa Continental (Victor Orbán) e o Brasil (Bolsonaro). É possível sistematizar esses diferentes fatores em três categorias: políticas, econômico-sociais e cultural-identitárias.[68] As causas *políticas* estão na crise de representatividade das democracias contemporâneas, em que o processo eleitoral não consegue dar voz e relevância à cidadania. "Não nos representam", é o bordão da hora.[69] Em parte, porque a classe política se tornou um mundo estanque, descolado da sociedade civil, e em parte pelo sentimento de que o poder econômico-financeiro globalizado é que verdadeiramente dá as cartas.[70] Daí a ascensão dos que fazem o discurso anti-*establishment*, antiglobalização e "contra tudo isso que está aí".

---

[66] Aparentemente, o termo foi utilizado pela primeira vez por ZAKARIA, Fareed. The rise of illiberal democracies. *Foreign Affairs*, 76:22, 1997.

[67] SCHEPPELE, Kim Lane. Autocratic legalism. *The University of Chicago Law Review*, 85:545, 2018.

[68] Sobre os diferentes fatores que deflagraram a onda populista conservadora, v. CASTELLS, Manuel. *Ruptura*: a crise da democracia liberal. Rio de Janeiro: Zahar, 2018; e INGLEHART, Ronald F.; NORRIS, Pippa. Trump, Brexit, and the rise of populism: economic have-nots and cultural backlash. *Working Paper Series*, 16-026, Harvard University, John F. Kennedy School of Government, 2016.

[69] V. CASTELLS, Manuel. *Ruptura*: a crise da democracia liberal. Rio de Janeiro: Zahar, 2018, digital, loc. 103.

[70] Nesse sentido, v. HOLMES, Stephen. How democracies perish. *In*: SUNSTEIN, Cass (Ed.). *Can it happen here*: authoritarianism in America. Nova York: HarperCollins, 2018. p. 401: "[D]epois que o eleitorado vota, os mercados votam ou os bancos votam ou Bruxelas vota. A segunda série de votos é a que conta".

As causas *econômico-sociais* estão no grande contingente de trabalhadores e profissionais que perderam seus empregos[71] ou viram reduzidas as suas perspectivas de ascensão social,[72] tornando-se pouco relevantes[73] no mundo da globalização, da nova economia do conhecimento e da automação, que enfraquecem as indústrias e atividades mais tradicionais.[74] Sem mencionar as políticas de austeridade pregadas por organizações internacionais e países com liderança econômica mundial,[75] que reduzem as redes de proteção social. Por fim, as causas *culturais identitárias*, que em alguma medida resultam também de um choque de gerações: há um contingente de pessoas de meia ou de mais idade que não professam o credo cosmopolita, igualitário e multicultural que impulsiona a agenda progressista de direitos humanos, igualdade racial, políticas feministas, casamento *gay*, defesa de populações nativas, proteção ambiental e descriminalização de drogas, entre outras modernidades. Estas pessoas, que se sentem desfavorecidas ou excluídas no mundo do "politicamente correto", apegam-se a valores tradicionais que lhes dão segurança e o sonho da recuperação de uma hegemonia perdida.[76] Há autores que afirmam haverem recolhido evidências no sentido de que o avanço do populismo se deve, sobretudo, às mudanças culturais que causaram a erosão de valores e costumes tradicionais das

---

[71] OLIVEIRA, Regiane. Desemprego no Brasil chega a 12,5% e atinge 13,2 milhões de trabalhadores, diz IBGE. *El País*, 1º jun. 2019.
[72] ISSACHAROFF, Samuel. Populism versus democratic governance. *In*: GRABER, Mark A.; LEVINSON, Sanford; TUSHNET, Mark. *Constitutional democracy in crisis?* Oxford: Oxford University Press, 2018. p. 447: "A combinação da desaceleração econômica depois de 2008 e o impacto do comércio globalizado nos salários nos países industrializados avançados manchou a legitimidade dos regimes democráticos como um jogo interno, um meio de institucionalizar as prerrogativas da elite"; e também CANZIAN, Fernando. Em 40 anos, metade dos EUA ganhou só US$ 200 a mais. Fonte: Global Inequality. *Folha de São Paulo*, 29 jul. 2019.
[73] V. HARARI, Yuval Noah. *21 lessons for the 21st century*. Nova York: Spiegel & Grau, 2018. p. 34 e ss.
[74] INGLEHART, Ronald F.; NORRIS, Pippa. Trump, Brexit, and the rise of populism: economic have-nots and cultural backlash. *Working Paper Series*, 16-026, Harvard University, John F. Kennedy School of Government, 2016. p. 2.
[75] TROTMAN, Andrew. Angela Merkel: 'Austerity makes it sound evil, I call it balancing the budget'. *The Telegraph*, 23 abr. 2013; CERULUS, Laurens. Sigmar Gabriel: 'Merkel's austerity is driving EU to brink of collapse'. *Politico*, 8 jan. 2017.
[76] V. CASTELLS, Manuel. *Ruptura*: a crise da democracia liberal. Rio de Janeiro: Zahar, 2018, digital, loc. 178: "A essa crise da representação de interesses se une uma crise identitária como resultante da globalização. Quanto menos controle as pessoas têm sobre o mercado e o seu Estado, mais se recolhem numa identidade própria que não possa ser dissolvida pela vertigem dos fluxos globais. Refugiam-se em sua nação, em seu território, em seu deus".

sociedades ocidentais.[77] Em alguns países, como foi o caso do Brasil – e, também, de outros da América Latina, da Ásia e mesmo da Europa –, adiciona-se a essa mistura já complexa a reação contra a corrupção estrutural e sistêmica, que frustrou as expectativas que recaíram sobre partidos tidos por progressistas, mas que não conseguiram escapar da força de gravidade dos velhos hábitos da velha política.

É cedo para concluir que a democracia esteja verdadeiramente decadente. Num mundo em transformação acelerada, é inevitável que ela passe por sobressaltos e adaptações. Os dois pilares das democracias liberais, tal como assentados pela Declaração dos Direitos do Homem e do Cidadão, de 1789,[78] já não são mais o que foram: (i) a separação de poderes convive com a ascensão institucional das cortes constitucionais e do Poder Judiciário em geral; e (ii) os direitos fundamentais se expandiram para abrigar sufrágio universal, privacidade, igualdade de gênero e racial, liberdade de orientação sexual e, em muitas partes do mundo, direitos sociais. Há, ainda, nos dias atuais, o fator China: um modelo alternativo autoritário, tisnado pela corrupção, mas de vertiginoso sucesso econômico e social. Enfim, um tempo de complexidades e perplexidades. Mas cabe aqui relembrar passagem célebre de Alex de Tocqueville, referindo-se à Revolução Francesa, mas com reflexão atemporal e universalizável: só se derruba um regime se ele já estiver corroído por dentro.[79]

Embora preocupante, é possível que o refluxo temporário do vigor democrático seja apenas o movimento pendular da vida e da história. E, também, não se deve descartar tratar-se de um momento de certa amargura do pensamento progressista devido à prevalência, na quadra atual, em muitas partes do mundo, de ideias conservadoras, pouco simpáticas às bandeiras ambientais, de gênero, cosmopolitas, multiculturais, feministas, pró-*gays* e populações indígenas. Mas assim é a democracia, mesmo: às vezes se ganha, às vezes se perde.

---

[77] INGLEHART, Ronald F.; NORRIS, Pippa. Trump, Brexit, and the rise of populism: economic have-nots and cultural backlash. *Working Paper Series*, 16-026, Harvard University, John F. Kennedy School of Government, 2016. p. 30.

[78] DDHC: "Art. 16. A sociedade em que não esteja assegurada a garantia dos direitos nem estabelecida a separação dos poderes não tem Constituição".

[79] ELSTER, Jon (Ed.). *Tocqueville*: the Ancien Régime and the French Revolution. Tradução de Arthur Goldhammer. Nova York: Cambridge University Press, 2011. p. 170-185.

III O aquecimento global

A mudança climática tem sido identificada como o mais relevante problema ambiental do século XXI e uma das questões definidoras do nosso tempo[80]. Inúmeros autores têm se referido ao tema como "a tragédia dos comuns", significando uma situação na qual os indivíduos em geral, agindo com atenção apenas ao interesse próprio, comportam-se, na utilização de recursos escassos, de maneira contrária ao bem comum.[81] O tratamento das questões ambientais exige cooperação entre os diferentes países, porque os recursos naturais e os fatores que os afetam não respeitam fronteiras. Duas características do debate sobre o clima dificultam o seu equacionamento. A primeira é a existência de um misto de desconhecimento e ceticismo, aos quais se soma o custo econômico e político das providências necessárias. A segunda é que os efeitos das emissões somente serão suportados pelas próximas gerações, fato que funciona como um incentivo para se adiarem decisões que em rigor são urgentes. O conceito central aqui ainda continua a ser o de "desenvolvimento sustentável", de longa data entendido como aquele que "atende às necessidades do presente, sem comprometer a possibilidade de as gerações futuras atenderem a suas próprias necessidades".[82] Um dos objetivos do desenvolvimento sustentável, aprovado pela ONU em 2015, é precisamente o da "ação contra a mudança global do clima".[83]

O aquecimento global está diretamente associado ao denominado "efeito estufa". Efeito estufa é o processo natural de aquecimento da superfície da Terra. Quando a energia solar alcança a atmosfera

---

[80] HARRISON, Kathryn; SUNDSTROM, Lisa McIntosh. *Global commons, domestic decisions*: the comparative politics of climate change: The comparative politics of climate change. Cambridge, MIT Press, 2010, ix. According to Nobel laureate NORDHAUS, William. *The climate casino*: risk, uncertainty, and economics for a warming world. New Haven: Yale University Press, 2013. p. 11: "Global warming is one of the defining issues of our time".

[81] Sobre o conceito de *tragédia dos comuns* ou, talvez, mais propriamente, *tragédia dos bens comuns*, v. LLOYD, William Forster. *Two lectures on the check to population*. Oxford: Oxford University, 1833. Disponível em: https://archive.org/stream/twolecturesonch00lloygoog/twolecturesonch00lloygoog_djvu.txt. Acesso em: 8 jun. 2019; HARDIN, Garret. Tragedy of the commons. *Science*, 162:1243, 1968; e OSTROM, Elinor. *Governing the commons*. Nova York: Cambridge University Press, 1990.

[82] UNITED NATIONS. *Report of the World Commission on Environment and Development*: Our Common Future. United Nations, 1987. Disponível em: https://sustainabledevelopment.un.org/content/documents/5987our-common-future.pdf.

[83] UNITED NATIONS. *The 2030 Agenda for Sustainable Development*, Goal 13. Disponível em: https://sustainabledevelopment.un.org/?menu=1300.

terrestre, parte dela é refletida de volta para o espaço e parte é retida na atmosfera, pelos denominados gases estufa. Esses gases – de que são exemplos dióxido de carbono (CO_2), metano, óxido nitroso, ozônio e CFCs – aprisionam parte do calor irradiado pela Terra, impedindo que alcance o espaço. É essa energia absorvida que mantém o planeta aquecido, conservando a temperatura em níveis que permitem a existência de vida. O problema ora enfrentado é que as atividades humanas, com destaque para a queima de combustíveis fósseis (carvão, petróleo e gás natural), mas também agricultura, pecuária, desmatamento etc., têm aumentado significativamente a concentração dos gases estufa na atmosfera, aumentando a retenção de calor.[84] Este é o fenômeno que tem sido designado de aquecimento global. Em 1972, o Clube de Roma publicou um relatório seminal intitulado "Os Limites do Crescimento", no qual afirmava que a mudança climática era causada pelo dióxido de carbono (CO_2) e que poderia produzir impacto sobre o crescimento econômico. A partir daí a questão climática entrou no radar de diferentes países, despertando a preocupação de governos, organismos internacionais e cientistas.

Desde 1972, começando com a Conferência das Nações Unidas sobre o Meio Ambiente Humano, realizada em Estocolmo, a maior parte dos países do mundo passou a se reunir em sucessivas conferências, que produziram documentos e diretrizes relevantes, incluindo a Conferência das Nações Unidas sobre Meio Ambiente e Desenvolvimento, no Rio de Janeiro, em 1992, a Conferência e o Protocolo de Kyoto, de 1997, a Conferência das Nações Unidas sobre desenvolvimento sustentável, de 2012, conhecida como *Rio+20*, e a 21ª Conferência do Clima, de 2015, que resultou no Acordo de Paris. Todas essas reuniões, declarações e tratados tiveram por finalidade principal despertar a atenção mundial para a questão ambiental, introduzir o conceito de desenvolvimento sustentável e enfrentar o problema do aquecimento global, sobretudo pela limitação da emissão de gases que agravam o efeito estufa, notadamente o dióxido de carbono (CO_2). Em 1988, foi criado, no âmbito das Nações Unidas, o Painel Intergovernamental sobre Mudança Climática

---

[84] As informações técnicas desse parágrafo foram colhidas em: NASA. *Global climate change*. Disponível em: https://climate.nasa.gov/evidence/. Acesso em: 17 mar. 2019; NATIONAL GEOGRAPHIC. *Greenhouse effect*. Disponível em: https://www.nationalgeographic.org/encyclopedia/greenhouse-effect/. Acesso em: 17 mar. 2019; e em AUSTRALIAN GOVERNMENT. Department of the Environment and Energy. *Greenhouse effect*. Disponível em: http://www.environment.gov.au/climate-change/climate-science-data/climate-science/greenhouse-effect. Acesso em: 17 mar. 2019.

(*Intergovernmental Panel on Climate Change* – IPCC), com o propósito de fornecer informações científicas aos países acerca da mudança climática, de suas implicações e riscos potenciais, apresentando alternativas para a mitigação do problema e para as adaptações necessárias.[85] As conclusões do IPCC refletem o consenso científico global na matéria.[86]

Nos dias atuais, a maioria dos cientistas concorda que o processo de aquecimento global em curso é resultante da atuação do homem.[87] De acordo com o Quarto Relatório do Painel Intergovernamental sobre Mudança Climática, a ocorrência do aquecimento global é inequívoca e a probabilidade de que o responsável seja o homem é superior a 90%.[88] A comunidade científica global tem endossado essa conclusão.[89] O tema, todavia, não é objeto de consenso. No plano político, líderes como Donald Trump e Jair Bolsonaro têm negado ou minimizado os riscos climáticos. Também na academia, estudiosos reconhecidos, embora aceitando que o homem contribui para o aquecimento global, rejeitam a urgência de políticas que enfrentem o problema.[90] Outros contestam os achados e as previsões do Painel Intergovernamental[91] ou simplesmente negam que o aquecimento global seja causado pela atuação do homem. Para esses, o clima mundial sempre alternou ciclos, sendo o momento atual de aquecimento apenas uma de suas fases.[92] Para tornar o debate

---

[85] The Intergovernmental Panel on Climate Change. Disponível em: https://www.ipcc.ch. Acesso em: 18 mar. 2019.

[86] UNFCC. *Climate*: Get the big picture. Disponível em: https://unfccc.int/resource/bigpicture/. Acesso em: 14 abr. 2019.

[87] ORESKES, Naomi. The scientific consensus on climate change: how do we know we're not wrong? *In*: DIMENTO, Joseph F.; DOUGHMAN, Pamela (ed.). *Climate Change*: what it means for us, our children, and our grandchildren. Cambridge: MIT Press, 2007.

[88] IPCC Summary for Policymakers.

[89] ORESKES, Naomi. The scientific consensus on climate change: how do we know we're not wrong? *In*: DIMENTO, Joseph F.; DOUGHMAN, Pamela (ed.). *Climate Change*: what it means for us, our children, and our grandchildren. Cambridge: MIT Press, 2007. Nesse artigo, a autora haver um "consenso científico sobre mudança climática". Num levantamento de mais de 900 artigos escritos entre 1993 e 2003, nenhum deles negava quer o aquecimento global, quer a influência humana na mudança climática. V. também SUMI, Akimasa; MIMURA, Nobuo. Introduction: from climate change to global sustainability. *In*: SUMI, Akimasa; MIMURA, Nobuo; MASUI, Toshihiko (Ed.). *Climate change and global sustainability*: a holistic approach. Nova York: United Nations University Press, 2011.

[90] LINDZEN, Richard S. There is no 'consensus' on global warming. *Wall Street Journal*, 26 jun. 2006. Disponível em: https://www.cpp.edu/~zywang/lindzen.pdf. Acesso em: 6 jun. 2019.

[91] MICHAELS, Patrick J. *Meltdown*: the predictable distortion of global warming by scientists, politicians, and the media. Washington, D.C.: Cato Institute, 2004.

[92] SINGER, Fred S.; SINGER, Dennis T. *Unstoppable global warming: Every 1,500 years*. Updated and expanded ed. Lanham, Md.: Rowman & Littlefield, 2007.

ainda mais convulsionado, há estudos demonstrando que grupos que se opõem à redução da produção de combustíveis fósseis utilizaram os meios de comunicação de massas para semear incertezas e reduzir o apoio às medidas contra as mudanças climáticas.[93] Nada obstante as posições e reações contrárias, o entendimento prevalecente é o de que a situação é grave, os riscos são reais e as providências devem ser tomadas com urgência.

Não é singela a tarefa de prever os impactos reais da mudança climática. E isso não apenas pelas incertezas que cercam os efeitos das emissões de gases estufa e dos ciclos climáticos, como também por ser difícil avaliar a capacidade de reação dos seres humanos e das demais espécies existentes na Terra.[94] Esse quadro de incerteza é agravado pelo que a literatura tem denominado *climate lag*: cientistas estimam que o impacto das emissões somente será plenamente sentido entre 25 e 50 anos depois de sua ocorrência. É fora de dúvida, porém, que o Planeta está em fase de aquecimento e as consequências desse fenômeno já podem ser sentidas em diferentes partes do mundo.[95] Entre elas podem ser apontados o aumento da temperatura global, o aquecimento dos oceanos, o derretimento das calotas polares (*ice sheets*) na Groenlândia e na Antártida, a retração das geleiras (*glacial retreat*), a perda da cobertura de neve no Hemisfério Norte, a elevação do nível do mar, a perda na extensão e espessura do gelo do Mar Ártico, a extinção de espécies e o número crescente de situações climáticas extremas (como furacões, enchentes e ondas de calor).[96] Na Amazônia, maior repositório de biodiversidade e maior armazenador de carbono do

---

[93] GELBSPAN, Ross. *The heat is on*: the high stakes battle over Earth's threatened climate. Reading, Mass: Addison-Wesley Pub, 1997. E, também, CORBETT, Julia B.; DURFEE, Jessica L. Testing public (un)certainty of science: media representations of global warming. *Science Communication*, 26:129, 2004.

[94] NORDHAUS, William. *The climate casino*: risk, uncertainty, and economics for a warming world. New Haven: Yale University Press, 2013. p. 49 e s.

[95] Na França, por exemplo, de acordo com a Météo France, a temperatura média em mais de 70 cidades subiu entre 2º e 3º C. V. BRETEAU, Pierre. Comment le réchauffement climatique se ressent-ils dans votre ville? *Le Monde*, 8 set. 2018.

[96] HANSEN, James *et al*. Ice melt, sea level rise and superstorms: evidence from paleoclimate data, climate modeling, and modern observations that 2C global warming could be dangerous. *Atmospheric, Chemestry and Physics*, 16: 3761, 2016; e, também, NASA. *Global climate change*. Disponível em: https://climate.nasa.gov/evidence/. Acesso em: 17 mar. 2019. No dia em que escrevia essas linhas, a manchete do sítio eletrônico da CNN era a seguinte: "Cyclone Idai could be the deadliest tropical cyclone to hit Africa" (Disponível em: https://edition. cnn.com/2019/03/19/weather/cyclone-idai-mozambique-facts-intl/index.html. Acesso em: 20 mar. 2019).

mundo, a área original da floresta foi reduzida em escala grandiosa e, ainda hoje, é afetada gravemente por atividades como agricultura, pecuária, exploração de madeira e garimpo, entre outras. Existe risco real de morte da floresta em futuro não muito distante.[97] Há quem preveja que a mudança climática possa prejudicar a produção mundial de alimentos e as reservas de água.[98]

Parte III
Os desafios do nosso tempo: limites e possibilidades do direito

I Alguns riscos da revolução tecnológica

> *O futuro é uma corrida entre o poder crescente da tecnologia e a sabedoria com a qual a usamos. Vamos nos certificar de que a sabedoria vença.*
> (Stephen Hawking)

A Revolução Digital e os desenvolvimentos que anunciam a 4ª Revolução Industrial – com a sinergia entre tecnologia da informação e biotecnologia – trazem os fascínios da vida moderna e as promessas de longevidade e novos confortos. Com elas vêm, também, inconveniências, ameaças e perigos reais para a vida civilizada e a condição humana, que incluem novas táticas de guerra, como os ataques cibernéticos.[99] O direito precisa lidar com desafios que testam os seus limites e suas possibilidades. A seguir, uma reflexão sobre alguns deles.

A internet e as redes sociais, por exemplo, deram lugar a desvios como discursos de ódio e campanhas de desinformação. Como proteger a comunicação no mundo das *fake news* e do *deep fake*, no qual vídeos falsos reproduzem imagem e voz de pessoas reais em situações inusitadas e inverídicas? As empresas que oferecem plataformas para as mídias digitais, compreensivelmente, relutam em funcionar como censores

---

[97] VERGARA, Walter; SCHOLZ, Sebastian M. (Ed.). *Assessment of the risk of Amazon dieback*. Washington, D.C.: The World Bank, 2011.
[98] COHEN, Stewart J.; WADDELL, Melissa W. *Climate change in the 21st century*. Montréal: McGill-Queen's University Press, 2009; e FLAVELLE, Christopher. Climate change threatens the world's food supply, United Nations warns. *New York Times*, 8 ago. 2019.
[99] VISHWANATH, Arun. The internet is already being weaponized. The U.S. cyberattack on Iran won't help. *The Washington Post*, 9 jul. 2019.

privados. Por outro lado, a interferência estatal no domínio da liberdade de expressão é sempre arriscada. Diante desse quadro, não há remédios jurídicos totalmente eficientes ou politicamente simples. Outro ponto importante diz respeito à dominação de mercados e à concentração de poder econômico e político em algumas poucas empresas.[100] Reguladores em todo o mundo têm se voltado para esse problema.[101] A riqueza, que antes se acumulava na propriedade da terra e dos meios de produção, hoje se transferiu para a propriedade de dados. Sua regulação adequada, portanto, é imprescindível para impedir a concentração de riqueza e poder nas mãos de uma pequena elite.[102] Ainda no campo da justiça distributiva, surge, igualmente, a questão da tributação justa das grandes empresas de tecnologia, frequentemente acusadas de evasão fiscal.[103]

De todas as vicissitudes trazidas pelos avanços tecnológicos, os riscos para a privacidade têm sido uma das principais preocupações da sociedade e das autoridades governamentais. No seu núcleo essencial, *privacidade* significa a existência de uma esfera na vida de todo indivíduo protegida contra a invasão por outros indivíduos, empresas ou pelo Estado.[104] Desde seu reconhecimento inicial, em meados do século passado,[105] até os dias de hoje, o contexto em que se manifesta o direito de privacidade variou enormemente. No momento atual, uma das

---

[100] A esse propósito, confira-se o contundente artigo do cofundador do Facebook, defendendo a limitação do seu poder econômico, que inclui, também, o controle do Instagram e do WhatsApp. V. HUGHES, Chris. It's time to break up Facebook. *The New York Times*, 9 maio 2019.

[101] *E.g.*, TRACY, Ryan. Big techs summoned to Washington for antitrust hearing. *The Wall Street Journal*, 9 jul. 2019; WATERS, Richard; BOND, Shannon; MURPHY, Hannah. Global regulators' net tightens around big tech. *Financial Times*, 5 jun. 2019.

[102] V. HARARI, Yuval Noah. *21 lessons for the 21st century*. Nova York: Spiegel & Grau, 2018. p. 77; 80; RISSE, Mathias. Human rights and artificial inteligence. *Publicum*, 4:1, 2018. p. 11.

[103] INMAN, Phillip. IMF chief joins calls for big tech firms to pay more tax. *The Guardian*, 25 mar. 2019; HILL, Andrew; KHAN, Mehreen; WATERS, Richard. The global hunt to tax big tech. *Financial Times*, 2 nov. 2018; e MCKAY, Tom. G 20 countries agree on approach to shut down big techs' tax loopholes. *Gizmodo*, 6 set. 2019.

[104] Nos Estados Unidos, a ideia de privacidade, como assentada em casos como *Griswold* (381 U.S. 479) e *Roe* (410 U.S. 113), envolve questões que, em outras jurisdições constitucionais, são tratadas no âmbito das liberdades individuais e da igualdade.

[105] Atribui-se ao célebre artigo de WARREN, Samuel D.; BRANDEIS, Louis. The right of privacy. *Harvard Law Review*, 4:193, 1890 a primeira referência a este direito. No texto, citando o Juiz Thomas Cooley, os autores se referiram ao direito de privacidade como o "direito de ser deixado em paz" (*the right to be let alone*). Na jurisprudência americana, ele só veio a ser fundamento expresso de uma decisão no caso *Griswold v. Connecticut*, referido acima (381 U.S. 479). O direito de privacidade é hoje explicitamente reconhecido na Constituição de 181 países. V. RIGHT of privacy. *Constitute Project*. Disponível em: https://www.constituteproject.org/search?lang=en&key=privacy. Acesso em: 4 maio 2019.

dimensões mais complexas da privacidade envolve o uso da tecnologia, no mundo da internet e das redes sociais. Nesse cenário, há duas situações diversas a considerar: (i) a identificação pessoal do usuário, que inclui informações como nome, endereço, estado civil, ocupação, dados financeiros, declarações ao Fisco etc.; e (ii) informações sobre comportamentos, preferências, interesses e preocupações de cada pessoa, obtidas a partir da navegação *on-line*. A internet é alimentada, em grande parte, pela exploração desses dados e o controle sobre eles se tornou uma das questões vitais do nosso tempo.

Episódios diversos de uso indevido de informações deflagraram reações de organismos internacionais, regionais e de governos locais para disciplinar o uso das informações e o direito de privacidade. O escândalo mais rumoroso eclodiu em março de 2018, envolvendo a Cambridge Analytica, uma empresa de consultoria política que operou em diversas campanhas eleitorais e foi acusada de ter adquirido e utilizado dados pessoais de 87 milhões de usuários do Facebook, obtidos de um pesquisador externo que, alegadamente, os recolhia para fins acadêmicos.[106] Desde 2013, a Organização para a Cooperação e o Desenvolvimento Econômico (OCDE) havia revisado suas *privacy guidelines* para adaptá-las às "mudanças tecnológicas, aos mercados, ao comportamento dos usuários e à crescente importância das identidades digitais". Já a União Europeia editou a *General Data Protection Regulation* (GDPR), que entrou em vigor em 25.5.2018, cuja essência é assegurar a soberania de cada indivíduo sobre os dados que lhe dizem respeito, com direito de acesso e de retificação, bem como a exigência de prévio consentimento para o seu uso. O documento, com 99 artigos, cuida, também, em meio a múltiplos temas, do controvertido direito ao esquecimento e de normas sobre a proteção da concorrência. Nos Estados Unidos, seguindo os passos da União Europeia, o Estado da Califórnia aprovou *o California Data Privacy Protection Act*, em vigor a partir de 1º.1.2020. No Brasil, quarto país do mundo em número de usuários da internet, com 181 milhões,[107] foi aprovada em 2018 a Lei Geral de Proteção de Dados, com vigência prevista para agosto de 2020.

---

[106] CONFESSORE, Nicholas. Cambridge Analytica and Facebook: The scandal and the fallout so far. *New York Times*, 4 abr. 2018.

[107] RODRIGUES, Léo. Número de usuários da internet cresce 10 milhões em um ano no Brasil. *Agência Brasil*, 20 dez. 2018. Disponível em: http://agenciabrasil.ebc.com.br/economia/noticia/2018-12/numero-de-usuarios-de-internet-cresce-10-milhoes-em-um-ano-no-brasil. Acesso em: 4 maio 2019. O Brasil só fica atrás da China, da Índia e dos Estados Unidos.

Questões ainda mais intrincadas, no plano jurídico e no plano ético, envolvem os avanços da biotecnologia. Por exemplo: desde que a ovelha Dolly foi clonada, em 1996, o tema da *clonagem humana* tem sido objeto de intenso debate entre juristas, cientistas e eticistas em todo o mundo. A despeito de diversos esforços de elaboração de uma convenção internacional banindo a clonagem humana, não se chegou a um consenso. Em 2005, a ONU aprovou uma declaração, considerada ambígua,[108] banindo a clonagem "na medida em que incompatível com a dignidade humana e com a proteção da vida humana".[109] A declaração não tem caráter vinculante. A maioria dos países do mundo, todavia, proíbe expressamente a clonagem para fins reprodutivos, embora alguns a admitam com propósito terapêutico.[110] O comércio de órgãos humanos é igualmente proibido pela quase totalidade dos países, embora seja grave, em muitas partes do mundo, o fenômeno do tráfico de órgãos.[111] Esse tema deverá sofrer, em breve, o impacto dos avanços da medicina regenerativa e a perspectiva da produção de tecidos humanos em laboratório.[112]

Especialmente delicado é o tema da *engenharia genética*, expressão que identifica diferentes métodos de manipulação ou modificação dos genes de determinado organismo, com o fim de aprimorá-lo ou de criar novos organismos. A biotecnologia aqui tem o potencial de remodelar a vida e alterar a própria natureza do humano, fato que, naturalmente, mexe com os valores éticos e as crenças religiosas das

---

[108] V. LANGLOIS. Adèle. The global governance of human cloning: the case of UNESCO. *Palgrave Communications*, 3:17019, 2017. Disponível em: https://www.nature.com/articles/palcomms201719. Acesso em: 11 jul. 2019.
[109] Disponível em: https://www.un.org/press/en/2005/ga10333.doc.htm.
[110] Sobre a diferença entre ambas as modalidades de clonagem: "A clonagem reprodutiva envolve a criação de um animal que é geneticamente idêntico a um animal doador através da transferência nuclear de células somáticas. Na clonagem reprodutiva, o recém-criado embrião é colocado de volta no ambiente uterino, onde pode se implantar e se desenvolver. [...] Na clonagem terapêutica, um embrião é criado de maneira semelhante, mas as células 'clonadas' resultantes permanecem em um prato no laboratório; eles não são implantados no útero de uma mulher" (tradução livre) (informação colhida no sítio *New York State Stem Cell Science*. Disponível em: https://stemcell.ny.gov/faqs/what-difference-between-reproductive-and-therapeutic-cloning. Acesso em: 11 jul. 2019).
[111] ORGAN trade. *Wikipedia*; MOORLOCK, Greg. A look inside the murky world of the illegal organ trade. *Independent*, 24 jul. 2018.
[112] De acordo com o sítio *Nature Research*, medicina regenerativa "é o ramo da medicina que desenvolve métodos para regenerar, reparar ou substituir células, órgãos ou tecidos danificados ou doentes. A medicina regenerativa inclui a geração e o uso de células-tronco terapêuticas, a engenharia de tecidos e a produção de órgãos artificiais" (tradução livre).

pessoas.¹¹³ Há quem preveja que o próprio *homo sapiens*, com suas características essenciais, vai desaparecer.¹¹⁴ Cientistas, em geral, revelam ceticismo quanto à eficácia de leis que venham a proibir o uso de engenharia genética, não por acharem-na necessariamente positiva, mas por acreditarem ser impossível evitá-la. Em primeiro lugar, pelo apelo óbvio do seu uso para o tratamento de doenças que possam ser curadas pela correção de mutações de genes. Porém, e muito mais perigoso, pela tentação de aprimorar características humanas, como o tamanho da memória, a resistência a doenças e o prolongamento da vida.¹¹⁵ Daí surgiriam super-homens empoderados pela biotecnologia e pelos algoritmos, que constituiriam uma elite, com todos os riscos de incremento da desigualdade e do exercício de opressão sobre os demais humanos comuns.¹¹⁶

Por fim, cabe uma reflexão sobre *inteligência artificial*, cujo avanço vertiginoso vai permitindo a transferência de atividades e capacidades decisórias tipicamente humanas para máquinas que são alimentadas com dados, estatísticas e informações. No estágio atual, máquinas não têm ideias próprias nem discernimento do que seja certo ou errado.¹¹⁷ Vale dizer: a inteligência artificial depende inteiramente da inteligência humana que a alimenta, inclusive, com valores éticos. As utilidades da inteligência artificial são incomensuráveis e vão desde robôs que realizam com maior precisão cirurgias delicadas até carros autônomos que causam muito menos acidentes do que os dirigidos por seres humanos. Os riscos também são elevados, alguns imediatos e outros de longo prazo. Entre os que já representam uma ameaça contemporânea está o desaparecimento de empregos, com a substituição de trabalhadores humanos por máquinas, com a exclusão social dos que já não têm mais

---

[113] De acordo com MUKHERJEE, Siddhartha. *The gene*: an intimate history. Nova York: Scribner, 2016. p. 458-459, três princípios implícitos têm guiado os limites morais da intervenção genética: a probabilidade extremamente elevada de desenvolvimento de uma doença; o extraordinário sofrimento ou a incompatibilidade com uma "vida normal" trazidos por essa doença; a existência de consenso social e médico, bem como a liberdade de escolha.

[114] HARARI, Yuval Noah. *21 lessons for the 21st century*. Nova York: Spiegel & Grau, 2018. p. 121-22.

[115] HAWKING, Stephen. *Brief answers to the big questions*. Nova York: Bantam Books, 2018. p. 81 e 195.

[116] HARARI, Yuval Noah. *21 lessons for the 21st century*. Nova York: Spiegel & Grau, 2018. p. 75.

[117] WINSTON, Patrick Henry. *Artificial intelligence desmystified*. Mimeo. Minuta de 30 set. 2018, gentilmente enviada pelo autor, p. 2: "Eles (os programas) não percebem como nós e não pensam como nós; na verdade, eles não pensam nada". Para uma visão diferente nessa matéria, v. KAPLAN, Jerry. *Artificial intelligence*: what everyone needs to know. Nova York: Oxford University Press, 2016. p. 69-88.

condições de se adaptar às novas demandas do mercado[118] e que ficarão desprovidos de perspectivas e de poder político.[119] Em segundo lugar, num mundo em que a inteligência artificial já está sendo utilizada por diversos tribunais no mundo, há o temor de que possa reforçar preconceitos e discriminações, na medida em que os computadores sejam alimentados com os valores, sentimentos e impressões dominantes na sociedade.[120]

A inteligência artificial desperta entusiasmo, ceticismo e cautela.[121] Sem desperdiçar seu potencial para enfrentar males como miséria, doenças e calamidades, é preciso não descurar de alguns perigos de longo prazo. Um deles diz respeito à própria democracia liberal, que se funda na liberdade individual e na autonomia da vontade. De fato, a partir do momento em que as grandes decisões para a vida de cada um (ou para a sociedade como um todo) forem mais eficientemente tomadas por uma vontade externa, heterônoma, o livre arbítrio, um dos pilares do liberalismo, estará comprometido.[122] Ademais, é preciso considerar a ameaça de que, no futuro, computadores possam efetivamente desenvolver inteligência própria – que seria, segundo Stephen Hawking, "o maior evento da história humana" –, passar a ter vontade autônoma e sair do controle humano.[123] O temor parece

---

[118] Para um minucioso estudo do impacto da computadorização sobre o emprego, v. FREY, Carl Benedikt; OSBORNE, Michael A. The future of employment: how susceptible are Jobs to computerisation? *Oxford Martin School, University of Oxford*, 17 set. 2013. Disponível em: https://www.oxfordmartin.ox.ac.uk/downloads/academic/The_Future_of_Employment.pdf. Acesso em: 18 jul. 2019.

[119] RISSE, Mathias. Human rights and artificial inteligence. *Publicum*, 4:1, 2018. p. 2. Como anota HARARI, Yuval Noah. *21 lessons for the 21st century*. Nova York: Spiegel & Grau, 2018. p. 8-9, as massas trabalhadoras, que antes temiam a exploração, agora temem a irrelevância.

[120] V. RISSE, Mathias. Human rights and artificial inteligence. *Publicum*, 4:1, 2018. p. 10. V. também LOHR, Steve. How do you govern machines that can learn? Policymakers are trying to figure that out. *New York Times*, 20 jan. 2019.

[121] TEGMARK, Max. *Life 3.0*: being human in the age of artificial intelligence. Nova York: Vintage, 2017. p. 30-37, classifica os principais pesquisadores da área de inteligência artificial em três categorias diversas: *utópicos digitais* (a vida digital é o caminho natural da evolução cósmica e devemos deixar as mentes digitais livres, e não tentar limitá-las); *tecnocéticos* (desenvolver a inteligência geral artificial é tão difícil que não vai acontecer em centenas de anos, não havendo razão para se preocupar com o tema); e o movimento da IA benéfica (cujo objetivo deve ser criar uma inteligência artificial benéfica, e não uma sem direção ou propósito).

[122] HARARI, Yuval Noah. *21 lessons for the 21st century*. Nova York: Spiegel & Grau, 2018. p. 55-56.

[123] É o que se denomina "singularidade": a ideia de que em algum momento máquinas vão se tornar inteligentes, se autodesenvolverem e escapar de controle. V. KAPLAN, Jerry. *Artificial intelligence*: what everyone needs to know. Nova York: Oxford University Press, 2016. p. 138.

enredo de filme de ficção científica, mas a advertência vem de cientistas reconhecidos mundialmente.[124] No fundo, tudo se resumirá a saber quem controlará quem. Em 2017, pesquisadores de áreas diversas – cientistas, economistas, filósofos e juristas –, sob os auspícios do Future of Life Institute, se reuniram e formularam os Princípios de Asilomar sobre Inteligência Artificial, voltados a assegurar que o seu desenvolvimento se dê para o *benefício* e o *bem comum* da humanidade. Os princípios incluem valores e preocupações éticas, entre os quais dignidade humana, direitos e liberdades individuais, diversidade cultural, privacidade, prosperidade para todos, transparência no seu uso judicial e responsabilidade.[125]

II A democracia e seus inimigos internos

> *A democracia é feita de promessas, decepções e administração da decepção.*
> (Stephen Holmes)[126]

Como assinalado, as democracias contemporâneas enfrentam problemas que resultam de causas variadas, decorrentes de inovações tecnológicas, transformações sociais e mudanças nos costumes. Os três poderes do Estado enfrentam juízos e sentimentos que incluem desconfiança, disfuncionalidade e ineficiência. A seguir, uma breve reflexão acerca de três fatores que colocam em xeque as democracias contemporâneas: o arrefecimento do sentimento democrático dos cidadãos, a desigualdade e a corrupção. Os dois primeiros fatores são mundiais e afetam mesmo os países mais desenvolvidos. O terceiro, embora presente em graus variados em escala global, é causa dramática de atraso de países emergentes, da América Latina à Ásia, da África aos países da Europa Central e Oriental.

No tocante ao *arrefecimento do sentimento democrático*, pesquisas em diferentes partes do mundo revelam a perda de prestígio dos

---

[124] HAWKING, Stephen. *Brief answers to the big questions*. Nova York: Bantam Books, 2018. p. 184-186.
[125] V. TEGMARK, Max. *Life 3.0*: being human in the age of artificial intelligence. Nova York: Vintage, 2017. p. 329-331.
[126] Palestra no YouTube sobre "How democracies die". Disponível em: https://www.youtube.com/watch?v=nHr6Mcqq-Ek. Acesso em: 12 jul. 2019.

governos fundados na soberania popular.[127] A democracia já viveu dias mais efusivos. O direito público – tanto o direito constitucional como o direito administrativo – precisará investir energia na busca por um desenho institucional capaz de reavivar as instituições democráticas e de mobilizar a cidadania para renovar a crença nas ideias que iniciaram sua trajetória na Revolução Inglesa de 1689 e viveram um momento de apogeu na virada do século XX para o XXI: Estado de direito, governo da maioria, limitação do poder, respeito aos direitos fundamentais e livre iniciativa. Tais inovações hão de passar por uma revisita ao modelo de separação de poderes – concebido para um mundo pós-medieval e pré-Revolução Industrial –, por uma revisão profunda das formas de representação política e por mecanismos mais eficientes de governança, não apenas no Executivo, mas também no Legislativo e no Judiciário.

A difusão do acesso à internet gerou a expectativa de mais participação política, melhor governança e maior *accountability* dos governantes em geral. Imaginou-se que no mundo interconectado por computadores seria possível a criação de uma abrangente esfera pública digital capaz de viabilizar o exercício da democracia deliberativa, fundada num debate público amplo entre pessoas livres e iguais, com oferecimento de razões e prevalência do melhor argumento.[128] Na vida real, porém, verificou-se certa frustração dessas expectativas: até aqui, a internet não encorajou um diálogo racional sobre matérias de interesse coletivo, mas, ao revés, fomentou a *tribalização*, em que grupos com opinião formada – e muitas vezes radicais – falam para

---

[127] FOA, Roberto Stefan; MOUNK, Yascha. The democratic disconnect. *Journal of Democracy*, 27:5, 2016. p. 8: "Only one in three Dutch millennials (those born since 1980) accords maximal importance to living in a democracy; in the United States, that number is slightly lower, around 30 percent". Pesquisa do Latinobarómetro revela que o apoio à democracia na América Latina caiu para 48% em 2018. O apoio máximo foi de 63%, em 1997 (Disponível em: http://www.latinobarometro.org/lat.jsp).

[128] Democracia deliberativa é uma expressão guarda-chuva que comporta inúmeras variações. Sobre o tema, v., especialmente, HABERMAS, Jurgen. *Direito e democracia*: entre facticidade e validade. Tradução de Flávio Beno Siebeneichler. Rio de Janeiro: Tempo Brasileiro, 1997. Para outros enfoques, v., exemplificativamente: COHEN, Joshua. Deliberation and democratic legitimacy. *In*: BOHMAN, James; REHG, William (Ed.). *Deliberative democracy*: essays on reasons on reasons and politics. Cambridge: The MIT Press, 1997. p. 67-91; PETTIT, Philip. Deliberative democracy and the discursive dilemma. *In*: FISHKIN, James; LASLETT, Peter (Ed.). *Debating deliberative democracy*. Oxford: Blackwell, 2003. p. 138-162, 2003; GUTMANN, A.; THOMPSON, D. *Why deliberative democracy?* Princenton: Princeton University Press, 2004. p. 125-138; ACKERMAN, Bruce; FISHKIN, James S. Deliberation day. *The Journal of Political Philosophy*, 10:129, 2002; MANSBRIDGE, Jane. Deliberative democracy or democratic deliberation? *In*: ROSENBERG, Shawn W. (Ed.). *Deliberation, participation and democracy*: can the people govern? Nova York: Palgrave Macmilian, 2003.

si próprios.[129] Sem mencionar as campanhas de desinformação, com circulação deliberada de notícias falsas, assim como discursos de ódio. Não se deve, todavia, generalizar essa percepção da internet como um espaço de inexorável polarização de grupos incapazes de interagir construtivamente. Não apenas é possível acreditar em um avanço civilizatório paulatino rumo a uma maior racionalidade e tolerância, como também já existem experiências positivas de sua utilização, como os processos constituintes digitais do Chile[130] e da Islândia,[131] a prática de governança digital na Estônia[132] ou de orçamentos participativos em cidades como Berlim, Lisboa e Porto Alegre, entre outras.[133] Em suma: o fato de a internet, em uma avaliação no atacado, não ter conseguido, até agora, converter participação social em deliberação de qualidade – e com isso fomentar os objetivos democráticos – não justifica o abandono das possibilidades construtivas que ela oferece.[134]

---

[129] Sobre a "polarização de grupos" e o surgimento de "enclaves deliberativos", v. os seguintes escritos de Cass Sunstein: The law of group polarization. *The Journal of Political Philosophy*, v. 10:175, 2002. p. 177; Neither Hayek nor Habermas. *Public Choice*, v. 134, p. 87-95, 2008; The daily we. *Boston Review*, Summer 2001. V. também HOLMES, Stephen. How democracies perish. *In*: SUNSTEIN, Cass (Ed.). *Can it happen here*: authoritarianism in America. Nova York: HarperCollins, 2018. p. 401: "Mas a extraordinária proliferação de plataformas de mídia produziu uma caricatura distorcida do pluralismo, fragmentando o espaço político em fortalezas ideológicas mutuamente isoladas entre as quais nenhuma comunicação séria é possível".

[130] OBSERVATORY OF THE CHILEAN CONSTITUENT PROCESS. *An Assessment of the Chilean Constituent Process*. Ford Foundation, 2018. p. 19-32. Disponível em: http://redconstituyente.cl/wp-content/uploads/2018/04/An-assessment-of-the-Chilean-constituent-process-web.pdf. Acesso em: 6 maio 2019.

[131] LANDEMORE, Helene. Inclusive constitution-making: the Icelandic experiment. *The Journal of Political Philosophy*, v. 23:166, 2015.

[132] HINSBERT, Hille; JONSSON, Magnus; KARLSSON, Martin. E-Participation Policy in Estonia. *In*: ASTROM, Joachim; HINSBERT, Hille; JONSSON, Magnus; KARLSSON, Martin. *Citizen centric e-participation*: a trilateral collaboration for democratic innovation. Tallinn: Praxis Policy Center, 2013. p. 17-29. Disponível em: http://www.diva-portal.org/smash/get/diva2:638808/FULLTEXT01.pdf. Acesso em: 6 maio 2019.

[133] ROCKE, Anja. *Framing citizen participation*: participatory budgeting in France, Germany and the United Kingdom. Londres: Palgrave Macmillan, 2014; ALLEGRETTI, Giovanni; DIAS, Nelson; ANTUNES, Sofia. Transformar o território promovendo a cidadania: metodologia em evolução nos orçamentos participativos de Lisboa e Cascais. *Repositório do Conhecimento do IPEA*, 2016. p. 148. Disponível em: http://repositorio.ipea.gov.br/handle/11058/6858. Acesso em: 9 jun. 2019; PREFEITURA DE PORTO ALEGRE. *Orçamento Participativo, 25 anos*. Disponível em: http://www2.portoalegre.rs.gov.br/smgl/default.php?p_secao=86. Acesso em: 9 maio 2019.

[134] Sobre o tema, v. CAVALLAZZI, Vanessa Wendhausen. *e-Democracia deliberativa*: a deliberação social digital e a legitimidade democrática das escolhas orçamentárias para a implementação de direitos sociais. Orientador: Luís Roberto Barroso. Dissertação (Mestrado) – Centro Universitário de Brasília – UniCEUB, 2019.

A *desigualdade*, por sua vez, é a marca dramática do nosso tempo, a agenda inacabada do processo civilizatório. A desigualdade que merece estigma não é a que privilegia o talento, o conhecimento adquirido ou o trabalho aplicado. Mas, sim, aquela que nega igualdade de oportunidades às pessoas, gerando incluídos e excluídos, e impedindo o acesso equiparado aos bens da vida, entre os quais educação, saúde e condições existenciais mínimas. Trata-se da desigualdade que reforça e reproduz as situações de pobreza, como exemplo, sistemas tributários que concentram renda em lugar de redistribuí-la e políticas públicas que favoreçam os extratos dominantes da sociedade. A ideia de democracia traduz um projeto comum de autogoverno, em que todos devem se sentir participantes e ter um sentimento de pertencimento. Se as pessoas se sentem excluídas, elas abandonam o projeto. É isso que muitas pesquisas de opinião têm revelado. É fato que o mundo chegou ao início do século XXI muito mais igual do que iniciara o século XX. Porém, a despeito do impacto positivo da globalização e dos avanços tecnológicos sobre a pobreza mundial, os dados documentam que, sobretudo a partir de 1980, houve um aumento na concentração de renda, tanto entre países como dentro de cada país.[135]

Em livro de grande sucesso desde o lançamento da versão em inglês, em 2014, Thomas Piketty procurou demonstrar que a desigualdade não é um acidente, mas uma característica do modo de produção capitalista, que só a intervenção do Estado pode conter.[136] Na obra ele reconhece que, nas sociedades de livre mercado, os incentivos ao conhecimento e à capacitação individual permitem uma maior igualdade. Porém, aponta o que denomina uma contradição central do capitalismo e não uma imperfeição do mercado: o fato de que a taxa de retorno médio do capital (lucros, dividendos, juros,

---

[135] NEATE, Rupert. Richest 1% owns half the world's wealth, study finds. *The Guardian*, 14 nov. 2017. A informação consta do *Global Wealth Report*, elaborado pelo Banco Credit Suisse, e refere-se ao ano de 2017. O quadro não se alterou no *Global Wealth Report* de 2018. Mais assustador, ainda: as 62 pessoas mais ricas do mundo somadas têm mais riqueza do que os 3,6 bilhões mais pobres. V. HARARI, Yuval Noah. *Homo Deus*. Nova York: HarperCollins, 2017. p. 352. Esse dado, todavia, não pode ser inteiramente generalizado. V. HASELL, Joe. Is income inequality rising around the world? *Our World in Data*, 19 nov. 2018: "É um erro pensar que a desigualdade está aumentando em todos os lugares. Nos últimos 25 anos, a desigualdade aumentou em muitos países e caiu em muitos outros. É importante saber isso. Isso mostra que a crescente desigualdade não é onipresente, nem inevitável diante da globalização, e sugere que políticas e políticas no nível de países individuais podem fazer a diferença".

[136] PIKETTY, Thomas. *Capital in the twenty first century*. Londres: Belknap, 2014. p. 1.

aluguéis) é, na maior parte da história, superior à taxa de crescimento da economia. Isso significa que a riqueza acumulada no passado cresce mais rapidamente do que a produtividade e os salários. Nesse ambiente, empreendedores se tornam rentistas e dominam os que detêm apenas a força de trabalho.[137] Retorna-se, assim, segundo ele, ao "capitalismo patrimonial", em que boa parte da economia é dominada pela riqueza herdada, ou, como escreveu Paul Krugman, "o berço conta mais do que esforço e talento".[138] Embora o diagnóstico que apresenta, baseado em dados substanciais, tenha merecido adesão entusiástica de muitos,[139] a solução que propõe – instituição de um imposto anual de até 2% sobre o capital – despertou inúmeras críticas.[140] Outros autores defendem, como remédios mais eficientes contra a pobreza e a desigualdade, gastos sociais, como educação e saúde, e programas de renda mínima *universal (universal basic income)*.[141]

Por fim, a *corrupção* produz consequências de naturezas diversas, todas elas capazes de comprometer os valores da democracia, minando sua credibilidade entre os cidadãos. Não por acaso, ao longo da história, inúmeros golpes de Estado e quebras da legalidade constitucional se deram em nome ou a pretexto do combate à corrupção. A corrupção tem custos econômicos, sociais e morais. Não é fácil medir com precisão os custos econômicos, que se materializam no desvio de recursos e, mais grave ainda, em decisões erradas e ineficientes, tomadas para

---

[137] PIKETTY, Thomas. *Capital in the twenty first century*. Londres: Belknap, 2014. p. 25; 571-573.
[138] KRUGMAN, Paul. Wealth of work. *The New York Times*, 23 mar. 2014. Disponível em: https://www.nytimes.com/2014/03/24/opinion/krugman-wealth-over-work.html. Acesso em: 23 abr. 2019.
[139] COOPER, Ryan. Why everyone is talking about Thomas Piketty's Capital in the twenty-first century. *The Week*, 25 mar. 2014. Disponível em: https://theweek.com/articles/448863/why-everyone-talking-about-thomas-pikettys-capital-twentyfirst-century. Acesso em: 23 abr. 2019.
[140] *E.g.*, ACEMOGLU, Daron; ROBINSON, James A. The rise and decline of general laws of capitalism. *Journal of Economic Perspectives*, 29:3, 2015.
[141] V, PINKER, Steven. *Enlightenment now*: the case for reason, science, humanism and progress. Nova York: Penguin, 2018. p. 108-110; 119; e ACKERMAN, Bruce; ALSTOT, Anne; VAN PARIJIS, Philippe. *Redesinging redistribution*: Basic income and stakeholders grants as cornerstones for an egalitarian capitalism. Londres; NovaYork: Verso, 2006. O tema, todavia, não é pacífico. V. OECD. *Basic income as a policy option*: technical background note illustrating costs and distributional implications for selected countries. maio 2017. Disponível em: https://www.oecd.org/els/soc/Basic-Income-Policy-Option-2017-Brackground-Technical-Note.pdf. Acesso em: 13 jul. 2019. Em linha severamente crítica, v. ACEMOGLU, Daron. Why universal basic income is a bad idea. *Project Syndicate*, 7 jun. 2019.

atender a interesses pessoais ou particulares.[142] Os custos sociais são igualmente visíveis: dinheiros desviados ou destinados a obras faraônicas e desnecessárias fazem falta para a saúde, para a educação, para a recuperação de estradas ou para melhorar a mobilidade urbana. Os custos morais são enormes e irreversíveis: cria-se uma cultura de extorsão, propina e desonestidade geral que abala a autoestima da sociedade e incentiva comportamentos desviantes em todos os níveis.

Boa parte das nações do mundo, inclusive entre as que hoje são mais desenvolvidas, enfrentaram, em algum momento de sua história, o círculo vicioso da corrupção.[143] Nesse domínio, o papel do direito e dos tribunais é decisivo. Interessantemente, embora o problema seja tão antigo quanto a humanidade, a corrupção somente passou a ser vista como uma questão grave nas últimas décadas do século passado. No plano do direito internacional foi aprovada, em 17.12.1997, em Paris, a Convenção sobre o Combate à Corrupção de Funcionários Públicos Estrangeiros em Transações Comerciais Internacionais, sob os auspícios da OCDE.[144] Pouco à frente, em 15.11.2000, foi adotada, em Nova York, a Convenção das Nações Unidas contra o Crime Organizado Transnacional, com regras específicas sobre a criminalização da corrupção e da lavagem de dinheiro. Por fim, em 15.11.2003, foi adotada a Convenção das Nações Unidas Contra a Corrupção, com texto analítico e medidas amplas para enfrentamento do problema. No plano doméstico, a busca por integridade e o combate à corrupção têm como marco *histórico o Foreign Corrupt Practices Act* – FCPA, editado nos Estados Unidos em 1977. No Reino Unido, na mesma linha do FCPA, o *UK Bribery Act* – UKBA, de 2010, considerou crime o pagamento ou recebimento de propinas para/por agentes públicos. Diversos países da Europa, como Alemanha, Portugal, Espanha e outros possuem leis ou dispositivos legais impondo regras de *compliance*. No Brasil, em meio a dramáticos escândalos de corrupção por agentes públicos, foram aprovadas inúmeras inovações legislativas de combate à corrupção.

---

[142] Sobre o tema, v. PINOTTI, Maria Cristina. Corrupção e estagnação econômica: Brasil e Itália. *In*: PINOTTI, Maria Cristina (Org.). *Corrupção*: lava jato e mãos limpas. São Paulo: Portfolio-Penguin, 2019.

[143] Um dos estudos mais completos sobre o tema é de ROSE-ACKERMAN, Susan; PALIFKA, Bonnie J. *Corruption and government*: causes, consequences, and reform. 2. ed. Nova York: Cambridge University Press, 2016.

[144] De acordo com o Preâmbulo da Convenção, a corrupção "desperta sérias preocupações morais e políticas, abala a boa governança e o desenvolvimento econômico, e distorce as condições internacionais de competitividade".

Mais recentemente, em diversos países, juízes e tribunais passaram a tratar os crimes de colarinho branco e a corrupção como delitos graves, punindo-os adequadamente. Em boa parte dos países emergentes, elites extrativistas se protegiam com a edição de leis que minimizavam os crimes que seus integrantes pudessem cometer, além da cooptação que praticavam em relação ao próprio Judiciário.[145] Leis agravando penas dos crimes de corrupção, combatendo a lavagem de dinheiro, regulamentando a colaboração premiada, disciplinando com mais rigor o financiamento eleitoral e impondo regras mais estritas em matéria de *compliance* começam a se multiplicar em países até pouco tempo devastados pela corrupção.

Como visto, o fenômeno global de recessão da democracia, com a ascensão de líderes autoritários e populistas, tem inúmeras causas, diretas e indiretas, entre elas, o arrefecimento do sentimento democrático dos cidadãos, a desigualdade persistente e a elevada percepção de corrupção.[146] O direito, sozinho, não conseguirá oferecer respostas eficientes para lidar com esses problemas. Isso, porém, não significa que não há nada a ser feito ante as ameaças iliberais. As cortes constitucionais, por exemplo, podem funcionar como importantes pontos de veto, bloqueando tentativas de restrição ilegítima de liberdades públicas, de enfraquecimento do Estado de direito e da concentração de poderes.[147] Além disso, o sistema jurídico pode atuar para tornar os partidos e as instituições políticas mais responsivos às demandas dos cidadãos. Para isso, em primeiro lugar, sistemas eleitorais precisam ser repensados para se tornar mais inclusivos e representativos. Em segundo lugar, devem ser desenvolvidos mecanismos de participação democrática

---

[145] Para dar um exemplo emblemático, a legislação brasileira prevê a extinção da punibilidade, em caso de sonegação, mesmo que o pagamento do tributo se dê após a condenação criminal definitiva. Vale dizer: a sonegação é uma aposta de baixo risco.

[146] O Índice de Percepção da Corrupção é um indicador de corrupção no setor público calculado desde 1995 pela Transparência Internacional, entidade não governamental sediada em Berlim, na Alemanha. Em 2018, a Dinamarca estava na melhor colocação, Reino Unido e Alemanha empatados em 11º lugar, Estados Unidos em 22º, Argentina em 85º e o Brasil em 105º.

[147] No Brasil, por exemplo, entre final de 2018 e ao longo de 2019, houve decisões importantes do Supremo Tribunal Federal derrubando restrições à liberdade de expressão nas universidades, impedindo a extinção de órgãos de proteção de direitos humanos por via de decreto e criminalizando a homofobia.

direta, com o uso de tecnologias da informação e comunicação (TICs), abrindo caminho para a *e*-democracia.[148]

Em relação à desigualdade – da qual decorre, em boa medida, o problema da violência – há diversos papéis que o direito pode desempenhar. Uma medida importante é a criação e o reforço de políticas de ação afirmativa para ampliar o acesso de pessoas hipossuficientes e de minorias à educação e ao mercado de trabalho. Além disso, o direito pode oferecer soluções para a melhoria da qualidade e da transparência dos gastos públicos, mediante instrumentos de controle e de monitoramento por parte da sociedade civil. Outra solução é o aperfeiçoamento do sistema tributário, tornando-o menos regressivo, diminuindo o peso que em muitos países se dá à tributação sobre o consumo e, em contrapartida, aumentando a participação da tributação sobre o patrimônio e renda. Em relação à corrupção, a repressão criminal séria e eficaz é, sem dúvida, importantíssima. No entanto, deve-se investir especialmente em salvaguardas de caráter preventivo, com a adoção de programas de integridade nas gestões pública e empresarial, bem como com a imposição de deveres de imparcialidade, neutralidade e transparência.

III Os esforços contra o aquecimento global

> *O desespero eu aguento. O que me apavora é essa esperança.*
>
> (Millôr Fernandes)

Como assinalado anteriormente, a mudança climática constitui um problema grave e real, e a responsabilidade principal por sua ocorrência recai sobre as atividades humanas. A principal causa do aquecimento global é a emissão de gases com efeito estufa, notadamente o dióxido de carbono (CO_2), proveniente, sobretudo, da produção e utilização de energia a partir de combustíveis fósseis, assim como do modo como se

---

[148] A esse propósito, já existem algumas ideias inovadoras, como, *e.g.*, *deliberative polling*, *crowdsourcing* e *minipublics*. V. FISHKIN, James S. Consulting the public through deliberative polling. *Journal of Policy Analysis and Management*, 22:128, 2003. LESSIG. Equal citizens, on Iceland's crowdsourced constitution. *Medium*, 14 maio 2016. Disponível em: https://medium.com/equal-citizens/on-icelands-crowdsourced-constitution-ad99aae75fce. Acesso em: 6 jun. 2019. FUNG, Archon. Minipublics: designing institutions for effective deliberation and accountability. *World Bank, Accountability through Public Opinion*, p. 183-202, maio 2011.

usa o solo. De forma mais analítica, isso significa o conjunto de atividades ligadas a indústria, transporte, agricultura, agropecuária, desflorestamento e manuseio do lixo, para citar algumas das mais relevantes. O fenômeno tem natureza global e a emissão desses gases afeta toda a atmosfera, independentemente do ponto geográfico em que ocorra. Por isso mesmo, as soluções para o enfrentamento do aquecimento global precisam ser buscadas nas esferas global, regional, nacional e local. Além disso, necessitam não apenas da atuação de organismos internacionais e governos, mas também da conscientização de indivíduos e empresas. No plano dos comportamentos individuais e empresariais, há inúmeras recomendações de cientistas, entidades e organizações ambientais com medidas que vão desde evitar o desperdício de água até o plantio de árvores, passando pela utilização de fontes de energia renovável (como solar e eólica), o emprego de lâmpadas LED que consomem menos energia, a opção por aparelhos como geladeiras, condicionadores de ar ou máquinas de lavar que sejam "energia-eficientes" e de carros "combustível-eficientes", além da mudança de hábitos alimentares e menor utilização de transporte individual.

Embora comportamentos sociais voluntários de consciência ambiental sejam importantes, é evidente que não são suficientes. O direito, com sua força normativa e seus mecanismos de incentivos e sanções, há de desempenhar um papel decisivo no tratamento do tema. Algumas das principais iniciativas no tocante ao aquecimento global tiveram origem no direito internacional, a começar pela Convenção-Quadro das Nações Unidas sobre Mudança Climática, que é de 1992. A Convenção teve como objetivo "estabilizar as concentrações de gases estufa na atmosfera em um nível que previna perigosas interferências antropogênicas (*i.e.*, causadas pela ação humana) com o sistema climático". A Convenção-Quadro, que entrou em vigor em 1994 e foi ratificada por 197 países, estabeleceu princípios abrangentes, obrigações de caráter geral e processos de negociação, a serem detalhados em conferências posteriores entre as partes. É de se notar o seu caráter avançado e premonitório, já que elaborada e ratificada em uma época em que ainda havia maior grau de incerteza científica sobre o tema. A ela se seguiram dois diplomas internacionais que a implementaram, completando o regime jurídico das Nações Unidas sobre mudança climática: o Protocolo de Kyoto e o Acordo de Paris.

O Protocolo de Kyoto foi concluído em 11.12.1997. Seu processo de ratificação, todavia, foi bastante complexo, só vindo a entrar em vigor em 16.2.2005. Atualmente, 192 países aderiram a ele. O Protocolo procurou concretizar os objetivos da Convenção-Quadro, instituindo o compromisso dos países em limitar e reduzir a emissão de gases estufa. No seu Anexo B, o Protocolo de Kyoto instituiu metas específicas de redução a serem alcançadas por 36 países industrializados e a União Europeia, considerados os principais responsáveis por causar o aquecimento global. Os países em desenvolvimento ficaram de fora dessa obrigação específica, com base no princípio da "responsabilidade comum, mas diferenciada e respectivas capacidades institucionais". O Protocolo previu, ainda, alguns mecanismos de mercado para a realização dos seus objetivos, baseados na comercialização de *licenças de emissão*. Três deles merecem referência expressa. O primeiro é o Sistema de Negociação de Emissões da União Europeia (*EU Emission Trading Scheme* – ETS), que é um exemplo do que se denomina *cap and trade system*: as empresas têm um limite máximo de emissões, mas não o atingindo podem comercializar a diferença para empresas que excederam o seu limite.[149] O segundo é o Mecanismo de Desenvolvimento Limpo (*Clean Development Mechanism* – CDM), pelo qual países desenvolvidos investem em países em desenvolvimento em troca de créditos para suas emissões.[150] O terceiro é a Redução de Emissões por Desflorestamento ou Degradação Florestal (*Reducing Emissions from Deforestation and Forest Degradation* – REED), que é um sistema de compensação para países que se comprometem com a conservação de suas florestas.[151]

O Acordo de Paris, igualmente celebrado no âmbito da Convenção-Quadro das Nações Unidas sobre Mudança Climática, entrou em vigor em 4.11.2016. Em março de 2019, contava com 185 partes.[152] Seus principais objetivos, como declarado no art. 2º do Acordo, são: (a)

---

[149] Sobre o funcionamento do sistema, v. https://ec.europa.eu/clima/policies/ets_en.
[150] UNITED NATIONS. What is the CDM. Clean Development Mechanism. Disponível em: https://cdm.unfccc.int/about/index.html. Acesso em: 23 jan. 2019. Por exemplo: investe-se em um projeto de eletrificação rural utilizando painéis solares adquirindo-se créditos para abater dos limites impostos pelas obrigações assumidas, nos termos do protocolo (UNFCCC. *The Clean Development Mechanism*. Disponível em: https://unfccc.int/process-and-meetings/the-kyoto-protocol/mechanisms-under-the-kyoto-protocol/the-clean-development-mechanism. Acesso em: 16 abr. 2019.
[151] UN-REDD. *Our Work*. UN-REDD Programme. http://www.un-redd.org/how-we-work-1. Acesso em: 23 jan. 2019. O programa tem por objetivo reduzir as emissões florestais e aumentar os estoques de carbono nas florestas, bem como contribuir para o desenvolvimento nacional sustentável.
[152] UNFCCC. *Paris Agreement* – Status of Ratification. Disponível em: https://unfccc.int/process/the-paris-agreement/status-of-ratification. Acesso em: 16 abr. 2019.

conter a elevação da temperatura média global, mantendo-a dentro de certos limites; (b) aumentar a capacidade de adaptação aos impactos adversos das mudanças climáticas; e (c) promover fluxos financeiros que realizem os dois objetivos acima.[153] Diferentemente do Protocolo de Kyoto, que fixou limites vinculantes de emissão, o Acordo de Paris procurou trabalhar sobre bases mais consensuais, prevendo que cada país apresentará, voluntariamente, sua "contribuição nacionalmente determinada". Por essa via, comunicam os esforços "ambiciosos" e progressivos que estarão realizando para a consecução dos objetivos previstos.[154] O Acordo não distingue os papéis dos países desenvolvidos e dos em desenvolvimento, como fazia o Protocolo de Kyoto. A implementação do Acordo será avaliada a cada 5 anos, estando a primeira avaliação prevista para 2023. Os dois conceitos centrais aqui são os de mitigação e adaptação. *Mitigação* identifica as ações para reduzir a emissão de gases estufa e para aumentar a absorção de carbono da atmosfera (*carbono sinks*). *Adaptação* compreende as medidas para responder, aumentar a resiliência e reduzir a vulnerabilidade aos impactos das mudanças climáticas.

A destruição de florestas, embora tenha sofrido redução nos últimos tempos, continua a ser um problema ambiental dramático, por motivos diversos. De acordo com a FAO (Organização das Nações Unidas para Agricultura e Alimentação), cerca de 7,3 milhões de hectares de florestas, equivalentes ao tamanho do Panamá, são perdidas

---

[153] O art. 2, 1 do Acordo de Paris tem a seguinte redação: "O presente Acordo, no reforço da implementação da Convenção, incluindo seu objetivo, visa a fortalecer a resposta global à ameaça das mudanças climáticas, no contexto do desenvolvimento sustentável e os esforços para erradicar a pobreza, incluindo: (a) Manter o aumento da temperatura média global bem abaixo dos 2ºC acima dos níveis pré-industriais e buscar esforços para limitar o aumento da temperatura a 1,5ºC acima dos níveis pré-industriais, reconhecendo que isso reduziria significativamente os riscos e impactos das mudanças climáticas; (b) Aumentar a capacidade de adaptar-se aos impactos adversos das mudanças climáticas e fomentar a resiliência ao clima e o desenvolvimento de baixas emissões de gases de efeito estufa, de uma forma que não ameace a produção de alimentos; (c) Promover fluxos financeiros consistentes com um caminho de baixas emissões de gases de efeito estufa e de desenvolvimento resiliente ao clima".

[154] Por exemplo, de acordo com a página oficial do Ministério do Meio Ambiente do Brasil, o compromisso do país foi o seguinte: "A *NDC do Brasil* comprometeu-se a reduzir as emissões de gases de efeito estufa em 37% abaixo dos níveis de 2005, em 2025, com uma contribuição indicativa subsequente de reduzir as emissões de gases de efeito estufa em 43% abaixo dos níveis de 2005, em 2030. Para isso, o país se comprometeu a aumentar a participação de bioenergia sustentável na sua matriz energética para aproximadamente 18% até 2030, restaurar e reflorestar 12 milhões de hectares de florestas, bem como alcançar uma participação estimada de 45% de energias renováveis na composição da matriz energética em 2030".

anualmente.¹⁵⁵ Entre 1970 e 2013, foi desmatada uma área da Amazônia equivalente ao território de duas Alemanhas. A se prosseguir nos níveis atuais de desmatamento, as florestas tropicais podem desaparecer nos próximos 100 anos.¹⁵⁶ As causas são muitas, com destaque para a agricultura, pecuária, exploração de madeira, garimpo e expansão urbana. As consequências são graves e afetam a subsistência de inúmeras espécies, os ciclos da água, a erosão do solo e o modo de vida de populações nativas. O impacto é especialmente crítico sobre a emissão de gases estufa e o aquecimento global, já que florestas tropicais são responsáveis por aproximadamente ¼ da mitigação climática objetivada pelo Acordo de Paris.¹⁵⁷ Isso se deve à sua capacidade de absorver o dióxido de carbono da atmosfera, durante a fotossíntese, num processo conhecido como sequestro de carbono. Inversamente, a derrubada de florestas libera na atmosfera o carbono que nela estava armazenado.

Como dito acima, o regime da ONU para a mudança climática assenta-se sobre três pilares: a Convenção-Quadro, o Protocolo de Kyoto e o Acordo de Paris. A propósito, o Acordo de Paris é amplamente reconhecido como um avanço significativo. A dura realidade, porém, segundo estudiosos, é que os países têm feito promessas que não serão capazes de honrar.¹⁵⁸ É preciso lembrar que, na lógica do Acordo, os países têm a flexibilidade de fixar os seus próprios compromissos, inexistindo mecanismos coercitivos de cumprimento. Nesse contexto, dois são os problemas que se detectam: as metas de redução de emissões não serão alcançadas e, ademais, têm se revelado insuficientes. O quadro geral é agravado pela decisão do Presidente Donald Trump, anunciada em 1º.6.2017, de retirar os Estados Unidos do Acordo de Paris, o que, todavia, nos termos do seu art. 28, somente poderá se dar em 4.11.2022, um dia após as eleições presidenciais. Além do problema

---

[155] FAO. *State of world's forests*. Forests and agriculture: land use, challenges and opportunities. 2016. p. 88. Disponível em: http://www.fao.org/3/a-i5588e.pdf. Acesso em: 16 abr. 2019.
[156] VIDAL, John. We are destroying rainforests so quickly they may be gone in a 100 years. *The Guardian*, 23 jan. 2017. Disponível em: https://www.theguardian.com/global-development-professionals-network/2017/jan/23/destroying-rainforests-quickly-gone-100-years-deforestation. Acesso em: 16 abr. 2019.
[157] GIBBS, David; HARRIS, Nancy; SEYMOUR, Frances. By the numbers: the value of tropical forests in the climate change equation. *World Resources Institute*, 4 out. 2018. Disponível em: https://www.wri.org/blog/2018/10/numbers-value-tropical-forests-climate-change-equation. Acesso em: 16 abr. 2019.
[158] VICTOR, David G.; AKIMOTO, Keigo; KAYA, Yoichi; YAMAGUCHI, Mitsutsune; CALLENWARD; Danny; HEPBURN, Cameron. Prove Paris was more than paper promises. *Nature*, 548:25, 3 ago. 2017.

das emissões propriamente ditas, os mecanismos de financiamento como ETS e CDM estiveram envoltos em acusações de corrupção. O REED tampouco foi capaz de impedir a continuidade de desmatamentos, sem reflorestamento compensatório.

No plano doméstico, a maior parte dos países que promulgaram ou reformaram suas Constituições após a Segunda Guerra Mundial incluíram nos seus textos normas relativas à proteção ambiental.[159] No plano infraconstitucional, países como Brasil, México e Reino Unido aprovaram leis voltadas para a questão climática. Estados Unidos, Indonésia e Rússia adotaram medidas executivas, ao passo que Alemanha e África do Sul guiaram-se por documentos estratégicos definidores de políticas públicas.[160] Na União Europeia foram adotados limites rígidos nas emissões de carbono e metas para o aumento da energia renovável e da "energia eficiente".[161] Também no plano judicial, uma quantidade expressiva de ações foi ajuizada mundo afora.[162] Merece destaque, em primeiro lugar, a importante Opinião Consultiva nº 23/17, da Corte Interamericana de Direitos Humanos, fazendo a correlação entre a proteção do meio ambiente e outros direitos humanos, e ditando deveres de proteção por parte dos Estados-Membros.[163] Nos Estados Unidos, a Suprema Corte assentou, em *Massachusetts v. EPA*, julgado em 2007, que a Environmental Protection Agency tinha competência para regular emissões de gases estufa. Também na Holanda, decisão em ação judicial determinou que o governo reduzisse as emissões a 25%

---

[159] MAY, James R.; DALY, Erin. *Global Environmental constitutionalism*. Cambridge: Cambridge University Press, 2014.

[160] AVERCHENKOVA, Alina; FANKHAUSER, Sam; NACHMANY, Michal. Introduction. In: AVERCHENKOVA, Alina; FANKHAUSER, Sam; NACHMANY, Michal (Ed.). *Trends in climate change legislation*. Northampton, MA: Edward Elgar, 2017.

[161] PERCIVAL, Robert V. The climate crisis and constitutional democracy. In: GRABER, Mark A.; LEVINSON, Sanford; TUSHNET, Mark. *Constitutional democracy in crisis?* Oxford: Oxford University Press, 2018. p. 608.

[162] Um total de 884 casos haviam sido ajuizados em 24 países até março de 2017, de acordo com o Programa Ambiental das Nações Unidas (*United Nations Environment Programme*). A maioria deles (654) foi nos Estados Unidos; 80 na Austrália, 49 no Reino Unido e 40 perante a Corte Europeia de Justiça. V. UNITED NATIONS. *United Nations Environment Programme, Status of Climate Change Litigation*, 10. Disponível em: http://wedocs.unep.org/bitstream/handle/20.500.11822/20767/climate-change-litigation.pdf?sequence=1&isAllowed=y. Acesso em: 18 abr. 2019.

[163] Disponível em: http://www.corteidh.or.cr/docs/opiniones/seriea_23_esp.pdf. Sobre o tema, v. JIMENEZ GUANIPA, Henry; VIEDMA, Eduardo (Coord.). *Energía, cambio climático y desarrollo sostenible*: impacto sobre los derechos humanos. Bogotá: Fundación Heirich Böll, 2018; e DUYCK, Sébastien; JODOIN, Sébastien; JOHL, Alyssa. *Routledge Handbook of Human Rights and Climate Governance*. Nova York: Routledge, 2018.

abaixo dos níveis de 1990, considerando insuficiente a redução de 17% proposta.[164] Ações semelhantes foram instauradas na Noruega, Áustria, Suíça e Suécia.[165] Merece referência o fato de que a China – que junto com os Estados Unidos é responsável por metade das emissões globais de gases estufa – mudou radicalmente o seu discurso a partir de 2014, tendo declarado "guerra à poluição". E, desde o acordo de Paris, vem de fato reduzindo suas emissões e investindo em energia renovável.[166]

Está prevista para 2023 uma avaliação geral dos resultados obtidos com o Acordo de Paris. Há poucas dúvidas de que serão necessários esforços bem ampliados para que se atinjam as metas propostas. Nada em relação a esse tema é simples, a começar pelas tensões que ele gera no âmbito da própria ideia de democracia. Isso porque os ciclos eleitorais de curto prazo não favorecem decisões que mirem um horizonte de tempo mais largo. Além disso, a maioria das pessoas que serão afetadas pela mudança climática não tem voz nem voto, ou por serem muito jovens ou por sequer haverem nascido. Some-se a isso o fato de que questões técnicas e científicas intrincadas raramente atraem mobilização popular.[167] Por fim, por ser um problema global, não comporta soluções estritamente nacionais, o que faz com que alguns políticos nacionalistas prefiram acreditar que o problema não existe.[168] Diante desse quadro, o equacionamento e solução das questões afetas ao aquecimento global exigem conscientização e engajamento dos cidadãos, empresas e governos, por implicar mudanças econômicas e comportamentais profundas, que vão desde o modo como as pessoas se deslocam até como se alimentam. O que está em jogo aqui é uma

---

[164] *Urgenda Foundation v. Kingdom of the Netherlands* (2015). Um sumário do caso pode ser encontrado em http://www.lse.ac.uk/GranthamInstitute/litigation/urgenda-foundation-v-kingdom-of-the-netherlands-district-court-of-the-hague-2015/. Acesso em: 18 abr. 2019.

[165] V. UNITED NATIONS. *United Nations Environment Programme, Status of Climate Change Litigation, 15.* Disponível em: http://wedocs.unep.org/bitstream/handle/20.500.11822/20767/climate-change-litigation.pdf?sequence=1&isAllowed=y. Acesso em: 18 abr. 2019.

[166] PERCIVAL, Robert V. The climate crisis and constitutional democracy. In: GRABER, Mark A.; LEVINSON, Sanford; TUSHNET, Mark. *Constitutional democracy in crisis?* Oxford: Oxford University Press, 2018. p. 620-622.

[167] Sobre as relações entre democracia e mudança climática, v. WARD, Halina. The future of democracy in the face of climate change: how might democracy and participatory decision-making have evolved to cope with the challenges of climate change by the years 2050 and 2100? *Foundation for Democracy and Sustainable Development*, 2012. Disponível em: http://www.fdsd.org/site/wp-content/uploads/2014/11/Democracy-and-climate-change-scenarios-final-with-foreword.pdf. Acesso em: 17 jul. 2019.

[168] V. HARARI, Yuval Noah. *21 lessons for the 21st century.* Nova York: Spiegel & Grau, 2018. p. 121.

questão de justiça intergeracional, para não entregarmos um planeta degradado para a posteridade. Já há mesmo quem especule acerca da necessidade de colonização do espaço, em busca de outros *habitats*.[169]

Conclusão

Um balanço do século XX permite extrair algumas lições importantes. A primeira é que as conquistas civilizatórias são sempre parciais e é preciso lutar para preservá-las. Ainda que a democracia constitucional tenha sido a ideologia vitoriosa ao final do século, a história não acabou e ameaças autoritárias espreitam em muitos lugares do planeta. A segunda lição está na constatação de que, apesar das guerras, genocídios e crises diversas, os valores iluministas – razão, ciência, humanismo e progresso – avançaram. É certo que não na velocidade desejada, mas é inegável que há no mundo menos desnutrição, menos pobreza, maior acesso à educação e à saúde e maior reconhecimento de direitos, em especial às minorias historicamente estigmatizadas. Por fim, a terceira lição é a de que instituições importam. A pobreza e o atraso não são irreversíveis. A criação de instituições políticas e econômicas inclusivas pode ocorrer a qualquer tempo e mudar o rumo da história das nações.

O século XXI tem sido o cenário de transformações profundas e diferentes aflições para a humanidade. A Revolução Digital e os prospectos da Quarta Revolução Industrial, integrando o físico e o virtual, o humano e o mecânico, descortinam um mundo de promessas, desafios e riscos. A democracia vive um momento de recessão em vários rincões do planeta, exibindo fadiga de materiais e clamando por novos desenhos institucionais. E o aquecimento global, uma das questões mais dramáticas do nosso tempo, convive com o desconhecimento, o ceticismo e o uso abusivo dos recursos comuns, que impedem o desenvolvimento sustentável e comprometem o futuro das próximas gerações. Desemprego em massa, autoritarismo e degradação ambiental constituem temores reais que demandam reflexão e atitudes.

O direito, em geral, e o direito público, em particular, em diversas partes do mundo e em diferentes níveis, têm procurado estruturar instituições políticas e econômicas inclusivas, fixar parâmetros para as

---

[169] HAWKING, Stephen. *Brief answers to the big questions*. Nova York: Bantam Books, 2018. p. 151; 210. V. THE next 50 years in space. *The Economist*, 20 jul. 2019. p. 9 e STAR laws. *The Economist*, 26 jul. 2019. p. 50 e ss.

políticas públicas e disciplinar comportamentos individuais e estatais com o fim de lidar com as inovações, disrupções e ameaças dos novos tempos. Ao longo do presente ensaio, foram apontados inúmeros tratados, leis e regulações, bem como cogitadas medidas *de lege ferenda*, para o fim de (i) neutralizar efeitos colaterais negativos da Revolução Digital e seus desdobramentos; (ii) reforçar o sentimento democrático e superar disfunções como desigualdade e corrupção; e (iii) enfrentar de maneira efetiva o fenômeno da mudança climática. A verdade insuperável é que velocidade, extensão e profundidade das transformações do mundo contemporâneo testam os limites e as possibilidades da atuação normativa do Estado e de organismos internacionais. O direito não pode tudo. É preciso que o avanço civilizatório e a elevação ética da sociedade venham em seu socorro.

Em um cenário repleto de assimetrias entre os países, marcado pela globalização, transnacionalidade dos problemas e extraterritorialidade das soluções, o direito público vive um momento existencial importante e encontra-se em busca de novos horizontes. O século XIX foi o do direito privado – do proprietário e do contratante. O século XX assistiu à ascensão do direito público, do Estado social e da expansão da jurisdição constitucional. O século XXI convive com as demandas de uma sociedade global, que exige, em relação a temas específicos, um direito igualmente global. Não se trata de uma opção filosófica ou doutrinária, mas de uma inevitabilidade: as redes sociais via internet, o monóxido de carbono e as campanhas de desestabilização da democracia não respeitam fronteiras ou soberanias.

Em suma: processos históricos complexos como os que estamos vivendo não são lineares. Avanços civilizatórios decisivos misturam-se com riscos dramáticos, combinando medo e esperança. O futuro é imprevisível, não há roteiros pré-traçados e, por isso mesmo, é preciso ter objetivos que nos inspirem e motivem. Subjacentes às ideias deste artigo estão alguns deles: (i) sobrevivência da humanidade (a distopia climática destruiria a vida na Terra); (ii) paz entre as nações (uma guerra nuclear poderia representar o fim da condição humana); (iii) preservação da democracia (soberania popular, liberdade e igualdade, dentro de um Estado de direito, são algumas das grandes conquistas da civilização); (iv) desenvolvimento sustentável (a preservação e renovação dos recursos é uma questão de justiça intergeracional); (v) busca de igualdade de oportunidades para as pessoas e para as nações (pessoas e nações devem ser livres, iguais e ter acesso aos frutos do progresso); e (vi) redes de proteção social para aqueles que ficaram à margem e de mecanismos de ajuda para os países que se atrasaram (a solidariedade com pessoas e países é um dever moral de todos). Por fim, num mundo em que já se fala em derrotar a morte e colonizar o espaço, a única bússola segura são os valores perenes compartilhados desde a Antiguidade, entre os quais: bem, justiça e respeito ao próximo, como pressupostos da emancipação das pessoas e da proteção da dignidade humana.

O CONSTITUCIONALISMO DEMOCRÁTICO COMO IDEOLOGIA VITORIOSA DO SÉCULO XX[170]

Nota prévia

As anotações que se seguem foram preparadas com duas finalidades. A primeira delas, a de servir como roteiro de uma vídeo-aula ministrada no curso de pós-graduação da Academia Brasileira de Direito Constitucional – ABDConst. A segunda, foi para atender a uma solicitação do eminente Ministro do Superior Tribunal de Justiça, Marco Aurélio Buzzi, que me disse que gostaria de compreender melhor aquilo que tenho chamado de *o novo direito constitucional* ou *neoconstitucionalismo*. Considerei ambas as demandas bons motivos para revisitar e organizar minhas próprias ideias sobre o tema. O texto, portanto, sem maior ambição acadêmica, constitui uma sistematização de reflexões já feitas em diferentes escritos. Por isso mesmo, salvo exceções, não recorri a notas de rodapé. Como próprio de um roteiro para exposição oral, está escrito sob a forma de *bullet points*. Por fim, o leitor deve levar em conta que limitações de tempo e espaço impuseram simplificações e sintetizações extremas.

I Introdução

1. O constitucionalismo democrático foi a ideologia vitoriosa do século XX. Nele se condensam as promessas da modernidade: poder limitado, dignidade da pessoa humana, direitos fundamentais, justiça material, tolerância, respeito ao outro e – quem sabe? – até felicidade.

---

[170] Texto publicado como um libreto pela Editora Migalhas, 2019.

2. Nesse arranjo institucional se fundiram duas ideias que percorreram trajetórias diferentes: o *constitucionalismo*, herdeiro da tradição liberal que remonta ao final do século XVII, expressa a ideia de poder limitado pelo direito e respeito aos direitos fundamentais. A *democracia*, por sua vez, traduz a ideia de soberania popular, de governo da maioria, que somente se consolida, verdadeiramente, ao longo do século XX, com a consagração do sufrágio universal e o fim das restrições à participação política decorrentes do nível de riqueza, do sexo ou da raça.

⇒ Para arbitrar as tensões que muitas vezes existem entre ambos – entre constitucionalismo e democracia, *i.e.*, entre direitos fundamentais e soberania popular –, a maior parte das democracias contemporâneas instituem tribunais constitucionais ou cortes supremas. Portanto, o pano de fundo no qual se desenvolve a nossa narrativa inclui: (i) uma Constituição que garanta direitos fundamentais, (ii) um regime democrático e (iii) a existência de uma jurisdição constitucional.

3. Ao longo do século, outras experiências institucionais disputaram a primazia mundo afora: o marxismo-leninismo colocava no centro do sistema, não a Constituição, mas o partido. Os regimes militares que dominaram a América Latina por largo período gravitavam em torno das Forças Armadas. O fundamentalismo islâmico tem como peça central o Corão. Nenhuma dessas propostas foi mais bem sucedida. O modelo vencedor – o constitucionalismo democrático – chegou ao Brasil com atraso, mas não tarde demais, às vésperas da virada do milênio, com a centralidade dada à Constituição de 1988.

⇒ A exposição que se segue está dividida em três partes. A Parte I analisa brevemente o constitucionalismo no mundo, dos seus primórdios à configuração atual. A Parte II analisa, também concisamente, o constitucionalismo no Brasil. E a Parte III é dedicada ao novo direito constitucional brasileiro, tal como vem sendo praticado ao longo dos últimos anos.

Parte I
O constitucionalismo no mundo

I   Dois modelos de constitucionalismo

1. O constitucionalismo moderno é herdeiro de três movimentos políticos e filosóficos, que foram o contratualismo, o iluminismo e o

liberalismo. Apesar da precedência histórica da Revolução Inglesa, o constitucionalismo é tradicionalmente reconduzido a dois outros processos históricos: a Revolução Francesa e a Independência dos Estados Unidos da América.

2. Duas das primeiras Constituições escritas do mundo – a americana, de 1787, e a francesa, de 1791 – deram origem a dois modelos de constitucionalismo bastante diferentes. No modelo francês, que se irradiou pela Europa continental, a Constituição tinha uma dimensão essencialmente política, não comportando aplicação direta e imediata pelo Poder Judiciário. O grande princípio era o da supremacia do Parlamento e as leis não eram passíveis de controle de constitucionalidade.

3. Já o constitucionalismo americano, ao menos desde *Marbury v. Madison*, julgado em 1803, caracterizou-se pelo reconhecimento de uma dimensão jurídica à Constituição, com a possibilidade de sua aplicação direta e imediata por todos os órgãos do Poder Judiciário. O grande princípio aqui, desde o começo, foi o da *supremacia da Constituição*, em que juízes e tribunais, e especialmente a Suprema Corte, podiam exercer o controle de constitucionalidade e, consequentemente, deixar de aplicar as normas que considerassem incompatíveis com a Constituição.

II A prevalência do modelo americano

1. Após a Segunda Guerra Mundial, o modelo americano prevaleceu na maior parte do mundo democrático. Assim é que o texto constitucional e a prática institucional de diferentes países incorporaram os seguintes elementos: (i) supremacia da Constituição, aplicável diretamente, sem depender de intermediação legislativa; (ii) controle de constitucionalidade dos atos do Legislativo e do Executivo por uma corte suprema ou corte constitucional; e (iii) atuação proativa dessas cortes na proteção dos direitos fundamentais.

2. Note-se que a fórmula europeia é orgânica e processualmente distinta da americana, por haver optado pela criação de tribunais constitucionais (em lugar de supremas cortes), situados fora da estrutura ordinária do Poder Judiciário. Tais cortes detêm competência exclusiva para a declaração de inconstitucionalidade de leis e seus integrantes têm mandato (não sendo vitalícios, como nos Estados Unidos). Porém, os conceitos subjacentes são os mesmos: invalidade de quaisquer atos contrários à Constituição, cabendo a um órgão de natureza judicial a última palavra sobre o seu sentido e alcance.

3. Apenas para registro, houve um primeiro precedente de tribunal constitucional na Áustria, em 1920, mas sem grande repercussão mundial. No Brasil, desde a primeira Constituição republicana, seguiu-se o modelo americano de suprema corte, igualmente sem grande expressão prática até a Constituição de 1988.

III Surgimento do Estado constitucional de direito

1. O *Estado constitucional de direito* desenvolve-se, como assinalado, a partir do término da 2ª Guerra Mundial, tendo se aprofundado no último quarto do século XX. Ele veio substituir o *Estado legislativo de direito*, em cujo centro estava a lei. Já agora, as leis passavam a estar subordinadas à Constituição. No novo modelo, a validade das leis já não depende apenas da forma de sua produção, mas também da compatibilidade de seu conteúdo com as normas constitucionais.

⇒ Mais que isso: a Constituição, além de impor limites ao legislador e ao administrador, determina-lhes, também, deveres de atuação.

2. A primeira referência no desenvolvimento do novo direito constitucional na Europa foi a Lei Fundamental de Bonn (Constituição alemã),[171] de 1949, sobretudo após a instalação do Tribunal Constitucional Federal, ocorrida em 1951. A segunda referência de destaque é a da Constituição da Itália, de 1947, e a subsequente instalação da Corte Constitucional, em 1956. A partir daí teve início fecunda produção teórica e jurisprudencial, responsável pela ascensão científica e normativa do direito constitucional nos países de tradição romano-germânica. Ao longo dos anos 70, uma nova onda de redemocratização e reconstitucionalização reforçou a adesão ao novo modelo, incluindo Grécia (1975), Portugal (1976) e Espanha (1978).

3. Na América Latina, a década de 80 assistiu ao fim dos regimes militares, que se impuseram ao longo dos anos 60 e 70, como subproduto da Guerra Fria. A Constituição brasileira, como sabemos, é de 1988. Na

---

[171] A Constituição alemã, promulgada em 1949, tem a designação originária de "Lei Fundamental", que sublinhava seu caráter provisório, concebida que foi para uma fase de transição. A Constituição definitiva só deveria ser ratificada depois que o país recuperasse a unidade. Em 31.8.1990 foi assinado o Tratado de Unificação, que regulou a adesão da República Democrática Alemã (RDA) à República Federal da Alemanha (RFA). Após a unificação não foi promulgada nova Constituição. Desde o dia 3.10.1990 a Lei Fundamental vigora em toda a Alemanha.

Europa central e oriental, a onda de redemocratização e reconstitucionalização seguiu-se à queda do Muro de Berlim, ocorrida em outubro de 1989. Na África do Sul, a transição do regime do *apartheid* para uma democracia multipartidária teve início em 1990 e culminou com a Constituição que entrou em vigor em fevereiro de 1997.

⇒ Para evitar ilusões, deve-se registrar que esses processos nem sempre são lineares e sem sobressaltos. Justamente ao contrário, marcados por experiências autoritárias e pela falta de tradição constitucionalista, países diversos, na América Latina, na antiga União Soviética ou na Europa Oriental, têm passado por desvios, avanços e retrocessos. O amadurecimento político e institucional é um processo histórico e não um fato datado.

Parte II
O constitucionalismo no Brasil

I   A acidentada história constitucional brasileira

1. Constituições não nos têm faltado. Antes, pelo contrário, nessa matéria teremos pecado mais pelo excesso do que pela escassez. Assim é que, numa sucessão de percalços, foram editadas, em quase 200 anos de independência e cerca de 130 de República, oito Constituições,[172] num melancólico estigma de instabilidade e falta de continuidade de nossas instituições políticas. Em meio a outras constatações, a experiência revela que a simples existência formal de uma Constituição é de parca utilidade.

2. A marca do constitucionalismo brasileiro, até a Constituição de 1988, sempre fora uma notável falta de efetividade, a não realização na vida real dos mandamentos constitucionais. Dois exemplos emblemáticos: a Carta de 1824 estabelecia que a "a lei será igual para todos", dispositivo que conviveu, sem que se assinalassem perplexidade ou constrangimento, com os privilégios da nobreza, o voto censitário e o regime escravocrata. Outro: a Carta de 1969, outorgada pelo Ministro da Marinha de Guerra, do Exército e da Aeronáutica Militar – três senhores insuspeitos de exageros progressistas –, assegurava um amplo elenco de liberdades públicas inexistentes e prometia aos trabalhadores um

---

[172] 1824, 1891, 1934, 1937, 1946, 1967, 1969 (formalmente uma emenda, mas materialmente uma carta nova) e 1988.

pitoresco rol de direitos sociais não desfrutáveis, que incluíam "colônias de férias e clínicas de repouso".

3. Buscava-se na Constituição, não o caminho, mas o desvio; não a verdade, mas o disfarce. A disfunção mais grave do constitucionalismo brasileiro, naquele final de regime militar, era a falta de efetividade das normas constitucionais. Indiferentes ao que prescrevia a Lei Maior, os estamentos perenemente dominantes construíam uma realidade própria de poder, refratária a uma real democratização da sociedade e do Estado.

4. O regime militar se estendeu de 1964 a 1985. Nesse período, sobretudo após o Ato Institucional nº 5, o direito constitucional deixou de ter qualquer papel relevante. Com a redemocratização e a convocação da Assembleia Nacional Constituinte, teve início a luta pela conquista de efetividade pelas normas constitucionais. Como dito, parte do problema institucional brasileiro era a existência crônica de um constitucionalismo de fantasia, que incluía na Constituição promessas que não seriam cumpridas.

5. Os primeiros anos de vigência da Constituição de 1988 envolveram o esforço da teoria constitucional para que o Judiciário assumisse o seu papel e desse concretização efetiva aos princípios, regras e direitos inscritos na Constituição. Pode parecer óbvio hoje, mas o Judiciário, mesmo o Supremo Tribunal Federal (STF), relutava em aceitar esse papel. Ao longo da década de 90, essa disfunção foi sendo progressivamente superada e o STF foi se tornando, verdadeiramente, um intérprete da Constituição.

6. O constitucionalismo chapa-branca do regime militar, que procurava dar tinturas de legitimidade ao autoritarismo, cedeu lugar ao constitucionalismo da efetividade. Aos poucos, surgiu a demanda por mais sofisticação na interpretação constitucional, que exigia princípios próprios e categorias teóricas específicas. Ao longo dos anos 2000, consolidou-se no Brasil um modelo constitucional mais ambicioso e proativo na concretização dos direitos fundamentais, referido como novo direito constitucional, constitucionalismo do pós-guerra, constitucionalismo contemporâneo ou neoconstitucionalismo.

II A Constituição de 1988

1. A Constituição de 1988 é o símbolo maior de uma história de sucesso: a transição de um Estado autoritário, intolerante e muitas vezes violento para um Estado democrático de direito. Ao longo dos

trinta anos de democracia, que se completam neste ano de 2018, destaco três conquistas de grande relevância e visibilidade, expostas a seguir.

1 Estabilidade institucional

1. Desde o fim do regime militar e, sobretudo, tendo como marco histórico a Constituição de 1988, o Brasil vive o mais longo período de estabilidade institucional de sua história. E não foram tempos banais. Ao longo desse período, o país conviveu com escândalos em série, que incluem o dos "Anões do Orçamento", o "Mensalão", a "Operação Lava-Jato" e duas denúncias criminais contra o Presidente em exercício, para citar os de maior visibilidade. A tudo isso se soma o trauma de dois *impeachments* de Presidentes da República eleitos pelo voto popular: o de Fernando de Collor, em 1992, com adesão majoritária da sociedade; e o de Dilma Rousseff, em 2016, que produziu um ressentimento político sem precedente na história do Brasil.

2. Todas essas crises foram enfrentadas dentro do quadro da legalidade constitucional.[173] É impossível exagerar a importância desse fato, que significa a superação de muitos ciclos de atraso. O Brasil sempre fora o país do golpe de Estado, da quartelada, das mudanças autoritárias das regras do jogo. Desde que Floriano Peixoto deixou de convocar eleições presidenciais, ao suceder a Deodoro da Fonseca, até a Emenda Constitucional nº 1/1969, quando os ministros militares impediram a posse do vice-presidente Pedro Aleixo, o golpismo foi uma maldição da República. Pois tudo isso é passado. Merece destaque o comportamento exemplar das Forças Armadas desde a redemocratização do país.

3. Em suma: trinta anos de estabilidade institucional, apesar de tudo. Nessa matéria, só quem não soube a sombra não reconhece a luz.

2 Estabilidade monetária

1. Todas as pessoas no Brasil que têm 40 anos ou mais viveram uma parte de sua vida adulta dentro de um contexto econômico

---

[173] É certo que partidários da Presidente Dilma Rousseff e outros observadores caracterizam como "golpe" a sua destituição, mediante procedimento de *impeachment* em 2016. Do ponto de vista jurídico-constitucional, foi observada a Constituição e o rito estabelecido pelo próprio Supremo Tribunal Federal. Do ponto de vista político, porém, a ausência de comportamento moralmente reprovável por parte da Presidente afastada sempre dará margem a uma leitura severamente crítica do episódio. Sua queda se deu, em verdade, por perda de sustentação política, em processo semelhante à moção de desconfiança dos sistemas parlamentaristas, em um país presidencialista.

de hiperinflação. A memória da inflação é um registro aterrador. Cada um de nós terá o seu próprio registro de horror da convivência com sucessivos planos econômicos que não deram certo: Cruzado I, Cruzado II, Bresser, Collor I e Collor II. Até que a inflação veio a ser domesticada com o Plano Real, a partir de julho de 1994, tendo início uma fase de estabilidade monetária, com desindexação da economia e busca de equilíbrio fiscal. Até hoje, um percentual relevante de ações que tramitam perante a Justiça brasileira está relacionado a disputas acerca da correção monetária e de diferentes planos econômicos que interferiram em sua aplicação.

2. Em desdobramento da estabilidade monetária, entrou na agenda da sociedade a percepção da importância da *responsabilidade fiscal*. Embora não seja uma batalha totalmente ganha, aos poucos foi se consolidando a crença de que se trata de uma premissa das economias saudáveis. Responsabilidade fiscal não tem ideologia, não é de direita ou de esquerda. A não observância da regra básica de não se gastar mais do que se arrecada traz como consequências o aumento de juros ou a volta da inflação, disfunções que penalizam drasticamente as pessoas mais pobres.

3 Inclusão social

1. A pobreza e a desigualdade extrema são marcas indeléveis da formação social brasileira. Apesar de subsistirem indicadores ainda muito insatisfatórios, os avanços obtidos desde a redemocratização são muito significativos. Nas últimas três décadas, entre 30 e 40 milhões de pessoas deixaram a zona de pobreza extrema, passando a desfrutar de alguns dos benefícios da sociedade de consumo e da vida civilizada. Programas como o Bolsa Família foram muito relevantes nesse processo.

2. Ao longo do mesmo período, o Índice de Desenvolvimento Humano – IDH, medido pelo Programa das Nações Unidas para o Desenvolvimento (PNUD) foi o que mais cresceu entre os países da América Latina e do Caribe. Um dos objetivos do milênio, da ONU, entre 1990-2015, era reduzir a pobreza em 50%. Conseguimos reduzi-la em 72,7%.

3. É certo que houve certa reversão de expectativas nessa área, em razão da crise econômica dos últimos anos, com cerca de 4,1 milhões de brasileiros voltando à pobreza.

De todo modo, o balanço da inclusão social no Brasil nos últimos 30 anos é extremamente positivo e merece ser celebrado.

⇒ Veja-se, portanto, que em menos de uma geração, derrotamos o autoritarismo, a hiperinflação e a pobreza extrema. Nada é impossível. Temos andado na direção certa, ainda quando não na velocidade desejada. Na quadra atual, há uma enorme demanda por integridade, idealismo e patriotismo na sociedade brasileira. E esta é a energia que pode mudar paradigmas e empurrar a história.

III Três mudanças de paradigmas

1. No plano teórico, o quarto final do século XX, no Brasil, foi o cenário da superação de algumas concepções do pensamento jurídico clássico, que haviam se consolidado no final do século XIX. Ideias que eram ligadas ao formalismo, ao positivismo e ao legalismo. Eis as três grandes mudanças de paradigma que assinalam o direito nos dias de hoje:

A. *Superação do formalismo jurídico.* O pensamento jurídico clássico alimentava duas ficções: a) a de que o direito, a norma jurídica, era a expressão da razão, de uma justiça imanente; e b) que o direito se concretizava mediante uma operação lógica e dedutiva, em que o juiz fazia a subsunção dos fatos à norma, meramente pronunciando a consequência jurídica que nela já se continha.

⇒ Ao longo do século XX, consolidou-se, contrariamente, a convicção de que: a) o direito é, frequentemente, não a expressão de uma justiça imanente, mas de interesses que se tornam dominantes em dado momento e lugar (e que, por isso, precisa ser confrontado com critérios de Justiça previstos na Constituição); e b) em uma grande quantidade de situações, a solução para os problemas jurídicos não se encontrará pré-pronta no ordenamento jurídico. Ela terá de ser construída argumentativamente pelo intérprete. A ideia de objetividade plena do direito e de neutralidade do intérprete começa a se desfazer no ar.

B. *Advento de uma cultura jurídica pós-positivista/atenuação do positivismo jurídico.* Nesse ambiente em que a solução dos problemas jurídicos não se encontra integralmente na norma jurídica, surge uma cultura jurídica pós-positivista. Se a solução não está integralmente na norma, é preciso procurá-la em outro lugar. E, assim, supera-se a separação profunda que o positivismo jurídico havia imposto entre o direito e a moral, entre o direito e outros domínios do conhecimento. Para construir a solução que não está pronta na norma, o direito precisa se aproximar da filosofia moral – em busca da justiça e de outros valores –, da filosofia política – em busca de legitimidade democrática e da realização de fins públicos que promovam o bem comum e, de certa forma, também das ciências sociais aplicadas, como a economia, a psicologia e a estatística.

⇒ O pós-positivismo reivindica uma pretensão de correção moral para o direito, vale-se da normatividade dos princípios como elemento de concretização da justiça e atribui centralidade à dignidade da pessoa humana e aos direitos fundamentais na interpretação jurídica em geral.[174]

C. Ascensão do direito público e centralidade da Constituição. Por fim, o século XX assiste à ascensão do direito público. A teoria jurídica do século XIX havia sido construída predominantemente sobre as categorias do direito privado. O século XIX começa com o Código Civil francês, o Código Napoleão, de 1804, e termina com a promulgação do Código Civil alemão, de 1900. Os protagonistas do direito eram o contratante e o proprietário. Ao longo do século XX, assiste-se a uma progressiva publicização do direito, com a proliferação de normas de ordem pública.

2. Ao final do século XX, essa publicização do direito resulta na centralidade da Constituição. Toda interpretação jurídica deve ser feita à luz da Constituição, dos seus valores e dos seus princípios. Toda interpretação jurídica é, direta ou indiretamente, interpretação constitucional. Interpreta-se a Constituição *diretamente* quando uma pretensão se baseia no texto constitucional (uma imunidade tributária, a preservação do direito de privacidade); e interpreta-se a Constituição *indiretamente* quando se aplica o direito ordinário, porque antes de

---

[174] Muito próximo do pós-positivismo, do ponto de vista dos efeitos práticos, é o denominado *positivismo inclusivo*. Embora defenda a separação entre direito e moral, o positivismo inclusivo, na linha preconizada por H.L.A. Hart (*The concept of law*), sustenta que a moral pode ingressar no direito se for abrigado no que denomina "regra de reconhecimento". Vale dizer: constituições que consagram direitos fundamentais e valores morais (sob a forma de princípios), em última análise, promovem essa reaproximação. Este é o caso da Constituição brasileira e, possivelmente, de quase todas as constituições democráticas do mundo.

aplicá-lo é preciso verificar sua compatibilidade com a Constituição e, ademais, o sentido e o alcance das normas infraconstitucionais devem ser fixados à luz da Constituição.

3. O protagonismo da Constituição, alçada ao centro do sistema jurídico – de onde foi deslocado o direito privado e seu principal monumento, o Código Civil –, deu lugar a um fenômeno conhecido como *filtragem constitucional* ou *constitucionalização do direito*, que importa na leitura de todo o ordenamento jurídico infraconstitucional com a lente da Constituição, seus mandamentos e princípios. Essa mudança de paradigma impactou de forma relevante ramos como o direito civil (com a eficácia horizontal dos direitos fundamentais), o direito penal (com a ideia de proporcionalidade se projetando na vedação tanto do excesso quanto da proteção deficiente) e o direito administrativo (com a releitura constitucionalmente adequada da ideia de supremacia do interesse público).

Parte III
O novo direito constitucional brasileiro

Nota prévia terminológica

1. O constitucionalismo do pós-guerra, constitucionalismo de direitos, direito constitucional contemporâneo ou *neoconstitucionalismo*, como por vezes é referido entre nós, significou a incorporação à teoria e à prática brasileiras das categorias que se disseminaram pelo constitucionalismo mundial, a ponto de alguns autores falarem em um *constitucionalismo global*. As principais referências concretas dessas novas concepções são a Suprema Corte americana e o Tribunal Constitucional Federal alemão, com projeções importantes em outras partes do mundo, como Colômbia e África do Sul. Em outros países, como Polônia e Hungria, houve avanços e depois retrocessos.

⇒ Esse novo direito constitucional tem como marco filosófico, como já assinalado, a superação ou atenuação do positivismo jurídico e como marcos teóricos importantes o reconhecimento de força normativa à Constituição, a expansão da jurisdição constitucional e o desenvolvimento de uma nova dogmática da interpretação constitucional, para lidar com a complexidade e o pluralismo da sociedade contemporânea. Nesse ambiente, verifica-se um papel mais proativo das cortes constitucionais na concretização de direitos fundamentais e uma permanente discussão sobre a exata fronteira entre o direito e a política, isto é, entre o que seja espaço da interpretação constitucional e o que seja espaço de conformação legislativa.

2. É essa visão não formalista e não (tão) positivista do direito e da vida, aliada à centralidade da Constituição, que tem sido apelidada no Brasil de neoconstitucionalismo. O termo tem, em primeiro lugar, uma dimensão descritiva: ele identifica um conjunto importante de mudanças ocorridas no constitucionalismo contemporâneo, identificadas acima, que incluem a) a elaboração de Constituições analíticas, com dispositivos voltados à proteção dos direitos fundamentais de diversas gerações; b) a expansão da jurisdição constitucional em todo o mundo, com a criação de tribunais constitucionais ou cortes supremas destinadas a fazerem valer a Constituição; e c) a ascensão institucional do Poder Judiciário e o aumento da discricionariedade judicial, em razão da complexidade da vida moderna e de uma nova percepção da interpretação constitucional.

3. O termo identifica, igualmente, um endosso a essas transformações, em que o direito assume um papel mais substantivo e transformador da realidade social. Deixa a sua zona de conforto tradicional, que é o da conservação de conquistas políticas relevantes e passa a ter, igualmente, uma função promocional, atuando como um instrumento de avanço social. Nesse sentido, neoconstitucionalismo é não apenas uma forma de descrever o direito constitucional atual, mas também de desejá-lo.

⇒ A seguir, a análise de alguns aspectos desse novo direito constitucional.

I A ascensão institucional do Poder Judiciário. Judicialização e ativismo judicial

1 Um fenômeno mundial

1. A ascensão institucional do Poder Judiciário é um fenômeno mundial, que tem seu marco inicial no 2º pós-guerra. Juízes e tribunais deixam de integrar uma espécie de departamento técnico especializado do governo e se transformam efetivamente em um poder político, que disputa espaço com os outros dois. Há três grandes causas apontadas pelos autores em geral para este fato:

    (i)   o reconhecimento de que um Judiciário forte e independente é um componente essencial das democracias modernas, para preservar os direitos fundamentais e as regras do jogo democrático;

(ii) certo desencanto com a política majoritária, em razão da crise de representatividade e de funcionalidade dos parlamentos em geral;

(iii) atores políticos, muitas vezes, não são capazes de produzir consensos em relação a questões em que há desacordos morais razoáveis, preferindo transferir o ônus de certas decisões para o Judiciário, cujos membros não dependem de votos. É o caso de uniões homoafetivas, interrupção de gestação, direitos de minorias etc.

2. Exemplos desse protagonismo judicial em temas relevantes podem ser encontrados em países diversos e distantes entre si, nos quais a Suprema Corte ou o Tribunal Constitucional produziu a decisão final em temas controvertidos: Canadá (testes de mísseis americanos em seu território), Israel (construção de um muro na fronteira com o território palestino), Turquia (preservação do Estado laico em face do avanço do fundamentalismo islâmico, situação que não prevalece nos dias atuais, após a reação ao golpe de 2016). Nos Estados Unidos, foi a Suprema Corte que decidiu (e mal) a eleição de 2000.

2 Circunstâncias brasileiras

1. No Brasil há certa exacerbação do fenômeno por causas próprias. A principal delas é *a constitucionalização abrangente* que temos entre nós. A Constituição brasileira cuida da separação de poderes, da organização do Estado e dos direitos fundamentais, como as constituições em geral, mas também trata de ordem econômica, de sistema previdenciário, de proteção do meio ambiente, da criança e adolescente, do idoso, da polícia, dos cartórios, do colégio Pedro II, dos índios. Isso foi, em certa medida, a consequência inexorável do processo constituinte e da participação ampla de uma sociedade que ficara alijada do processo democrático por mais de duas décadas. A segunda causa é o *acesso relativamente fácil ao Supremo Tribunal Federal*, por um número expressivo de legitimados ativos, por via de ações constitucionais diretas. Isso permite que quase toda questão relevante seja levada diretamente à suprema corte do país.

⇒ Sem surpresa, a vida brasileira se judicializou amplamente: da reforma previdenciária à importação de pneus usados, passando por abandono afetivo, uso de drogas e até colarinho de *chopp* (o Tribunal

Regional Federal da 4ª Região estabeleceu que o colarinho integra a bebida para fins de medição da quantidade servida!). A judicialização vai do importante ao desimportante, do sublime ao ridículo.

3 Judicialização e ativismo judicial

1. Como consequência da ascensão do Judiciário, ocorreu uma notável judicialização da vida. *Judicialização* significa que questões relevantes do ponto de vista político, social ou moral estão sendo decididas, em caráter final, pelo Poder Judiciário. Trata-se, como intuitivo, de uma transferência de poder para juízes e tribunais, em detrimento das instâncias políticas tradicionais, que são o Legislativo e o Executivo.

2. A judicialização é um *fato*, que decorre de fatores mundiais, potencializados no Brasil pelas circunstâncias descritas acima. O *ativismo judicial* é primo da judicialização, mas os dois conceitos não se confundem.

3. O *ativismo judicial* não é um fato, é uma *atitude*. Trata-se de um modo proativo de interpretar a Constituição, expandindo o seu sentido e alcance. Ele está associado a uma participação mais ampla e intensa do Judiciário na concretização dos valores e fins constitucionais, com maior interferência no espaço dos outros poderes. O oposto de ativismo é a *autocontenção judicial*.

4. Nos últimos tempos, no Brasil, a expressão *ativismo judicial* perdeu o sentido original. Fenômeno semelhante havia ocorrido nos Estados Unidos. A expressão hoje se tornou uma forma depreciativa de se referir a esse papel mais expansivo do Judiciário e sobretudo do STF. É um pouco como *neoliberalismo*. O termo já não veicula uma ideia, mas uma crítica genérica, em que cada um coloca o que vai na sua cabeça. Por isso, tenho procurado evitar a expressão, substituindo-a por atuação expansiva ou proativa.

5. Há situações em que é legítima e desejável uma atuação expansiva do Judiciário. E há outras em que essa atuação será ilegítima e indesejável. Um pouco mais à frente nós vamos procurar demarcar esses espaços.

⇒ Arrematando as ideias deste tópico: no ambiente do novo direito constitucional teve lugar uma exponencial ascensão política e institucional do Poder Judiciário. Com ela veio uma significativa judicialização da vida – importante, porém mais intensa do que desejável – e algum grau de ativismo judicial – que pode ser ora mais ora menos legítimo.

II Complexidade da vida, indeterminação do direito e interpretação constitucional

1. Paralelamente às transformações no direito aqui descritas, as sociedades contemporâneas foram se tornando cada vez mais plurais e complexas. Esses dois fatores produziram um impacto relevante sobre a interpretação jurídica em geral, e sobre a interpretação constitucional em particular.

2. A ideia de uma nova interpretação se liga ao desenvolvimento de algumas fórmulas originais de realização da vontade da Constituição, com uma visão menos formalista do direito e menor apego a uma concepção de positivismo anterior à 2ª Guerra Mundial. Não se trata de abandonar os métodos tradicionais – o *subsuntivo*, fundado em *regras* – nem dos elementos tradicionais da hermenêutica, como o gramatical, o histórico, o sistemático e o teleológico. Cuida-se, na verdade, da necessidade de se satisfazerem demandas deficiente ou insuficientemente atendidas pelas fórmulas clássicas.

3. Alguns exemplos da complexidade e do pluralismo do mundo contemporâneo:

   a) pode um casal surdo-mudo utilizar a engenharia genética para gerar um filho surdo-mudo e, assim, habitar o mesmo universo existencial que os pais?

   b) uma pessoa que se encontrava no primeiro lugar da fila submeteu-se a um transplante de fígado. Quando surgiu um novo fígado, destinado ao paciente seguinte, o paciente que se submetera ao transplante anterior sofreu uma rejeição e reivindicava o novo fígado. Quem deveria recebê-lo?

   c) pode um adepto da religião Testemunha de Jeová recusar terminantemente uma transfusão de sangue, mesmo que indispensável para salvar-lhe a vida, por ser tal procedimento contrário à sua convicção religiosa?

   d) pode uma mulher pretender engravidar do marido que já morreu, mas deixou o seu sêmen em um banco de esperma?

e) pode uma pessoa, nascida fisiologicamente homem, mas considerando-se uma transexual feminina, celebrar um casamento entre pessoas do mesmo sexo com outra mulher?

4. Nenhuma dessas questões é teórica. Todas traduzem casos concretos ocorridos no Brasil e no mundo. Para lidar com essas situações complexas, que se sucedem em um mundo marcado pela diversidade, foi preciso desenvolver novas categorias para a interpretação constitucional. Tais categorias incluem a normatividade dos princípios, o reconhecimento das colisões de normas constitucionais, a necessidade de emprego da técnica da ponderação e a reabilitação da argumentação jurídica. Esta é a sistematização que eu adoto e proponho, e que corresponde à prática dos principais tribunais constitucionais do mundo.

5. Todas elas foram concebidas em um ambiente em que se multiplicaram os chamados *casos difíceis*. Casos para os quais não existe uma solução pré-pronta no ordenamento jurídico. Casos difíceis surgem em diferentes situações, como as decorrentes de: (i) *ambiguidade na linguagem* (termos e expressões como calamidade pública, relevância e urgência ou impacto ambiental precisam ter o seu conteúdo preenchido à luz de situações concretas da vida); (ii) *desacordos morais razoáveis* (pessoas esclarecidas e bem-intencionadas têm visões distintas sobre temas como suicídio assistido, descriminalização de drogas leves ou ensino religioso em escolas públicas); (iii) *colisões de normas constitucionais ou de direitos fundamentais* (Constituições abrigam valores contrapostos, que entram em tensão diante de determinadas realidades fáticas).

6. Alguns exemplos de colisão de normas: a) na discussão judicial sobre a construção de duas usinas hidrelétricas, entraram em choque o desenvolvimento nacional e a proteção ambiental; b) no debate sobre a necessidade ou não de autorização prévia para a divulgação de biografias, estavam em tensão o direito de privacidade e a liberdade de expressão; c) nas controvérsias envolvendo tabelamento de preços, o choque se dá entre a livre iniciativa e a proteção do consumidor. Como não há hierarquia entre normas constitucionais, não é possível afirmar, aprioristicamente e em abstrato, qual valor, interesse ou direito deve prevalecer. A solução precisa ser construída racional e argumentativamente, a partir da realidade fática subjacente.

7. Sobretudo nos casos de colisão de normas ou de direitos, boa parte dos tribunais constitucionais do mundo se utiliza da técnica da ponderação, que envolve a valoração de elementos do caso concreto com vistas à produção da solução que melhor realiza a vontade constitucional

naquela situação. As diversas soluções possíveis vão disputar a escolha pelo intérprete. Como a solução não está pré-pronta na norma, a decisão judicial não se sustentará mais na fórmula tradicional da separação de poderes, em que o juiz se limita a aplicar, ao litígio em exame, a solução que já se encontrava inscrita na norma, elaborada pelo constituinte ou pelo legislador. Como este juiz se tornou coparticipante da criação do direito, a legitimação da sua decisão passará para a argumentação jurídica, para sua capacidade de demonstrar a racionalidade, a justiça e a adequação constitucional da solução que construiu.

8. Surge aqui o conceito interessante de *auditório*.[175] A legitimidade da decisão vai depender da capacidade de o intérprete convencer o auditório a que se dirige de que aquela é a solução correta e justa. Não temos condições de tempo de percorrer esse caminho, que, no entanto, tem o seu fascínio.

9. Nesse admirável mundo novo que venho descrevendo, já não tem mais aplicação plena a velha afirmação de Hans Kelsen de que cortes constitucionais somente podem atuar como *legislador negativo*. Como visto, em alguma medida relevante, juízes criam o direito ao interpretarem princípios abstratos, ao ponderarem normas constitucionais e ao produzirem decisões aditivas integradoras de lacunas ou omissões.

10. Não será possível aprofundar, nesse momento, a discussão acerca de quais fatores influenciam uma decisão judicial, sobretudo de uma corte constitucional, notadamente nos casos difíceis, em que sem impõe uma atuação mais criativa. Há uma vasta literatura contemporânea sobre esse tema.[176] Em síntese apertada, é possível dizer que existem: (i) *fatores jurídicos*: juízes, naturalmente, levam em conta a Constituição, as leis, a jurisprudência e a doutrina acerca da matéria que estão decidindo; (ii) *fatores ideológicos*: embora não possam e não devam ter posturas partidárias, juízes têm a sua própria concepção do que seja bom, justo e legítimo e, naturalmente, projetam-na em seus julgamentos; e (iii) *fatores institucionais*: há circunstâncias externas ao direito que também são relevantes para o processo decisório, como as relações entre os poderes, as influências da sociedade, da mídia e da opinião pública, a viabilidade de cumprimento da decisão etc.

---

[175] V. PERELMAN, Chaim; OLBRECHTS-TYTECA, Lucie. *Tratado da argumentação*: a nova retórica. [s.l.]: [s.n.], 1996. p. 22.
[176] No Brasil, v. por todos, MELLO, Patricia Perrone Campos. *Nos bastidores do STF*. [s.l.]: [s.n.], 2016.

11. Há quem não goste de nenhuma dessas categorias com as quais estamos trabalhando. Nem neoconstitucionalismo, nem casos difíceis, nem ponderação, nem fatores extrajurídicos que influenciam uma decisão judicial. A vida comporta múltiplos pontos de observação. E a verdade não tem dono. Deus nos livre do pensamento único. Devemos celebrar a diferença. Vinícius de Moraes, em passagem inspirada, escreveu: "Bastar-se a si mesmo é a maior solidão". Só cabe aqui uma advertência aos que negam a realidade por preferirem que ela fosse diferente: na vida, não adianta quebrar o espelho por não gostar da imagem.

III Papéis das Supremas Cortes e avanços nos direitos fundamentais

1. Do modo como eu vejo, cortes constitucionais e supremas cortes, como o Supremo Tribunal Federal, desempenham três grandes papéis: contramajoritário, representativo e iluminista.

1 O papel contramajoritário

2. A atuação contramajoritária se dá nas hipóteses em que o Tribunal invalida atos do Poder Legislativo ou do Poder Executivo, por considerá-los contrários à Constituição. É um dos temas mais estudados na teoria constitucional, que procura responder à seguinte pergunta: por que razão juízes que não são eleitos podem sobrepor a sua interpretação à vontade política do Presidente da República, eleito com dezenas de milhões de votos, ou à dos membros do Congresso, igualmente eleitos?

3. O entendimento que prevaleceu em quase todo o mundo democrático é que a suprema corte pode intervir, em nome da Constituição e da vontade originária da maioria que a elaborou, para conter as paixões momentâneas das maiorias e, assim: a) assegurar o respeito às regras do jogo democrático, impedindo o ímpeto de se perpetuarem no poder; e b) assegurar o respeito aos direitos fundamentais, que constituem uma reserva mínima de justiça em toda sociedade civilizada.

4. Típicas decisões contramajoritárias, na experiência brasileira, têm sido de declaração de inconstitucionalidade (i) da criação de tributos, (ii) da cobrança de contribuição previdenciária em certos casos, (iii) da proibição de progressão de regime prisional em certos crimes.

5. Porém, o que quero aqui destacar é que, como regra geral, o STF exerce essa competência contramajoritária – isto é, o poder de declarar leis ou atos normativos inconstitucionais – com grande parcimônia e autocontenção. Eu fiz o levantamento em um outro trabalho acadêmico e o número de dispositivos de leis federais invalidados é bastante reduzido.

6. E aqui se torna importante a distinção que se fez anteriormente entre judicialização e ativismo. Juízes e tribunais, uma vez provocados pela via processual adequada, não têm a alternativa de se pronunciar ou não sobre a questão. Há diversas matérias controvertidas que foram de fato judicializadas, mas em relação às quais a decisão do STF não foi ativista, mas autocontida.

⇒ Três exemplos de decisões que ilustram essa afirmação: a) *células-tronco embrionárias*: embora o tema fosse controvertido, o Tribunal, por 6 votos a 5, manteve a validade da lei que havia sido votada pelo Congresso; b) *ações afirmativas para negros*: o Tribunal, em surpreendente unanimidade, julgou *improcedente* o pedido de inconstitucionalidade que previa cotas para ingresso em universidades públicas; c) demarcação da reserva indígena *Raposa Serra do Sol:* o Tribunal, em última análise, *manteve* a validade da demarcação em área contínua que havia sido feita pelo Ministro da Justiça e homologada pelo Presidente da República.

7. Veja-se, então: a judicialização é inevitável, porque a possibilidade de propor ações dessa natureza está prevista na Constituição e nas leis. Mas judicialização não significa que houve atuação ativista ou expansiva do Judiciário.

2 O papel representativo

1. Além da função contramajoritária, há um papel particularmente importante desempenhado por cortes constitucionais em geral e pelo Supremo Tribunal Federal em particular, que é a função representativa. Trata-se do papel de atender a demandas sociais que não foram atendidas a tempo e a hora pelo processo político majoritário. Ou seja, o Judiciário se torna representativo quando o Legislativo não tenha conseguido sê-lo.

2. Alguns exemplos:

a) Proibição do nepotismo nos três poderes. O STF primeiro decidiu em relação ao Judiciário e depois estendeu aos três poderes. Inexistia lei proibindo a nomeação de parentes até o terceiro grau para cargos em comissão, isto é, de livre nomeação, sem concurso, em diversas áreas do serviço público.

O Congresso e as Assembleias Legislativas não atuaram. Mas havia uma evidente demanda social nesse sentido. O STF, então, interpretando os princípios da moralidade administrativa e da impessoalidade, previstos na Constituição, deles extraiu a regra de proibição da nomeação da parentada.

b) Fidelidade partidária. Há uma imensa demanda social por reforma política a que o Congresso não consegue atender (nem o STF pode fazer). Mas, nessa questão pontual, quando ela chegou no STF, o Tribunal entendeu que a mudança de partido por candidato eleito em eleições proporcionais acarretava a perda de mandato. Esta é uma situação que deixa os eleitores extremamente indignados e que a sociedade repudia. Logo, o Tribunal entendeu que a mudança de partido fraudava o princípio democrático.

c) Financiamento eleitoral por empresa. A despeito de casos gravíssimos de corrupção associados ao modelo de financiamento eleitoral brasileiro, o Congresso Nacional não enfrentava o problema, removendo distorções graves do sistema. Entre elas a possibilidade de: a) empresas tomarem empréstimo no BNDES e utilizarem dinheiro público para financiar os candidatos de seu interesse; b) a mesma empresa financiar mais de um candidato. Se o fizer, não está exercendo direito político (para quem acha que empresa pode titularizar tal direito). Ou foi achacada ou está comprando favores futuros; e c) a empresa que financiou a campanha não pode ser contratada pela Administração Pública. Se não, estar-se-ia permitindo que o favor privado (doação de campanha) fosse pago com dinheiro público (contrato administrativo). Todas essas situações violavam os princípios da moralidade administrativa e republicano, que impõem um grau mínimo de decência política.

3 Papel iluminista

1. O terceiro e último papel desempenhado por cortes constitucionais é o papel iluminista. Trata-se de uma competência perigosa, a ser exercida com grande parcimônia, pelo risco democrático que ela representa e para que cortes constitucionais não se transformem em

instâncias hegemônicas. Mas as constituições são produto do iluminismo e devem ser interpretadas honrando essa tradição.

2. Ao longo da história, alguns avanços imprescindíveis tiveram de ser feitos, em nome da razão humanista, contra o senso comum, as leis vigentes e a vontade majoritária da sociedade. A abolição da escravidão ou a proteção de mulheres, negros, homossexuais, transgêneros e minorias religiosas, por exemplo, nem sempre pôde ser feita adequadamente pelos mecanismos tradicionais de canalização de reivindicações sociais.

3. Para além do papel puramente representativo, cortes constitucionais desempenham, por vezes, excepcionalmente, um papel iluminista. Atuam para empurrar a história, para avançar o processo civilizatório. Exemplos:

a) *Estados Unidos*: *Brown v. Board of Education* – a Suprema Corte, por decisão judicial, terminou com a segregação racial nas escolas públicas. Sem lei e provavelmente sem apoio majoritário;

b) África do Sul: por decisão judicial aboliu-se a pena de morte e considerou-se inconstitucional a criminalização da homossexualidade;

c) *Israel*: a Suprema Corte considerou inconstitucional a tortura de "terroristas", mesmo em situações extremas, contra a vontade do Parlamento e da posição majoritária da sociedade. Tribunal Constitucional Federal chancelou a criminalização do holocausto.

⇒ No Brasil, são exemplos desse tipo de atuação:

a) a decisão que equiparou as *uniões homoafetivas* às uniões estáveis convencionais e abriu caminho para o casamento de pessoas do mesmo sexo. Nada documenta que essa fosse uma posição majoritária na sociedade, mas era um avanço civilizatório que se fazia necessário e a lei não vinha;

b) *interrupção da gestação de fetos anencefálicos*: apesar da grande reação à interrupção da gestação em geral, que há na sociedade brasileira, violava a dignidade da mulher obrigá-la a manter até o fim uma gestação inviável. Posteriormente, em 2016, a 1ª Turma do STF estendeu esse direito de interrupção da gestação em qualquer caso, durante o primeiro trimestre.

⇒ Uma observação final de grande importância: para que não se distorçam os princípios, os meios e os fins do novo constitucionalismo, deve-se enfatizar, na linha das ideias apresentadas, que ele não autoriza o voluntarismo, o decisionismo judicial ou, para utilizar um termo mais pernóstico em voga, o solipsismo. Deixe-se registrado, portanto, em letra de forma, que o juiz não é o criador original do direito e não está autorizado a, deliberadamente, fazer valer suas convicções e valores subjetivos, a pretexto de estar interpretando o direito. No constitucionalismo democrático, uma decisão judicial legítima deve percorrer o seguinte itinerário:

a) reconduzir-se sempre a uma norma jurídica, seja um princípio ou uma regra, ficando a margem de atuação do intérprete limitada pelas possibilidades semânticas do texto interpretado (dimensão normativa);

b) observar os valores e direitos fundamentais abrigados na Constituição, independentemente de a decisão ser popular ou impopular. Direitos fundamentais protegem as pessoas, inclusive e notadamente, contra a vontade das maiorias. O populismo judicial é tão ruim quanto qualquer outro (dimensão deontológica); e

c) ultrapassadas as duas etapas anteriores, sua atuação deverá pautar-se pela produção do melhor resultado possível para a sociedade (dimensão pragmática).

Conclusão

I Síntese das ideias apresentadas

1. Na Parte I das presentes anotações, ficou consignado que prevaleceu no mundo contemporâneo, substantivamente, o modelo norte-americano de constitucionalismo. Esse modelo é fundado nos seguintes elementos essenciais: uma Constituição que institua um regime democrático e contenha um catálogo de direitos fundamentais; aplicação direta e imediata das normas constitucionais, independentemente de intermediação legislativa; e existência de supremas cortes ou cortes constitucionais com o papel institucional de fazer valer a Constituição, podendo, inclusive, invalidar atos dos outros dois poderes.

2. Na Parte II, foram apontadas vicissitudes pretéritas do constitucionalismo brasileiro, com ênfase na falta de efetividade das Constituições de uma maneira geral. Esse ciclo foi rompido pela Constituição de 1988, que ao longo do tempo se tornou um documento verdadeiramente normativo, com capacidade de limitar o poder político e conformar progressivamente a realidade. Sob sua vigência foram obtidas conquistas importantes, como estabilidade institucional, estabilidade monetária e inclusão social. A Constituição de 1988 foi, igualmente, contemporânea de expressivas mudanças de paradigmas no direito em geral, que incluíram a superação do formalismo jurídico, o advento de uma cultura pós-positivista e a passagem da Constituição para o centro do sistema jurídico.

3. A Parte III foi dedicada ao novo direito constitucional praticado no Brasil e no mundo democrático romano-germânico em geral, que tem recebido designações diversas: constitucionalismo democrático, constitucionalismo do pós-guerra, constitucionalismo de direitos ou neoconstitucionalismo. Da perspectiva deste autor, as características a seguir identificadas têm uma dimensão *descritiva* – *i.e.*, limitam-se a expor a realidade existente – e uma dimensão *normativa* – *i.e.*, é assim que deve ser, mesmo, o direito constitucional. Tais características incluem: a ascensão institucional do Judiciário e a expansão da jurisdição constitucional, pela criação generalizada de cortes constitucionais ou supremas cortes; a atuação proativa dessas cortes na concretização dos direitos fundamentais, inclusive das minorias; uma interpretação jurídica menos formalista e liberta de certos dogmas do positivismo anterior à 2ª Guerra Mundial; e a consequente reaproximação entre o direito e a ética, marcada pela normatividade dos princípios, a centralidade dos direitos fundamentais e a pretensão de correção moral das decisões judiciais.

II A legitimidade democrática da atuação das supremas cortes

1. No constitucionalismo democrático, cabe às supremas cortes – no caso brasileiro, ao Supremo Tribunal Federal –, ao menos do ponto de vista formal, a última palavra acerca da interpretação da Constituição. Esta é uma competência, todavia, que deve ser exercida sem arrogância, sem pretensão de hegemonia e com respeito às próprias capacidades institucionais do Judiciário, levando em conta as competências e o peso democrático dos outros dois poderes.

2. Como regra geral, o Judiciário deve ser deferente para com as escolhas políticas do Legislativo e para com a discricionariedade administrativa razoável do Poder Executivo. As situações que autorizam uma atuação mais expansiva das supremas cortes dizem respeito à proteção das regras do jogo democrático – para evitar abusos e eventual autoritarismo das maiorias – e salvaguarda dos direitos fundamentais, que constituem uma reserva mínima de justiça nas sociedades democráticas. Fora dessas situações, no normal da vida, a atuação judicial deve ser marcada pela autocontenção.

3. Um componente importante da legitimidade democrática e do relacionamento entre poderes é a existência de *diálogo institucional*. São exemplos dessa forma de atuação, por parte das supremas cortes, o apelo ao legislador para que legisle (alterando norma existente ou sanando uma omissão), a edição de norma temporária até que o legislador venha a dispor a respeito ou a fixação de prazo para que o legislador proveja acerca de determinada matéria, com a advertência de que, se não o fizer, a norma será criada jurisdicionalmente. Da parte do Legislativo, salvo o caso de cláusulas pétreas, existe sempre a possibilidade de superar uma decisão do Supremo Tribunal Federal, por exemplo, mediante a edição de uma emenda constitucional.

III Encerramento

1. Terminando como começamos: o constitucionalismo democrático foi a ideologia vitoriosa do século XX, prevalecendo sobre os modelos alternativos: marxismo-leninismo, regimes militares e fundamentalismos religiosos. O Estado democrático de direito significa o ponto de equilíbrio entre o governo da maioria, o respeito às regras do jogo democrático e a promoção dos direitos fundamentais. Trata-se de uma fé racional que ajuda a acreditar no bem e na justiça, mesmo quando não estejam ao alcance dos olhos.

2. A judicialização das relações políticas e sociais – que é inevitável em algum grau – não pode suprimir o espaço da política e eliminar o governo da maioria. O Judiciário não pode presumir demais de si mesmo. Na frase feliz de Gilberto Amado: "Querer ser mais do que se é, é ser menos". É preciso buscar, permanentemente, o equilíbrio adequado a cada momento entre supremacia da Constituição, interpretação judicial da Constituição e processo político majoritário.

3. A vida institucional, assim como a vida social e a vida individual de cada um, é a busca permanente de equilíbrio. E a vida é a travessia contínua de uma corda bamba. Cada um de nós, não importa quem está no palco ou na plateia, está sempre se equilibrando. Tomamos decisões a cada passo. Durante o trajeto, a gente se inclina ora para um lado, ora para o outro lado, e segue em frente. Por vezes, o público poderá ter a ilusão de que o equilibrista está voando. Não há problema nisso. A vida é feita de certas ilusões. Mas o equilibrista tem que saber que não está voando. Porque se ele acreditar nisso, se ele presumir ser mais do que pode ser, não haverá salvação. Ele vai cair. E na vida real não tem rede.

⇒ No constitucionalismo democrático, cortes supremas ou cortes constitucionais têm um papel decisivo no equilíbrio institucional. E, na minha visão, devem cumprir o seu papel do mesmo modo como acho que a vida deve ser vivida: com valores, com determinação, com uma dose de bom humor e com humildade.

O PAPEL CRIATIVO DOS TRIBUNAIS – TÉCNICAS DE DECISÃO EM CONTROLE DE CONSTITUCIONALIDADE[177] [178]

I Introdução

Em um passado não muito distante, um homem e uma mulher que vivessem uma longa relação de afeto, sob o mesmo teto, como um casal, não gozavam do *status* e da proteção equiparáveis àquela experimentada por um homem e uma mulher casados. Como a lei não cuidava de tais relações, elas foram inicialmente protegidas, em âmbito judicial, como sociedades de fato, com o propósito, ao menos, de tutelar seus efeitos patrimoniais.[179] A figura da sociedade de fato tratava, contudo, de fenômeno jurídico bastante diverso, marcado, de modo geral, pela combinação de esforços para o desenvolvimento de atividades produtivas. A aplicação dessa categoria para regular uma união caracterizada por um projeto de vida comum entre os parceiros foi, originalmente, produto de uma atuação criativa do Judiciário.

Com o passar do tempo, o próprio direito positivo passou a reconhecer como família não apenas o homem e a mulher unidos por meio do casamento, mas igualmente os casais de sexos distintos, que vivessem em uniões estáveis, caracterizadas por relações de afeto

---

[177] Trabalho desenvolvido em parceria com Patrícia Perrone Campos Mello.
[178] Este artigo foi publicado na *Revista da Ajuris*, n. 146, p. 295-334, 2019.
[179] Súmula nº 380/STF: "Comprovada a existência de sociedade de fato entre os concubinos, é cabível a sua dissolução judicial, com a partilha do patrimônio adquirido pelo esforço comum" (STF, *DJU*, 16 ago. 1963, RE nº 52.217, Rel. Min. Gonçalves de Oliveira; *DJU*, 18 jan. 1962, RE nº 49.064, Rel. Min. Victor Nunes; *DJU*, 29 out. 1953, RE nº 19.561, Rel. Min. Luiz Gallotti).

permanentes, com o intuito de constituição familiar. A mesma norma reconheceu, ainda, as famílias monoparentais.[180]

Mais adiante, um novo desafio colocou-se para os juízes: o tratamento jurídico e a proteção a ser conferida a casais compostos por pessoas do mesmo sexo, que vivessem em condições semelhantes às das uniões estáveis. Era possível considerá-los uma família por equiparação às famílias compostas por casais de sexos distintos? Era viável aplicar-lhes o conceito de união estável? Em caso de falecimento de um dos companheiros, o companheiro supérstite e economicamente dependente poderia receber pensão? Deteria direitos sucessórios? Novas questões se colocaram e coube ao Judiciário conceder direitos previdenciários,[181] reconhecer as uniões estáveis entre pessoas do mesmo sexo[182] e conferir-lhes tratamento semelhante àquele outorgado às uniões entre casais de sexos distintos.[183]

Como esse breve relato demonstra, a vida avança na frente do direito. Não é raro que novas relações e demandas cheguem ao Judiciário antes de serem compreendidas em toda a sua extensão e reguladas pelo legislador. Ao juiz não é dada a alternativa de deixar de decidir uma matéria porque o Poder Legislativo ainda não se pronunciou a seu respeito ou porque se manifestou de forma incompleta. Diante de um caso inédito, precisa produzir uma decisão que satisfaça critérios

---

[180] CF/1988, art. 226: "A família, base da sociedade, tem especial proteção do Estado. [...]. §3º Para efeito da proteção do Estado, é reconhecida a união estável entre o homem e a mulher como entidade familiar, devendo a lei facilitar sua conversão em casamento. §4º Entende-se, também, como entidade familiar a comunidade formada por qualquer dos pais e seus descendentes".

[181] Nesse sentido, decisão do Superior Tribunal de Justiça assegurou o pensionamento ao companheiro do mesmo sexo, esclarecendo: "Enquanto a lei civil permanecer inerte, as novas estruturas de convívio que batem às portas dos Tribunais devem ter sua tutela jurisdicional prestada com base nas leis existentes e nos parâmetros humanitários que norteiam não só o direito constitucional, mas a maioria dos ordenamentos jurídicos existentes no mundo. Especificamente quanto ao tema em foco, é de ser atribuída normatividade idêntica à da união estável ao relacionamento afetivo entre pessoas do mesmo sexo, com os efeitos jurídicos daí derivados, evitando-se que, por conta do preconceito, sejam suprimidos direitos fundamentais das pessoas envolvidas" (STJ, DJe, 23 fev. 2010, REsp nº 1.026.981, Rel. Min. Nancy Andrighi. No mesmo sentido, STJ, DJ, 6 fev. 2006, REsp nº 395.904, Rel. Min. Hélio Quaglia Barbosa; TRF-3, DJ, 14 abr. 2008, AC nº 2004.61.83.000175-5, Rel. Des. Fed. Nelson Bernardes; TJMG, DJ/MG, 23 nov. 2007, AC nº 1.0024.05.750258-5/002, Rel. Des. Belizário de Lacerda, entre outros.

[182] STF, DJe, 14 out. 2011, ADPF nº 132 e ADI nº 4.277, Rel. Min. Ayres Britto.

[183] V. Resolução nº 175/2013 do Conselho Nacional de Justiça, que vedou às autoridades competentes a recusa de habilitação, celebração de casamento civil ou de conversão de união estável em casamento entre pessoas de mesmo sexo, com base nas decisões proferidas na ADPF nº 132, ADI nº 4.277 e REsp nº 1.183.378.

de segurança jurídica, e que seja, portanto, passível de recondução ao ordenamento jurídico. Ao mesmo tempo, deve proferir um entendimento que também atenda a *standards* mínimos de justiça. Esse é o desafio do direito: conciliar segurança e justiça. Portanto, esse é o desafio do juiz, mesmo que ainda não haja uma regra positivada a respeito do tema que é chamado a decidir.

As decisões judiciais mencionadas acima – ao afirmar a existência de sociedade de fato entre companheiros, ao conferir direitos previdenciários e ao reconhecer uniões estáveis entre pessoas do mesmo sexo – *criaram* direito, a partir de um conteúdo que se encontrava latente na ordem jurídica. Não havia, originalmente, uma regra prevendo as conclusões que proclamaram. Ainda que fosse possível extrair tais direitos do sistema jurídico como um todo, dos princípios que o regem e dos valores que eles pressupõem, as primeiras decisões que o fizeram foram além do teor literal das normas e do significado que lhes era conferido até então. Portanto, em alguma medida, inovaram.

Os julgados antes aludidos ilustram o processo de superação de algumas concepções clássicas. A concepção tradicional, segundo a qual o juiz é um intérprete neutro, que aplica um direito preexistente, por meio da subsunção do fato à norma, tributária do formalismo jurídico, já não corresponde à compreensão corrente que os operadores do direito têm da sua própria atividade. Além da crescente complexidade da vida social, a ambiguidade da linguagem, os desacordos morais razoáveis e a colisão entre normas constitucionais são alguns dos múltiplos fatores capazes de gerar casos para os quais não há uma solução pronta no ordenamento jurídico[184] e cuja decisão dependerá de uma atuação judicial inovadora.[185]

O presente trabalho tem por objetivo tratar do papel criativo desempenhado pelo Supremo Tribunal Federal. Não se volta, contudo, ao exame dos métodos hermenêuticos empregados pela Corte, como poderia parecer a um primeiro olhar. Volta-se, sim, a analisar as *técnicas de decisão*, utilizadas no âmbito do controle de constitucionalidade, por

---

[184] BARROSO, Luís Roberto. *Curso de direito constitucional contemporâneo*: os conceitos fundamentais e a construção do novo modelo, 2017. p. 248-257; SOUZA NETO, Cláudio Pereira de; SARMENTO, Daniel. *Direito constitucional*: teoria, história e métodos de trabalho, 2014; BARCELLOS, Ana Paula de. *Ponderação, racionalidade e atividade jurisdicional*, 2005.

[185] BREWER-CARÍAS, Allan Randolph. *Constitutional courts as positive legislators*, 2011. Como o livro demonstra, a atuação judicial construtiva e inovadora das cortes constitucionais é um fenômeno global.

meio das quais o Tribunal cria direito. Acredita-se que a constatação de tal papel criativo e a sistematização das aludidas técnicas podem contribuir para uma melhor compreensão do processo decisório do STF, um maior controle da sua atuação criativa e um debate sincero e desmistificado sobre os *standards* e limites a serem observados pela jurisdição constitucional.

II Decisões intermediárias: mitigação do dogma da nulidade das leis inconstitucionais

No direito brasileiro, adotou-se o entendimento de que a norma inconstitucional é nula.[186] A declaração de inconstitucionalidade tem, como regra, eficácia retroativa ou *ex tunc*, desconstituindo quaisquer efeitos eventualmente produzidos pela lei, de forma a restabelecer as partes ao estado anterior àquele em que se encontravam quando a norma foi produzida.[187] O direito brasileiro admite, contudo, o temperamento desse dogma à luz de situações concretas, em que se constate que a retroatividade plena pode gerar uma situação ainda mais danosa do que a permanência da norma inconstitucional.[188]

Imagine-se, a título ilustrativo, que uma lei tenha autorizado a investidura de oficiais de justiça sem prévio concurso público, como se tratasse de função de confiança, e que a norma vigorasse por diversos anos, antes de que viesse a ser questionada. Pessoas teriam sido investidas no cargo, teriam trabalhado e recebido remuneração. Réus teriam sido citados, decisões judiciais teriam sido proferidas e transitado em julgado. A retroatividade plena da declaração de inconstitucionalidade de tal lei implicaria a nulidade de todas as investiduras, a devolução dos valores recebidos por quem efetivamente trabalhou, a invalidade das citações e das decisões judiciais proferidas, gerando enorme insegurança jurídica.

Nesse caso, a observância da norma constitucional que determinava a prévia realização de concurso público (e dos princípios de igualdade no acesso aos cargos públicos e de busca da melhor contratação) estaria em confronto com a proteção à segurança jurídica

---

[186] O entendimento é corolário do princípio da supremacia da Constituição. Se a Constituição é lei suprema, a norma que é incompatível com ela não pode produzir efeitos, sob pena de se negarem efeitos à própria Constituição, enquanto tal lei for aplicada.

[187] BARROSO, Luís Roberto. *O controle da constitucionalidade do direito brasileiro*, 2016. p. 33-42.

[188] BARROSO, Luís Roberto. *O controle da constitucionalidade do direito brasileiro*, 2016. p. 33-42.

e à confiança depositada nos atos do Poder Público, que também constituem normas constitucionais. A solução estava em modular os efeitos da decisão de forma a que aqueles investidos sem concurso fossem desligados do cargo, com efeitos a partir do desligamento apenas, sem dever de devolução das importâncias recebidas (já que efetivamente trabalharam) e com a preservação da validade dos atos que praticaram enquanto investidos. Tal modulação de efeitos, que é, atualmente, autorizada pela Lei nº 9.868/1999 de forma expressa, foi objeto, originalmente, de criação judicial.[189]

Constata-se, portanto, que, a despeito da adoção do dogma da nulidade das leis inconstitucionais como regra, o Supremo Tribunal Federal adota *técnicas de decisão intermediárias*, por meio das quais produz comandos que se colocam entre a declaração de inconstitucionalidade, com a nulidade da norma, e o reconhecimento da constitucionalidade da lei. Tais técnicas intermediárias de decisão procuram conservar o ato normativo impugnado ou minimizar os impactos adversos que decorreriam do reconhecimento da sua nulidade plena.

No que respeita à sua força criativa e inovadora, essas decisões intermediárias podem assumir a natureza de decisões interpretativas ou de decisões construtivas (também conhecidas como manipulativas), a depender do *quantum* de inovação que produzam no direito.[190] As

---

[189] V. BARROSO, Luís Roberto. *O controle da constitucionalidade do direito brasileiro*, 2016. p. 33-42 e Lei nº 9.868/1999, art. 27.

[190] Não há plena convergência na doutrina quanto a essa classificação. Optou-se, no ponto, por adotar as categorias que parecem mais funcionais para a compreensão e operacionalização da matéria à luz da jurisprudência do Supremo Tribunal Federal. V., para o debate: ROMBOLI, Roberto; SALAZAR, Carmela; GROPPI, Tania; PERTICI, Andrea; PINARDI, Roberto; PARODI, Gianpaolo. Il processo constituzionale: la tipologie dele decisioni. *Il Foro Italiano*, n. 3, p. 143-166, mar. 1998; ZAGREBELSKY, Gustavo; MARCENÒ, Valeria. *Giustizia costituzionale*: oggetti, procedimenti, decisioni, 2018; MORAIS, Carlos Blanco de. As sentenças com efeitos aditivos. *In*: MORAIS, Carlos Blanco de (Coord.). *As sentenças intermédias da justiça constitucional*, 2009. p. 15-115; DI MANNO, Thierry. *Le juge constitutionnel et la téchnique de décisions interprétatives en France et en Italie*, 1997. p. 318; DÍAZ REVORIO, Fracisco Javier. *Las sentencias interpretativas del tribunal constitucional*, 2001. Na doutrina nacional: SAMPAIO, José Adércio. As sentenças intermediárias de constitucionalidade e o mito do legislador negativo. *In*: SAMPAIO, José Adércio; CRUZ, Álvaro Ricardo de Souza (Org.). *Hermenêutica e jurisdição constitucional*, 2001. p. 159-194; SARLET; MARINONI; MITIDIERO. *Curso de direito constitucional*, 2015. p. 1198-1213; GONÇALVES, Gabriel Acioly. *O desenvolvimento judicial do direito*: construções, interpretação criativa e técnicas manipulativas, 2016; CAMPOS, Carlos Alexandre de Azevedo. As sentenças manipulativas aditivas: os casos das cortes constitucionais da Itália, da África do Sul e do STF. *Revista de Processo*, n. 246, p. 403-425, ago. 2015; SOUSA FILHO, Ademar Borges de. *Sentenças aditivas na jurisdição constitucional brasileira*, 2016; FERNANDES, Bernardo Gonçalves. *Curso de direito constitucional*, 2018; MEYER, Emílio Peluso Neder. *Decisão e jurisdição constitucional*, 2017. p. 15-113.

decisões interpretativas são aquelas em que o Tribunal *atribui ou afasta um significado ou uma incidência que poderia ser extraída do programa normativo da lei*, tal como positivado pelo legislador. Nesse caso, o intérprete determina, entre as interpretações possíveis, a que melhor efetiva o disposto na Constituição, ou suprime significados inconstitucionais.

As *decisões construtivas* (manipulativas),[191] a seu turno, atribuem aos dispositivos interpretados *significados que não podem ser diretamente extraídos do programa normativo da lei*, procurando ampliar ou modificar o seu conteúdo e alcance, a fim de compatibilizá-lo com a Constituição. Nessa hipótese, há uma maior atuação criativa da Corte, com adição ou substituição do sentido normativo atrelado ao texto.

É certo que a fronteira entre a mera interpretação de um enunciado e a sua construção pode ser tênue e suscitar divergências. A classificação é útil, contudo, para que se possa atuar com alguma precisão técnica na matéria. Ambas as modalidades de decisão – interpretativas e construtivas – constituem gêneros que abrangem espécies distintas. Sobre tais espécies, e sobretudo no que respeita às decisões construtivas, podem-se encontrar, na doutrina, classificações superpostas e divergentes.[192] As categorias expostas neste trabalho correspondem àquelas que nos parecem ter maior relevância prática,[193] quer porque, sistematizadas na forma aqui proposta, permitem a operacionalização das mencionadas técnicas com um referencial teórico razoavelmente claro, quer porque já encontram referibilidade em julgados do Supremo Tribunal Federal.[194]

---

[191] A opção pela expressão "decisões construtivas", em lugar de "decisões manipulativas", a despeito da ampla consolidação do segundo termo na doutrina e na jurisprudência, está justificada no item IV, adiante. De todo modo, vale antecipar que a denominação proposta tem inspiração na doutrina de Zagrebelski e Marcenó e se baseia em razões semelhantes àquelas que os levaram a sugerir a sua designação como "decisões reconstrutivas" (ZAGREBELSKY, Gustavo; MARCENÒ, Valeria. *Giustizia costituzionale*: oggetti, procedimenti, decisioni, 2018. p. 229-230).

[192] SAMPAIO, José Adércio Leite. As sentenças intermediárias de constitucionalidade e o mito do legislador negativo. In: SAMPAIO, José Adércio Leite; CRUZ, Álvaro Ricardo de Souza (Org.). *Hermenêutica e jurisdição constitucional*, p. 159-194; GONÇALVES, Gabriel Accioly. *O desenvolvimento judicial do direito*: construções, interpretação criativa e técnicas manipulativas, 2016; SOUSA FILHO, Ademar Borges de. *Sentenças aditivas na jurisdição constitucional brasileira*, 2016.

[193] Entretanto, optou-se por não incluir no objeto deste trabalho a técnica da modulação dos efeitos temporais da decisão, que já se considera razoavelmente assimilada na doutrina e na jurisprudência, sem apresentar grande desafio de sistematização.

[194] Sobre o tema, vale conferir: COSTA, Teresa Cristina de Melo. *Novas técnicas de decisão do STF*: entre inovação e democracia. Dissertação (Mestrado) – Programa de Pós-graduação em Direito, Universidade do Estado do Rio de Janeiro, 2019. Nesse trabalho, a autora propõe novas categorias e técnicas de decisão para o controle da constitucionalidade, a partir da percepção de que as categorias já consolidadas não atendem plenamente a todas

III Decisões interpretativas

As decisões interpretativas, como explicitado acima, são aquelas que definem o sentido da norma com base em uma interpretação que poderia ser extraída de seu enunciado normativo. Constituem espécies desse gênero: (i) a interpretação conforme a Constituição; (ii) a declaração de inconstitucionalidade parcial sem redução de texto; (iii) a declaração de inconstitucionalidade sem a pronúncia de nulidade e o apelo ao legislador; e (iv) a declaração de lei ainda constitucional em trânsito para a inconstitucionalidade.[195]

1 Interpretação conforme a Constituição

A interpretação conforme a Constituição é uma técnica de controle de constitucionalidade aplicável quando um comando normativo comporta mais de uma interpretação plausível. Tem o objetivo de compatibilizar o sentido da norma com a Constituição. Trata-se, de modo geral, da atribuição de um significado que não corresponde àquele mais obviamente decorrente do texto. Para que isso seja possível, o texto tem que comportar alguma plasticidade. A técnica não permite que, ao argumento de ajustar a lei à Constituição, seu significado seja inteiramente alterado, a ponto de se produzir uma interpretação contra a lei.[196] Por isso se reconhece que as possibilidades semânticas do texto funcionam como um limite à sua utilização.

---

as necessidades da jurisdição constitucional brasileira, em especial no que diz respeito à necessidade de suprir a inconstitucionalidade por omissão total.

[195] A declaração de inconstitucionalidade sem a pronúncia de nulidade, o apelo ao legislador e a declaração de lei ainda constitucional em trânsito para a inconstitucionalidade são, ainda, decisões apelativas. Por decisões apelativas designam-se aquelas que instam o legislador a agir. Entretanto, a divisão entre decisões interpretativas e manipulativas é aquela que melhor atende aos fins do presente trabalho, que pretende sistematizar as técnicas de decisão empregadas no controle de constitucionalidade com base no *quantum* de conteúdo o juiz acrescenta à norma. Há, ainda, autores que classificam a declaração de inconstitucionalidade sem a pronúncia de nulidade e a declaração de lei ainda constitucional em trânsito para a inconstitucionalidade, ao lado daquelas que modulam os efeitos temporais das decisões, como decisões manipulativas sob o aspecto temporal. Como já observado, há na doutrina uma profusão de classificações. Utilizamos o vocábulo *manipulação* neste trabalho para aludir à manipulação de conteúdo e utilizamos o vocábulo *interpretação* para a atribuição a uma norma de um significado extraível do programa do seu texto. Esse critério permite o enquadramento de declaração de inconstitucionalidade sem a pronúncia de nulidade e a declaração de lei ainda constitucional como interpretativa, na medida em que o sentido que se lhes atribui é inferível do seu programa normativo.

[196] STF, *DJ*, 19 abr. 1996, ADI nº 1.344 MC, Rel. Min. Moreira Alves: "Impossibilidade, na espécie, de se dar interpretação conforme a Constituição, pois essa técnica só é utilizável quando a norma impugnada admite, dentre as várias interpretações possíveis, uma que

A interpretação conforme comporta diversas modalidades de atuação do intérprete. Em primeiro lugar, permite a leitura da norma infraconstitucional da forma que melhor realize o sentido e o alcance dos valores e fins constitucionais a ela subjacentes. Nessa primeira hipótese, o intérprete ajusta o significado do dispositivo, a fim de torná-lo compatível com a Constituição, desde que dentro dos limites do texto. Em segundo lugar, a interpretação conforme pode ensejar a declaração de não incidência da norma a determinada situação de fato, cujas particularidades, em concreto, a tornem incompatível com a Constituição. Por fim, a técnica pode ensejar uma declaração de inconstitucionalidade parcial sem redução do texto. Nesse caso, ao mesmo tempo em que o intérprete define o significado da norma que é compatível com a Constituição, ele declara a exclusão de uma interpretação que reputa inconstitucional.[197] Ao fazê-lo, além de fixar um significado que considera válido, afasta um outro sentido que a norma poderia produzir.

O uso da técnica pode ser exemplificado pela decisão proferida pelo Supremo Tribunal Federal na ADI nº 3.684. Nesta ação, debateu-se se os art. 114, incs. I, IV e IX, com a redação que lhes foi conferida pela Emenda Constitucional nº 45/2004, teriam atribuído o exercício de jurisdição penal à Justiça do Trabalho. Os dispositivos traziam uma redação bastante genérica acerca da competência da Justiça do Trabalho, atribuindo-lhe jurisdição sobre toda e qualquer controvérsia oriunda da relação de trabalho, incluindo o julgamento da ação de *habeas corpus*. Confira-se:

> Art. 114. Compete à Justiça do Trabalho processar e julgar:
> I - as ações oriundas da relação de trabalho, abrangidos os entes de direito público externo e da administração pública direta e indireta da União, dos Estados, do Distrito Federal e dos Municípios; [...]
> IV - os mandados de segurança, *habeas corpus* e *habeas data*, quando o ato questionado envolver matéria sujeita à sua jurisdição; [...]

---

a compatibilize com a Carta Magna, e não quando o sentido da norma e unívoco, como sucede no caso presente".

[197] BARROSO, Luís Roberto. *Interpretação e aplicação da Constituição*, 2014, p. 189. Vale o registro de que a associação entre interpretação conforme a Constituição e declaração de inconstitucionalidade sem redução de texto não é pacífica na doutrina e de que a legislação tratou as duas técnicas como institutos distintos (art. 28, parágrafo único, da Lei nº 9.868/1999). V. nessa linha: STRECK, Lenio Luiz. *Jurisdição constitucional e hermenêutica*, 2002, p. 477.

IX - outras controvérsias decorrentes da relação de trabalho, na forma da lei.

O texto do art. 114 e incisos, tal como redigido, permitia mais de uma interpretação. A partir de sua leitura, podia-se entender que a jurisdição trabalhista abrangia: (i) apenas ações que versassem sobre relação de trabalho ou (ii) ações decorrentes da relação de trabalho, inclusive sobre matéria penal, desde que ligadas a tal relação. As duas compreensões podiam ser extraídas do relato da norma.

Entretanto, o Supremo Tribunal Federal demonstrou que a segunda leitura da norma implicaria violação aos princípios constitucionais da legalidade e do juiz natural (art. 5º, LIII, CF/1988), que constituem cláusula pétrea (art. 60, §4º, CF/1988). É que, segundo explicitado pela decisão, a Constituição, sempre que pretendeu atribuir jurisdição penal, o fez expressamente, valendo-se de vocábulos categóricos e unívocos como "infrações penais" e "crimes", justamente para evitar dúvidas que pusessem em risco a garantia do juiz natural e a imparcialidade da jurisdição penal. Esclareceu, ainda, que o fato de se atribuir o julgamento de *habeas corpus* à Justiça do Trabalho não infirma tal entendimento, porque se trata de remédio que pode ser aposto contra ações ou omissões praticadas por órgãos da Justiça do Trabalho, no curso de processos de qualquer natureza, e não apenas no âmbito de investigações, inquéritos e ações penais.

Com base em tais fundamentos, o Tribunal conferiu interpretação conforme a Constituição ao art. 114, incs. I, IV e IX, da Constituição, para afirmar que tais dispositivos conferiram à Justiça do Trabalho apenas jurisdição para apreciar ações decorrentes da relação de trabalho, não lhe tendo outorgado o exercício da jurisdição penal. A decisão envolveu, portanto, a definição do alcance dos dispositivos legais à luz dos princípios constitucionais da legalidade e do juiz natural e, concomitantemente, a declaração da inconstitucionalidade parcial sem redução de texto do entendimento que incluía matéria penal em seu âmbito de incidência.[198]

---

[198] Confira-se ementa da decisão: "Competência criminal. Justiça do Trabalho. Ações penais. Processo e julgamento. Jurisdição penal genérica. Inexistência. *Interpretação conforme* dada ao art. 114, incs. I, IV e IX, da CF, acrescidos pela EC nº 45/2004. Ação direta de inconstitucionalidade. Liminar deferida com efeito *ex tunc*. O disposto no art. 114, incs. I, IV e IX, da Constituição da República, acrescidos pela Emenda Constitucional nº 45, não atribui à Justiça do Trabalho competência para processar e julgar ações penais" (STF, *DJe*, 3 ago. 2007, ADI nº 3.884 MC, Rel. Min. Cézar Peluso).

2 Declaração de inconstitucionalidade parcial sem redução de texto

A declaração de inconstitucionalidade parcial sem redução de texto é a técnica utilizada quando a norma comporta mais de um sentido possível e o Tribunal declara a inconstitucionalidade de um deles. Nessa hipótese, o texto da norma não será afetado, mas um de seus significados será afastado, por violar a Constituição. Há uma evidente proximidade entre a interpretação conforme a Constituição e a inconstitucionalidade parcial sem redução de texto. Há quem as equipare, alegando que, na interpretação conforme, a afirmação, pelo Tribunal, de determinado sentido que valida a norma implica descartar os demais. A Lei nº 9.868/1999 optou, contudo, por tratá-las como técnicas distintas (art. 28, parágrafo único).[199]

Constitui exemplo de aplicação dessa técnica a decisão que declara parcialmente inconstitucional, sem redução de texto, a possibilidade de cobrança de um tributo sem a observância do princípio da anualidade. A norma criadora do tributo tem o seu texto preservado, mas se suprime uma incidência possível, que poderia decorrer do seu programa normativo e que não é compatível com a Constituição: a incidência em desrespeito a tal princípio.

Observada essa hipótese de exclusão, os demais significados atribuídos ao dispositivo são considerados conforme a Constituição. Portanto, a interpretação conforme a Constituição corresponde a um juízo positivo a respeito de um significado válido atribuível a uma norma infraconstitucional. Já a declaração de nulidade parcial sem redução de texto implica um juízo negativo, indicando um significado a ser suprimido.

3 Declaração de inconstitucionalidade sem a pronúncia de nulidade e apelo ao legislador

O sistema brasileiro de controle da constitucionalidade contempla algumas situações em que o reconhecimento da inconstitucionalidade não enseja uma declaração de nulidade. A primeira dessas situações

---

[199] Lei nº 9.868/1999, art. 28, parágrafo único: "A declaração de constitucionalidade ou de inconstitucionalidade, inclusive a interpretação conforme a Constituição e a declaração parcial de inconstitucionalidade sem redução de texto, têm eficácia contra todos e efeito vinculante em relação aos órgãos do Poder Judiciário e à Administração Pública federal, estadual e municipal".

envolve o reconhecimento da inconstitucionalidade no âmbito de uma ação direta interventiva. O reconhecimento da violação de princípio constitucional sensível constitui uma condição para que o Presidente da República possa decretar a intervenção federal, mas não implica a nulidade do ato, cuja desconstituição dependerá de atuação superveniente. Também no caso de declaração de inconstitucionalidade por omissão normativa total, não haverá declaração de nulidade, uma vez que o pronunciamento do Tribunal não incide sobre uma norma, mas sobre a ausência absoluta dela, não havendo, portanto, o que anular.

Por fim, fala-se em declaração de inconstitucionalidade sem a pronúncia de nulidade quando o tribunal reconhece a incompatibilidade de uma norma com a Constituição, mas mantém os seus efeitos, prospectivamente, durante certo período, e formula apelo ao legislador para que, dentro dele, atue, produzindo uma norma que se ajuste ao parâmetro constitucional, sob pena de, não o fazendo, ensejar uma situação de vácuo normativo que poderá ser prejudicial à comunidade.[200] Nesse caso, a decisão não apenas afere o significado da norma a partir de seu programa normativo, reconhecendo sua incompatibilidade com a Constituição, como exorta o legislador a agir. Por isso, além de interpretativa, esse tipo de decisão tem caráter apelativo.[201]

---

[200] Nesse sentido, diferenciando a técnica da declaração de inconstitucionalidade sem a pronúncia de nulidade da modulação de efeitos temporais, v. SARLET; MARINONI; MITIDIERO. *Curso de direito constitucional*, 2015. p. 1275: "Se, nos casos em que se pretende preservar efeitos passados, utiliza-se a técnica da restrição dos efeitos retroativos, quando se deseja manter os efeitos da lei não se declara a sua nulidade, ainda que se pronuncie a sua inconstitucionalidade". Em sentido diverso, mas aludindo ao uso da técnica no direito alemão, v. BRUST, Léo. *Controle de constitucionalidade*: a tipologia das decisões do STF, 2014, p. 286.

[201] No direito alemão, a técnica implica a definição de prazo para que o legislador aprove uma nova lei, conforme a Constituição, com: (i) a manutenção da aplicação da norma incompatível com a Constituição; (ii) a emissão de uma regulação provisória pelo Tribunal (menos frequente); ou (iii) a suspensão dos processos em curso, de forma a aguardar a atuação do legislador (ainda menos frequente) (BOGDANDY, Armin von; PARIS, Davide. La construcción de la autoridad judicial. *Revista de Derecho del Estado*, n. 43 p. 5-24, maio/ago. 2019. p. 19). É importante ter em conta que a declaração de inconstitucionalidade sem a pronúncia de nulidade, na última hipótese, pressupõe uma situação de provisoriedade quanto à manutenção da norma incompatível com a Constituição e a confiança na obtenção de uma resposta do legislador (e talvez por isso seja pouco comum no Brasil). Essa técnica não deve ser confundida com decisões puramente convalidatórias de normas inconstitucionais, que simplesmente mantém os efeitos da norma incompatível com a Constituição e que seriam mais difíceis de justificar (COSTA, Teresa Cristina de Melo. *Novas técnicas de decisão do STF*: entre inovação e democracia. Dissertação (Mestrado) – Programa de Pós-graduação em Direito, Universidade do Estado do Rio de Janeiro, 2019. p. 31-33).

Essa foi a técnica de decisão utilizada pelo Supremo Tribunal Federal ao apreciar a inconstitucionalidade da lei que criou o município de Luís Eduardo Magalhães em desacordo com a Constituição. Tendo em vista a consolidação de diversas situações de fato e a grave insegurança que se geraria com o reconhecimento da sua nulidade, o Tribunal optou por declarar a inconstitucionalidade do diploma normativo, mas não pronunciar a sua nulidade, pelo prazo de 24 meses, apelando-se ao legislador para que sanasse a inconstitucionalidade dentro desse prazo.[202] Há quem qualifique essa última hipótese, ainda, como caso de *pronúncia de nulidade diferida*.[203]

4 Declaração de lei ainda constitucional em trânsito para a inconstitucionalidade

Em algumas circunstâncias, o Supremo Tribunal Federal reconheceu a constitucionalidade de determinados diplomas legais, enquanto subsistente a situação de fato que a justificava, mas sinalizou que, finda tal situação, a norma se tornaria inconstitucional supervenientemente.

Um exemplo do uso dessa técnica está na decisão que apreciou a constitucionalidade do prazo em dobro conferido à Defensoria Pública em matéria penal. O Ministério Público argumentou, no caso, que tal prazo feria a igualdade e a paridade de armas que deveria ser observada quanto a todos os postulantes. A Corte esclareceu, contudo, que a Defensoria não estava, ainda, plenamente estruturada, tal como o *Parquet*, e que o prazo diferenciado se justificava para dar-lhe condições adequadas, em tal circunstância, para a defesa dos hipossuficientes. Na hipótese, os postulantes foram, portanto, considerados desiguais

---

[202] STF, *DJe*, 3 ago. 2007, ADI nº 2.240, Rel. Min. Eros Grau. No mesmo sentido: STF, *DJe*, 30 abr. 2010, ADI nº 875, Rel. Min. Gilmar Mendes: "Fundo de Participação dos Estados – FPE (art. 161, inciso II, da Constituição). Lei Complementar nº 62/1989. Omissão inconstitucional de caráter parcial. Descumprimento do mandamento constitucional constante do art. 161, inciso II, da Constituição, segundo o qual lei complementar deve estabelecer os critérios de rateio do Fundo de Participação dos Estados, com a finalidade de promover o equilíbrio socioeconômico entre os entes federativos. Ações julgadas procedentes para declarar a inconstitucionalidade, sem a pronúncia da nulidade, do art. 2º, incisos I e II, §§1º, 2º e 3º, e do anexo único, da Lei Complementar nº 62/1989, assegurada a sua aplicação até 31 de dezembro de 2012".

[203] V. SAMPAIO, José Adércio. As sentenças intermediárias de constitucionalidade e o mito do legislador negativo. *In*: SAMPAIO, José Adércio; CRUZ, Álvaro Ricardo de Souza (Org.). *Hermenêutica e jurisdição constitucional*, 2001. p. 174. Alude-se, na obra, à técnica como "inconstitucionalidade com ablação diferida ou datada".

pela Corte e esta concluiu que, enquanto persistisse tal desigualdade, o tratamento diferenciado se justificava.[204] Entretanto, uma vez plenamente estruturada a Defensoria, o prazo em dobro se tornaria inconstitucional. Trata-se de técnica de decisão conhecida, ainda, como *declaração de inconstitucionalidade progressiva* ou como *sentença transitiva ou transacional*.[205] Ela cuida do direito transitoriamente aplicável, enquanto persistir determinada situação de fato, justamente porque tal situação apresenta particularidades com importantes repercussões normativas, cuja alteração ensejaria a própria alteração do direito aplicável. Essa decisão pode eventualmente ser associada a uma exortação ao legislador para que produza uma nova norma antes da consolidação da inconstitucionalidade. Nesse caso, além de interpretativa, a decisão terá caráter apelativo.

IV Decisões construtivas

As decisões aqui designadas *construtivas* correspondem àquelas que se consolidaram na experiência italiana – e que estão em processo de estabilização também na prática brasileira – sob a denominação de decisões *manipulativas*. Trata-se de técnica de decisão por meio da qual o intérprete introduz novos conteúdos na norma, que *não poderiam ser*

---

[204] STF, *DJU*, 27 jun. 1997, HC n° 70.514, Rel. Min. Sydney Sanches: "Não é de ser reconhecida a inconstitucionalidade do §5° do art. 1° da Lei n 1.060, de 05.02.1950, acrescentado pela Lei n 7.871, de 08.11.1989, no ponto em que confere prazo em dobro, para recurso, às Defensorias Públicas, ao menos até que sua organização, nos Estados, alcance o nível de organização do respectivo Ministério Público, que é a parte adversa, como órgão de acusação, no processo da ação penal pública". No mesmo sentido, v. STF, DJ, 19 maio 1998, RE 147.776, Rel. Min. Sepúlveda Pertence: "Ministério Público: legitimação para promoção, no juízo cível, do ressarcimento do dano resultante de crime, pobre o titular do direito à reparação [...] processo de inconstitucionalização das leis. 1. A alternativa radical da jurisdição constitucional ortodoxa entre a constitucionalidade plena e a declaração de inconstitucionalidade ou revogação por inconstitucionalidade da lei com fulminante eficácia *ex tunc* faz abstração da evidência de que a implementação de uma nova ordem constitucional não é um fato instantâneo, mas um processo, no qual a possibilidade de realização da norma da Constituição - ainda quando teoricamente não se cuide de preceito de eficácia limitada - subordina-se muitas vezes a alterações da realidade fática que a viabilizem. 2. No contexto da Constituição de 1988, a atribuição anteriormente dada ao Ministério Público pelo art. 68 C. Pr. Penal - constituindo modalidade de assistência judiciária - deve reputar-se transferida para a Defensoria Pública: essa, porém, para esse fim, só se pode considerar existente, onde e quando organizada, de direito e de fato, nos moldes do art. 134 da própria Constituição e da lei complementar por ela ordenada".

[205] SAMPAIO, José Adércio. As sentenças intermediárias de constitucionalidade e o mito do legislador negativo. *In*: SAMPAIO, José Adércio; CRUZ, Álvaro Ricardo de Souza (Org.). *Hermenêutica e jurisdição constitucional*, 2001. p. 175.

extraídos diretamente do seu programa normativo, a fim de compatibilizá-la com a Constituição. A despeito da ampla utilização da expressão *manipulativa* para designar tal técnica, a nomenclatura não parece ser a mais adequada.

É que a expressão é ambígua. Tanto pode expressar o "manejo" do significado do texto, de forma a adequá-lo à Constituição, que é da natureza da atividade hermenêutica; quanto pode sugerir uma tentativa de deformar o conteúdo da lei ou de induzir a uma compreensão que não é a mais fiel a seu significado. Essa segunda conotação é bastante negativa, sugerindo um comportamento ardiloso, incompatível com a função de um juiz e, na prática, pode gerar resistências à adoção da técnica. Em sentido muito semelhante, Zagrebelski e Marcenó observaram:

> "Manipular", "manipulação", "manipulativo" são palavras que carregam um significado muito negativo, especialmente quando associadas ao exercício da função jurisdicional, em que a manipulação, qualquer que seja o seu significado, deve estar ausente. Manipular e alterar [o significado] são quase expressões sinônimas. [...]. Seria mais adequado, ainda que menos sugestivo, usar a expressão "sentenças reconstrutivas". A linguagem se sujeita a uma certa inércia. É importante, contudo, estar consciente das sugestões que tal linguagem contém.[206]

Justamente por tais razões, optamos por adotar a expressão *decisões construtivas* em substituição à expressão *decisões manipulativas*. Como ficará claro ao longo deste trabalho, essa técnica possibilita a reconstrução do significado da norma tida como parcialmente inconstitucional, através de inserção de conteúdos que não decorrem de seu programa normativo, mas que são passíveis de justificação à luz da própria Constituição. Trata-se de gênero de pronunciamento judicial que abrange as técnicas de decisão construtiva aditiva e substitutiva, examinadas em seguida.[207]

---

[206] ZAGREBELSKY, Gustavo; MARCENÒ, Valeria. *Giustizia costituzionale*: oggetti, procedimenti, decisioni, 2018. p. 229-230, livre tradução.

[207] Não há uniformidade nessa classificação. Na doutrina nacional há quem inclua entre as decisões manipulativas, além das aditivas e substitutivas, também as redutivas (v. GONÇALVES, Gabriel Accioly. *O desenvolvimento judicial do direito*: construções, interpretação criativa e técnicas manipulativas, 2016). Entretanto, as decisões redutivas correspondem a decisões que reconhecem um excesso legislativo e que, por isso, promovem a supressão de algum elemento da norma. À luz da classificação proposta neste artigo, trata-se, portanto, de técnica mais próxima das decisões interpretativas, que se assemelha à declaração de

1 Decisões construtivas aditivas

As decisões construtivas aditivas constituem uma técnica que procura adequar à Constituição um diploma normativo que se considera inconstitucional por omissão parcial. Trata-se de normas consideradas inconstitucionais *pelo que deixaram de incluir em seu programa* e não propriamente pelo que nele incluíram. Considera-se que, ao lado da norma positiva, que confere determinado direito a um grupo, existe uma espécie de *norma implícita*, que nega outro direito não mencionado ou o mesmo direito a um outro grupo, que também deveria ter sido contemplado pela norma e não o foi.[208]

A declaração de inconstitucionalidade, *parte ablativa ou demolitória* da decisão, incide apenas sobre a norma negativa implícita, que caracteriza a inconstitucionalidade por omissão parcial. A *parte reconstrutiva* ou restaurativa do julgado é aquela por meio da qual se adiciona o conteúdo que faltava, para que a norma possa ser considerada plenamente constitucional. Na hipótese, a corte declara a norma "inconstitucional na parte em que não previu X". Da declaração de inconstitucionalidade em tais termos decorre a inclusão do conteúdo faltante na norma.

As decisões aditivas mais comuns são aquelas por meio das quais se procura sanar uma violação ao princípio da igualdade: quando determinado direito foi assegurado a um grupo de pessoas, sem que houvesse qualquer justificativa para não o assegurar, nos mesmos termos, a um grupo que foi excluído. Nesse caso, a decisão aditiva implicará uma manipulação do comando normativo quanto aos sujeitos beneficiários da norma. A manipulação é consequência da declaração

---

inconstitucionalidade parcial com ou sem redução do texto. Tampouco há uniformidade na classificação italiana. Ali, contudo, parece predominar a subdivisão das decisões manipulativas em: (i) sentenças interpretativas de acolhimento parcial ou redutivas, (ii) sentenças aditivas e (iii) sentenças substitutivas (ZAGREBELSKY, Gustavo; MARCENÒ, Valeria. *Giustizia costituzionale*: oggetti, procedimenti, decisioni, 2018. p. 230-233). Trata-se, contudo, de classificação que não se adequa ao esquema aqui proposto (que diferencia decisões interpretativas de construtivas ou manipulativas), não favorecendo uma melhor compreensão da prática brasileira.

[208] ZAGREBELSKY, Gustavo; MARCENÒ, Valeria. *Giustizia costituzionale*: oggetti, procedimenti, decisioni, 2018; ROMBOLI, Roberto; SALAZAR, Carmela; GROPPI, Tania; PERTICI, Andrea; PINARDI, Roberto; PARODI, Gianpaolo. Il processo constituzionale: la tipologie dele decisioni. *Il Foro Italiano*, n. 3, p. 143-166, mar. 1998; COLAPIETRO, Carlo. *Le sentenze additive e sostitutive dela corte constituzionale*, 1990; DÍAZ REVORIO, Fracisco Javier. *Las sentencias interpretativas del tribunal constitucional*, 2001; MORAIS, Carlos Blanco de. As sentenças com efeitos aditivos. *In*: MORAIS, Carlos Blanco de (Coord.). *As sentenças intermédias da justiça constitucional*, 2009. p. 15-115; DI MANNO, Thierry. *Le juge constitutionnel et la technique de décisions interprétatives en France et en Italie*, 1997.

de inconstitucionalidade da norma implícita (que não reconheceu o direito ao grupo excluído). Declarada a inconstitucionalidade da norma implícita, remove-se o obstáculo que impedia a extensão do programa normativo ao grupo prejudicado, produzindo-se uma adição.

Há, ainda, na doutrina e na jurisprudência, alusão a decisões aditivas voltadas à concretização de outros princípios constitucionais. A título ilustrativo, a Corte Constitucional Italiana declarou a inconstitucionalidade de normas processuais civis e penais que determinavam às testemunhas a prestação de juramento "diante de Deus", por terem se omitido em prever a obrigação de prestar tal juramento apenas se a testemunha fosse crente. Entendeu que a omissão violava a liberdade de consciência das pessoas não religiosas.[209]

Mais recentemente, a Corte declarou a inconstitucionalidade da lei que fixava a data do parto como termo inicial da licença-maternidade, na parte em que não previu a fruição da licença ou de parte dela a partir da data do ingresso do recém-nascido prematuro na casa da família, no caso em que tivesse permanecido internado para tratamento de saúde. A Corte assinalou que o propósito da licença-maternidade não é apenas a proteção da saúde da mãe, mas também o estabelecimento do vínculo de afeto entre ela e o bebê, fundamental para o desenvolvimento sadio da criança.[210]

A doutrina alude a múltiplas subcategorias de decisões aditivas, que, por sua menor relevância, não serão exploradas em maior detalhe aqui.[211] Merece registro, todavia, a categoria designada decisão *aditiva de princípio*. No caso das aditivas de princípio, em lugar de acrescentar diretamente conteúdo à norma, as cortes estabelecem diretrizes e parâmetros a serem observados pelo legislador e/ou pelas demais instâncias judiciais, no julgamento dos casos concretos, a fim de que supram a omissão parcial declarada inconstitucional. As decisões aditivas de princípio produzem menor resistência no Legislativo e no Judiciário do que as aditivas em sentido estrito e têm, ainda, o aspecto positivo

---

[209] Corte Constitucional da Itália, Sentença nº 11, 1979.
[210] Corte Constitucional da Itália, Sentença nº 11, 1979.
[211] Fala-se na existência de decisões *aditivas de garantia*, que promovem a ampliação dos destinatários de um direito de liberdade ou poder; em decisões *aditivas de prestação*, aludindo-se a julgados que estendem prestações a um grupo ilegitimamente excluído. Alude-se, ainda, a decisões *aditivas de efeitos redutivos*, quando o conteúdo adicionado à norma implicar uma redução do seu alcance, como no caso em que se ampliam os grupos não alcançados por determinada vedação e, por consequência, opera-se a redução do conjunto de pessoas sobre as quais incide a proibição.

de promover um diálogo institucional entre Corte Constitucional, Legislativo e demais instâncias judiciais.[212]

Embora haja importantes controvérsias quanto à utilização de decisões aditivas em sentido estrito, pode-se afirmar que elas têm melhor aceitação quando é possível demonstrar argumentativamente que a superação da omissão relativa só poderia ocorrer de uma única forma obrigatória à luz da Constituição (*soluzione a rime obbligate*)[213] ou, ainda, quando, mesmo que possível, em tese, a solução por mais de uma forma, as alternativas não eleitas pela Corte Constitucional seriam: (i) inverossímeis, (ii) incompatíveis com o próprio regime estabelecido pelo legislador, (iii) menos compatíveis com princípios constitucionais sob uma perspectiva sistêmica ou (iv) desproporcionais (inadequadas, desnecessárias ou desproporcionais em sentido estrito).[214]

Quando, todavia, se verifica que determinada omissão poderia ser preenchida de diversas maneiras, entende-se que há, no caso, um espaço político de discricionariedade aberto ao legislador, que não

---

[212] As decisões aditivas de princípio como categoria resultam sobretudo do embate travado entre a Corte Constitucional italiana e a magistratura ordinária acerca do alcance de suas respectivas competências. Na percepção da magistratura ordinária, suas decisões deviam observância a eventuais declarações de inconstitucionalidade proferidas pela Corte, mas não ao conteúdo positivo que esta viesse a acrescentar às normas. A sua submissão a tal conteúdo positivo, em seu entendimento, violaria a sua independência na formulação do "direito vivente". Por razões que extrapolam o objeto deste trabalho, a consolidação da autoridade da Corte dependeu, na experiência italiana, de uma permanente "acomodação" de seus poderes às expectativas da magistratura ordinária. A solução para esse conflito passou pela idealização da categoria das decisões aditivas de princípio, que permitiram a construção de uma relação de cooperação entre Corte Constitucional e magistratura. V. BOGDANDY, Armin von; PARIS, Davide. La construcción de la autoridad judicial. *Revista de Derecho del Estado*, n. 43 p. 5-24, maio/ago. 2019. p. 8; COSTA, Teresa Cristina de Melo. *Novas técnicas de decisão do STF*: entre inovação e democracia. Dissertação (Mestrado) – Programa de Pós-graduação em Direito, Universidade do Estado do Rio de Janeiro, 2019, p. 120-121; SOUSA FILHO, Ademar Borges de. *Sentenças aditivas na jurisdição constitucional brasileira*, 2016, p. 164.

[213] CRISAFULLI, Vezio. *Lezioni di diritto costituzionale*, 1978. p. 363-370; ZAGREBELSKY, Gustavo; MARCENÒ, Valeria. *Giustizia costituzionale*: oggetti, procedimenti, decisioni, 2018. p. 229-257; MORAIS, Carlos Blanco de. As sentenças com efeitos aditivos. *In*: MORAIS, Carlos Blanco de (Coord.). *As sentenças intermédias da justiça constitucional*, 2009. p. 15-115; BRUST, Léo. *Controle de constitucionalidade*: a tipologia das decisões do STF, 2014, p. 160-211; SÁ, Fátima. Omissões inconstitucionais e sentenças aditivas. *In*: MORAIS, Carlos Blanco de (Coord.). *As sentenças intermédias da justiça constitucional*, 2009. p. 411-468; GONÇALVES, Gabriel Accioly. *O desenvolvimento judicial do direito*: construções, interpretação criativa e técnicas manipulativas, 2016. p. 261-317.

[214] MORAIS, Carlos Blanco de. As sentenças com efeitos aditivos. *In*: MORAIS, Carlos Blanco de (Coord.). *As sentenças intermédias da justiça constitucional*, 2009. p. 33-115.

pode ser substituído pelo juízo da Corte Constitucional, sob pena de violação do princípio da separação dos poderes.[215]

As decisões aditivas não são estranhas à prática do Supremo Tribunal Federal, que, em inúmeros casos, acrescentou conteúdos às normas cuja constitucionalidade foi chamado a apreciar. Basta lembrar da decisão por meio da qual o Tribunal reconheceu a possibilidade de interrupção da gestação de fetos anencefálicos. No caso, discutiu-se se a interrupção configuraria o crime de aborto, tal como tipificado nos arts. 124 e 126 do Código Penal, uma vez que o art. 128 do diploma não explicitava a hipótese como uma excludente de ilicitude que possibilitasse a interrupção da gestação. Vale conferir o teor das normas penais:

> Art. 124. Provocar aborto em si mesma ou consentir que outrem lho provoque: Pena - detenção, de 1 (um) a 3 (três) anos. [...]
> Art. 126. - Provocar aborto com o consentimento da gestante:
> Pena - reclusão, de 1 (um) a 4 (quatro) anos. [...]
> Art. 128. Não se pune o aborto praticado por médico:
> Aborto necessário
> I - se não há outro meio de salvar a vida da gestante;
> Aborto no caso de gravidez resultante de estupro
> II - se a gravidez resulta de estupro e o aborto é precedido de consentimento da gestante ou, quando incapaz, de seu representante legal.

O debate em torno da interrupção da gestação de fetos anencefálicos opunha o direito do feto à vida ao direito da mulher à saúde, à liberdade, à autonomia e à privacidade. Ao examinar a matéria, o STF observou, contudo, que a maioria dos fetos anencefálicos (por volta de 75% deles) não alcançava o nascimento com vida, e que a maior parte da fração remanescente vivia menos de 24 horas. Por essa razão, entendeu que seria possível equiparar o feto anencefálico ao natimorto ou a uma vida inviável. Assim, não haveria que se falar em violação ao direito à vida, em caso de interrupção da gestação, ao menos não em proporção que justificasse o intenso sacrifício dos direitos da mulher,

---

[215] Observa-se que a Corte Constitucional italiana apresenta bastante adesão a esse critério e que, quando, eventualmente, o caso é de discricionariedade legislativa e sequer é possível explicitar, à luz da Constituição, um princípio ou diretriz, a Corte profere uma decisão de inadmissibilidade por respeito à discricionariedade. V. ZAGREBELSKY, Gustavo; MARCENÒ, Valeria. *Giustizia costituzionale*: oggetti, procedimenti, decisioni, 2018. p. 241-247.

representado pela imposição do dever de levar a gestação até ao final, com todo o sofrimento e o dano psíquico (quando não físico) decorrente da experiência.

Veja-se que a decisão poderia ser formulada nos exatos moldes das decisões italianas, de forma a "declarar a inconstitucionalidade do art. 128 do Código Penal, na parte em que se omitiu em prever expressamente que não se pune o aborto praticado por médico, *se comprovada a existência de feto anencefálico*". A previsão não poderia ser extraída do programa normativo do dispositivo, razão pela qual não comportava interpretação conforme a Constituição. Entretanto, reconhecer a possibilidade de interrupção da gestação, em tais condições, era a única solução possível para superar a omissão parcial e compatibilizá-la com a Constituição.

2 Decisões construtivas substitutivas

As decisões construtivas substitutivas caracterizam-se por abranger uma declaração de inconstitucionalidade do diploma legal pelo que dispõe (e não pelo que omite, tal como ocorre no caso da decisão aditiva), *com a substituição judicial da disciplina inconstitucional por outra*. No caso das decisões substitutivas, a parte ablativa da decisão incide sobre uma *norma explícita* (e não sobre uma norma implícita, como no caso das decisões aditivas).[216]

A declaração da inconstitucionalidade da norma, pelo que ela prevê, gera, então, uma omissão normativa ou um vácuo, que é tão ou mais danoso e violador da Constituição do que a própria norma declarada inconstitucional. Essa é justificativa para que, além de declarar a inconstitucionalidade, a Corte supra a omissão inconstitucional gerada por sua própria decisão. Nessa hipótese, a Corte declara "a inconstitucionalidade da disposição, na parte em que prevê 'X', em lugar de prever 'Y' para estar em conformidade com a constituição". O conteúdo que se explicita que a norma deveria ter previsto, para estar de

---

[216] ZAGREBELSKY, Gustavo; MARCENÒ, Valeria. *Giustizia costituzionale*: oggetti, procedimenti, decisioni, 2018; ROMBOLI, Roberto; SALAZAR, Carmela; GROPPI, Tania; PERTICI, Andrea; PINARDI, Roberto; PARODI, Gianpaolo. Il processo constituzionale: la tipologie dele decisioni. *Il Foro Italiano*, n. 3, p. 143-166, mar. 1998; COLAPIETRO, Carlo. *Le sentenze additive e sostitutive dela corte constituzionale*, 1990; DÍAZ REVORIO, Fracisco Javier. *Las sentencias interpretativas del tribunal constitucional*, 2001; MORAIS, Carlos Blanco de. *As sentenças intermédias da justiça constitucional*, 2009; DI MANNO, Thierry. *Le juge constitutionnel et la téchnique de décisions interprétatives en France et en Italie*, 1997.

acordo com a Constituição, corresponde ao componente reconstrutivo do julgado.

Nessa linha, a Corte Constitucional italiana declarou a inconstitucionalidade do juramento por meio do qual a testemunha deveria declarar, "diante de Deus (se crente) e dos homens", que diria apenas a verdade, em lugar de se ter previsto que a testemunha assumiria "responsabilidade moral e jurídica" de dizer toda a verdade e de nada ocultar em seu depoimento. A Corte concluiu que este era o teor do juramento que se adequava à liberdade de consciência tutelada pela Constituição.[217]

Em outro caso, mais recente, a Corte declarou a inconstitucionalidade da norma que estipulou a pena mínima de 5 anos e máxima de 15 anos, aplicável ao crime de "alteração do estado civil de um recém-nascido, em razão de falsa certificação ou outra fraude". Entendeu-se que, para estar de acordo com a Constituição, as penas para tal ilícito deveriam se situar entre 3 e 10 anos, já que eram essas as penas aplicáveis ao crime de "alteração de estado civil em decorrência da troca de recém-nascidos". A Corte concluiu que as penas do primeiro ilícito (certificação falsa ou outra fraude) eram desproporcionais, se considerado o segundo ilícito (troca de recém-nascido) porque: (i) o primeiro e o segundo delitos eram semelhantes, dado que sua tipificação tinha o propósito de proteger o mesmo bem jurídico: o conhecimento da ascendência do recém-nascido. Entretanto, (ii) o segundo delito, apenado mais brandamente, era mais grave, uma vez que envolvia a fraude ao registro de dois recém-nascidos, que teriam sido trocados. Essa circunstância levou a Corte a substituir a pena mais grave do primeiro delito pela pena mais branda, estipulada para o segundo delito.[218]

As decisões substitutivas enfrentam no direito comparado resistências ainda maiores do que aquelas enfrentadas pelas decisões aditivas. É que nas decisões aditivas, sobretudo no caso de omissões parciais violadoras da igualdade, a adição se atém a estender determinado regime jurídico já constante da norma a um grupo de pessoas não contemplado. Nas decisões aditivas baseadas na violação de outros princípios, supre-se uma omissão eventualmente involuntária do legislador com um mero acréscimo. Entretanto, no caso das decisões substitutivas, o que se faz é colocar no lugar do regime produzido pelo

---

[217] Corte Constitucional da Itália, Sentença nº 149, 1995.
[218] Corte Constitucional da Itália, Sentença nº 236, 2016.

Legislativo outro regime jurídico, que não foi aquele que tal poder pretendeu editar. Há, portanto, no caso das decisões substitutivas, um *plus* em relação à criação e inovação pelo Judiciário, mesmo se comparadas às decisões aditivas.

As decisões substitutivas também não são estranhas à jurisprudência do Supremo Tribunal Federal. A título ilustrativo, raciocínio semelhante foi desenvolvido pelo STF na decisão por meio da qual afastou o cabimento de ação penal condicionada à representação, em caso de violência doméstica contra a mulher. O Tribunal ponderou que dados empíricos indicavam que o número de representações na hipótese era ínfimo, e que tal estado de coisas se devia à esperança da vítima de que a violência não voltasse a acontecer (o que geralmente enseja sua reiteração com maior gravidade), à situação de desigualdade entre homens e mulheres inclusive no âmbito doméstico, ao medo de retaliação e aos próprios danos emocionais que a situação de reiterada subordinação e violência é capaz de gerar.

Por isso, sujeitar a ação estatal, no caso, à vontade da vítima, corresponderia a violar a dignidade humana e o direito à igualdade da mulher, bem como implicaria desrespeito ao dever estatal de coibir a violência no âmbito das relações familiares (art. 226, §8º, CF/1988),[219] ensejando, ainda, desrespeito ao princípio da proporcionalidade por proteção deficiente. Veja-se o trecho do acórdão transcrito a seguir:

> Deixar a cargo da mulher autora da representação a decisão sobre o início da persecução penal significa desconsiderar o temor, a pressão psicológica e econômica, as ameaças sofridas, bem como a assimetria de poder decorrente de relações histórico-culturais, tudo a contribuir para a diminuição de sua proteção e a prorrogação da situação de violência, discriminação e ofensa à dignidade humana. Implica relevar os graves impactos emocionais impostos pela violência de gênero à vítima, o que a impede de romper com o estado de submissão.[220]

Com base nesses argumentos, o Supremo Tribunal Federal não apenas declarou a inconstitucionalidade das normas que previam, no caso, a ação penal condicionada à representação, mas supriu o vácuo deixado pela declaração de inconstitucionalidade da previsão, de modo

---

[219] CF/1988, art. 226, §8º: "O Estado assegurará a assistência à família na pessoa de cada um dos que a integram, criando mecanismos para coibir a violência no âmbito de suas relações".
[220] STF, *DJe*, 1º ago. 2014, ADI nº 4.424, Rel. Min. Marco Aurélio.

a determinar que, na hipótese, o ilícito se sujeitaria à ação penal pública incondicionada justamente porque somente essa modalidade de ação penal estaria apta a promover a adequada concretização das normas constitucionais em questão.

Constou do dispositivo da decisão que o Tribunal julgava "procedente a ação direta para, *dando interpretação conforme* aos artigos 12, inciso I, e 16, ambos da Lei nº 11.340/2006, assentar a natureza incondicionada da ação penal". É de se notar, contudo, que a solução de atribuir à ação penal o caráter de ação pública incondicionada em hipótese alguma poderia ser extraída do programa normativo dos dispositivos interpretados (o que demonstra a importância da sistematização aqui proposta para o aprimoramento da jurisdição do STF). Confira-se o seu teor:

> Art. 12. Em todos os casos de violência doméstica e familiar contra a mulher, feito o registro da ocorrência, deverá a autoridade policial adotar, de imediato, os seguintes procedimentos, sem prejuízo daqueles previstos no Código de Processo Penal:
> I - ouvir a ofendida, lavrar o boletim de ocorrência e tomar a representação a termo, se apresentada; [...]
> Art. 16. Nas ações penais públicas condicionadas à representação da ofendida de que trata esta Lei, só será admitida a renúncia à representação perante o juiz, em audiência especialmente designada com tal finalidade, antes do recebimento da denúncia e ouvido o Ministério Público.

Ao contrário, o conteúdo original do dispositivo, que previa expressamente a ação condicionada à representação da vítima, foi suprimido pela decisão e reformulado, de forma a substituí-lo pela ação incondicionada. Na linha já descrita, a decisão poderia ter sido formulada como um julgado que "declarou a inconstitucionalidade da lei que tratou da persecução penal de ilícitos de violência doméstica contra a mulher, *na parte em que previu o cabimento de ação penal condicionada a representação, em lugar de prever a ação penal incondicionada*", única apta a promover a adequada tutela dos direitos em questão à luz da Constituição.

V Críticas enfrentadas pelas decisões construtivas

Como antecipado acima, as decisões construtivas (manipulativas) enfrentam múltiplas críticas na doutrina e na jurisprudência. Têm relevância entre elas, para o debate brasileiro, cinco conjuntos distintos de argumentos, relacionados ao respeito: (i) ao princípio democrático, (ii) ao princípio da separação dos poderes, (iii) ao equilíbrio orçamentário, bem como (iv) a argumentos consequencialistas, que debatem os resultados sistêmicos de conferir ao Judiciário o poder de manipular o conteúdo das leis que aprecia. Passa-se, a seguir, ao exame de tais argumentos.

1 Princípio democrático

Afirma-se, em primeiro lugar, que o recurso, por parte de uma suprema corte, a técnicas de decisão pelas quais se modifica o conteúdo de normas produzidas pelo Legislativo viola o princípio democrático, uma vez que juízes não eleitos pelo voto popular estariam alterando o significado de leis produzidas por aqueles que receberam mandato do povo justamente para produzir tais normas. Observa-se que um mesmo direito previsto na Constituição pode comportar concretização por diversas vias, e que sociedades altamente complexas, como as sociedades contemporâneas, tendem a acolher uma multiplicidade de formas distintas de solucionar determinados conflitos de interesse. Por essa razão, apenas representantes eleitos – cujas concepções justamente refletem tal pluralidade de perspectivas e valores – estariam legitimados a fazer tais escolhas.[221]

Quanto a essa primeira crítica, é importante reiterar, como já mencionado, que, de modo geral, aqueles que defendem a utilização de decisões construtivas reconhecem que elas constituem uma alternativa viável para o juiz, *quando for possível demonstrar, argumentativamente, a existência de uma única solução constitucional* para o preenchimento da omissão parcial. A existência de uma solução constitucional obrigatória estará presente, em primeiro lugar, quando se puder inferir de regras ou dos princípios constitucionais a presença de uma única solução para a questão, sem que se possa identificar qualquer alternativa.[222]

---

[221] ZAGREBELSKY, Gustavo; MARCENÒ, Valeria. *Giustizia costituzionale*: oggetti, procedimenti, decisioni, 2018. p. 229-257; MORAIS, Carlos Blanco de. As sentenças com efeitos aditivos. In: MORAIS, Carlos Blanco de (Coord.). *As sentenças intermédias da justiça constitucional*, 2009. p. 95-115; GONÇALVES, Gabriel Accioly. *O desenvolvimento judicial do direito*: construções, interpretação criativa e técnicas manipulativa, 2016. p. 261-317; BRUST, Léo. *Controle de constitucionalidade*: a tipologia das decisões do STF, 2014. p. 160-211.

[222] ZAGREBELSKY, Gustavo; MARCENÒ, Valeria. *Giustizia costituzionale*: oggetti, procedimenti, decisioni, 2018. p. 229-257; MORAIS, Carlos Blanco de. As sentenças com efeitos aditivos. In: MORAIS, Carlos Blanco de (Coord.). *As sentenças intermédias da justiça constitucional*, 2009. p. 15-115; BRUST, Léo. *Controle de constitucionalidade*: a tipologia das decisões do STF, 2014. p. 160-211; SÁ, Fátima. Omissões inconstitucionais e sentenças aditivas. In: MORAIS, Carlos Blanco de (Coord.). *As sentenças intermédias da justiça constitucional*, 2009.

Também se concebe a possibilidade de utilização de decisões judiciais construtivas quando for possível reduzir as poucas alternativas de solução existentes em tese a uma única, por via argumentativa, demonstrando que as demais alternativas são inviáveis em concreto. Em ambos os casos, a adição corresponderia à declaração pela corte de um conteúdo que já se encontrava imanente no ordenamento jurídico.[223]

Ambas as decisões indicadas acima, proferidas pelo Supremo Tribunal Federal, parecem atender a esse critério. No caso que versava sobre a interrupção da gestação de fetos anencefálicos, o Tribunal deveria decidir se a Constituição de 1988 proibia a medida. Ao concluir que a mulher era titular de direitos que lhe permitiam formular essa escolha, não havia outra decisão possível além de autorizar a interrupção. O relator da decisão chega a indicar, em seu voto, a inexistência de qualquer solução terapêutica possível que pudesse permitir a superação da anencefalia ou a morte do feto, indicando, portanto, que a alternativa de buscar tratamento médico para o feto era inverossímil. Já no caso que tratava de ilícito relacionado à violência doméstica, afastada a possibilidade de ação condicionada à representação da vítima, por ser inapta a proteger as mulheres contra a violência doméstica, a única possibilidade que se oferecia para assegurar efetivamente a proteção da mulher em tal âmbito era a previsão de ação pública incondicionada.

Há, por fim, quem pondere que, no caso das decisões substitutivas, quando um vácuo normativo gravíssimo é produzido pela declaração de inconstitucionalidade da norma, pode ser justificável que o próprio tribunal supra a norma faltante, ainda que haja mais de uma alternativa constitucionalmente válida, desde que se demonstre, com base no princípio da proporcionalidade: (i) que a providência se justifica, ante os efeitos gerados pelo vácuo normativo que agravariam a situação de inconstitucionalidade, (ii) que não há medida menos onerosa, à luz

---

p. 411-468; GONÇALVES, Gabriel Accioly. *O desenvolvimento judicial do direito*: construções, interpretação criativa e técnicas manipulativas, 2016. p. 261-317. O último autor parece, contudo, entender que, no caso das decisões substitutivas, sempre se estará diante de um quadro de discricionariedade do legislador, não havendo uma única solução obrigatória. Assim compreende, ao que parece, porque, se realmente houvesse uma solução constitucional latente, esta incidiria diretamente, sem a necessidade da componente reconstrutiva incluída pela corte (p. 301). Vale ponderar, contudo, que a decisão pode estar latente mas não ser clara ou haver resistência à sua implementação, hipótese em que o acréscimo substitutivo produzido pela corte desempenha um papel criativo que incrementa o grau de certeza do direito.

[223] Nesse sentido, MORAIS, Carlos Blanco de. *As sentenças intermédias da justiça constitucional*, 2009. p. 33-115.

das demais normas constitucionais em tensão, e (iii) que não é possível aguardar a manifestação do legislador.[224]

Em tal situação, contudo, defende-se, preferencialmente, sob inspiração da prática alemã, o uso de medidas cautelares transitórias (medidas de necessidade), por meio das quais se evitariam vácuos muito danosos, até que o legislador pudesse se manifestar. A transitoriedade e a espera pela manifestação do legislador, na hipótese, causariam menor restrição a outros princípios constitucionais relevantes, a exemplo do princípio da separação dos poderes, do que uma decisão de mérito pelo tribunal.[225] Essa última hipótese, mais complexa, mereceria um estudo próprio, que extrapola os limites deste trabalho.

De resto, a tensão entre jurisdição constitucional e democracia já foi amplamente debatida na literatura, tendo sido demonstrado que existe uma relação de interdependência e de mútua implicação entre ambas. A atuação das cortes constitucionais presta-se, em diversas circunstâncias, à proteção de direitos fundamentais e de normas que são imprescindíveis para a preservação do adequado funcionamento do processo democrático e que podem ser colocados em risco por ações ou omissões das instâncias majoritárias.[226] Nesses termos, ainda que não eleitos, os juízes atuam em proteção à democracia.

---

[224] GONÇALVES, Gabriel Accioly. *O desenvolvimento judicial do direito*: construções, interpretação criativa e técnicas manipulativas, 2016. p. 317. O teste tripartite acima foi formulado pelo autor nos seguintes termos: "É possível, todavia, reparar as inconstitucionalidades que seriam combatidas através do emprego de técnica substitutiva através da aplicação das chamadas medidas de necessidade, desde que superado o exame tripartido: i) a não intervenção criativa da Corte agravaria a inconstitucionalidade; ii) inexistência de movimentação congressual consistente de adotar nova normativa sobre a matéria; iii) as normas produzidas correspondem ao mínimo de criatividade possível". À parte a hipótese aludida acima, contudo, o autor expressa profundas reservas às sentenças substitutivas, por entender que se inserem, como regra, na situação em que há múltiplas soluções para a omissão, o que demandaria a atuação discricionária do legislador, sob pena de violação do princípio da separação dos poderes.

[225] GONÇALVES, Gabriel Accioly. *O desenvolvimento judicial do direito*: construções, interpretação criativa e técnicas manipulativas, 2016. p. 299.

[226] Para uma defesa da legitimidade democrática da jurisdição constitucional sob uma perspectiva substantiva, de proteção a direitos, v. DWORKIN, Ronald. *Império do direito*, 2003. p. 271-331; DWORKIN, Ronald. *Uma questão de princípio*, 2000. p. 80-103; ALEXY, Robert. *Direitos fundamentais no Estado constitucional democrático*. Para a relação entre direitos do homem, direitos fundamentais, democracia e jurisdição constitucional, *Revista de Direito Administrativo*, n. 217, p. 55-66, jul./set. 1999; ALEXY, Robert. *Teoria de los derechos fundamentales*, 1993. Para o exame da questão por uma perspectiva mais procedimental, v. ELY, John Hart. *Democracy and distrust, a theory of judicial review*. p. 73-183; HABERMAS, Jürgen. *Direito e democracia*: entre facticidade e validade, 2003. p. 297-354. Na literatura nacional, v. BARROSO, Luís Roberto. Contramajoritário, representativo e iluminista: os papéis das cortes constitucionais nas democracias contemporâneas. *Revista Direito e Práxis*,

2 Princípio da separação dos poderes

Afirma-se, igualmente, que as decisões aditivas e substitutivas correspondem à produção de norma geral pelo Judiciário, equiparável a uma lei. Ainda que a parte ablativa da decisão pudesse configurar mera atuação como legislador negativo, amplamente aceita pela doutrina, a parte reconstrutiva de tais decisões, que adiciona ou substitui conteúdos, configuraria inequívoca atuação como legislador positivo. Haveria, nesse caso, usurpação dos poderes do Legislativo, violação ao princípio da separação dos poderes e ao princípio da legalidade.

Esses argumentos são rebatidos pela alegação de que, ainda que o Judiciário inove, ao proferir decisões construtivas, o conteúdo decorrente da componente restaurativa da decisão deve sempre equivaler a uma solução constitucional possível – idealmente, aliás, a única cabível. O juiz não produz um ato puro de vontade, tal como faria o legislador, mas explicita uma solução que já estava imanente no sistema. Essa atuação se dá dentro dos limites do exercício da jurisdição: depende de provocação por aqueles que detenham legitimidade para tal, tem por limite os termos em que a demanda é formulada e seu alcance e segue um processo em que se observam contraditório, ampla defesa e devido processo legal. A decisão deve ser fundamentada e, ao se desincumbir de tal fundamentação, o magistrado tem um ônus reforçado de demonstrar a existência de uma resposta obrigatória à luz da Constituição.[227] A Constituição, a seu turno, também é lei, inclusive de hierarquia superior, razão pela qual uma decisão proferida com base nela não pode ser considerada, tampouco, violadora do princípio da legalidade.[228]

---

n. 4, p. 2171-2228, out. 2018; SARMENTO, Daniel. *Ubiquidade constitucional*: os dois lados da moeda; PEREIRA, Jane Reis Gonçalves. *Representação democrática do Judiciário*: reflexões preliminares sobre riscos e dilemas de uma ideia em ascensão.

[227] CRISAFULLI, Vezio. *Lezioni di diritto costituzionale*, 1978. p. 363-370; ZAGREBELSKY, Gustavo; MARCENÒ, Valeria. *Giustizia costituzionale*: oggetti, procedimenti, decisioni, 2018. p. 229-257; MORAIS, Carlos Blanco de (Coord.). *As sentenças intermédias da justiça constitucional*, 2009. p. 33-115; GONÇALVES, Gabriel Accioly. *O desenvolvimento judicial do direito*: construções, interpretação criativa e técnicas manipulativas, 2016, p. 261-317; BRUST, Léo. *Controle de constitucionalidade*: a tipologia das decisões do STF, 2014, p. 160-211; SÁ, Fátima. Omissões inconstitucionais e sentenças aditivas. In: MORAIS, Carlos Blanco de (Coord.). *As sentenças intermédias da justiça constitucional*, 2009. p. 411-468.

[228] Há, contudo, consideráveis vozes que afirmam categoricamente a impossibilidade de proferir decisões manipulativas em matéria penal, se forem restritivas dos direitos do réu. V., nesse sentido: MORAIS, Carlos Blanco de (Coord.). *As sentenças intermédias da justiça constitucional*, 2009. p. 107-108; GONÇALVES, Gabriel Accioly. *O desenvolvimento judicial do direito*: construções, interpretação criativa e técnicas manipulativas, 2016, p. 306-317; SÁ,

Por outro lado, argumenta-se, o juiz, uma vez provocado, e diante de uma violação constitucional, ainda que por omissão, não pode pronunciar um *non liquet*. É certo que de tal impossibilidade não decorre necessariamente o poder de suprir a omissão, adicionando ou suprimindo conteúdo à lei. Entretanto, o alcance dos poderes judiciais deve ser definido à luz do direito positivo em que a instituição se insere. Não há um modelo estanque ideal de separação de poderes. No âmbito do direito comparado, há países em que juízes são mais atuantes em termos de decisões construtivas (manipulativas), como a Itália, e outros, mais restritivos.

No Brasil, é importante ter em conta que a Constituição Federal previu dois instrumentos distintos – ação direta de inconstitucionalidade por omissão e mandado de injunção – para o enfrentamento de omissões inconstitucionais. A jurisprudência do Supremo Tribunal Federal, inicialmente, conferiu o mesmo tratamento a ambos os institutos e concluiu que, nos dois casos, a corte só poderia declarar a inconstitucionalidade, constituir o legislador em mora e instá-lo a agir. Entendeu-se, originalmente, que não seria possível ao STF suprir a omissão com a produção da norma, sequer para oferecer uma solução com efeitos limitados às partes.[229]

Com o tempo, contudo, a jurisprudência da Corte avançou em matéria de mandado de injunção, admitindo que, em caso de omissão, o Tribunal criasse soluções que inicialmente produziam efeitos *inter partes*, mas às quais, mais adiante, se passou a reconhecer efeitos *erga omnes*.[230] Mais tarde, esses efeitos foram inclusive regulados por lei.[231] E, recentemente, o STF reconheceu a possibilidade de suprir a omissão legislativa também no âmbito das ações diretas de inconstitucionalidade

---

Fátima. Omissões inconstitucionais e sentenças aditivas. *In*: MORAIS, Carlos Blanco de (Coord.). *As sentenças intermédias da justiça constitucional*, 2009. p. 458. Entretanto, a questão não é pacífica. Como reconhece Accioly, existem precedentes da Corte Constitucional italiana e do Supremo Tribunal Federal que proferem decisões que poderiam ser classificadas como aditivas em *malan partem*. O debate específico quanto à matéria penal extrapola os propósitos do presente trabalho, embora mereça aprofundamento.

[229] Para uma evolução do instituto, v. BARROSO, Luís Roberto. *O controle da constitucionalidade do direito brasileiro*, 2016. p. 169-191; 292-320.

[230] Veja-se, a título exemplificativo, a decisão proferida pelo Supremo Tribunal Federal acerca do direito de greve dos servidores públicos. A própria Corte reconheceu que a decisão se prestava a suprir a lacuna normativa acerca do exercício do direito de greve para toda e qualquer categoria de servidor, mesmo que distinta das categorias que propuseram o mandado de injunção. V. STF, MI nºs 670 e 708, Rel. Min. Gilmar Mendes, MI nºs 670 e 708, *DJ*, 31 out. 2008 e MI nº 712, Rel. Min. Eros Grau, *DJ*, 31 out. 2008.

[231] Lei nº 13.300/2016, art. 9º, §§1º e 2º.

por omissão.[232] Nota-se, portanto, que a jurisprudência do STF admite atualmente sua atuação para suprir a norma faltante, com efeitos gerais e vinculantes, *em caso de omissões absolutas*, em que não houve qualquer manifestação do legislador. Seria surpreendente entender que o Tribunal não pode suprir uma omissão relativa, quando já atuou para suprir omissões absolutas.

O invocado dogma do legislador negativo, segundo o qual uma corte constitucional poderia apenas suprimir normas do mundo jurídico, mas não poderia lhes acrescer conteúdo, não encontra verdadeiramente amparo na jurisprudência do STF, que tanto por meio de simples interpretação, quanto por meio de manipulação, desempenha, há muito, uma atividade criativa que contribui para a construção do direito. Nem poderia ser diferente, em um mundo complexo que exige decisões com base em princípios vagos, colisões de normas constitucionais e uso de ponderação. O mito do legislador negativo é tributário de um formalismo que está ultrapassado na compreensão contemporânea do direito constitucional, e que pode, a seu turno, ocultar um comportamento estratégico pelo qual se deseja, de fato, evitar a efetiva concretização de valores constitucionais.[233]

Com essas considerações, obviamente, não se pretende afirmar que o Supremo Tribunal Federal pode atuar sem limites ou que não profere eventualmente decisões que possam desbordar de determinadas fronteiras. O que se pretende demonstrar, apenas, é que não é compatível com o sistema brasileiro descartar toda e qualquer hipótese de interpretação construtiva das leis para sanar meras omissões parciais, em um contexto em que a Constituição, tal como compreendida pela Corte, lhe autoriza a sanar até mesmo omissões absolutas. Se a atuação em tais termos se encontra consolidada no Tribunal, a crítica à sua atuação e o debate a respeito devem se voltar não para a viabilidade

---

[232] STF, ADO nº 26, Rel. Min. Celso de Mello, j. 13.6.2019. Trata-se de ação direta de inconstitucionalidade por omissão que tinha por objeto a mora do Congresso Nacional em editar lei criminalizando os atos de homofobia e transfobia. O STF proferiu decisão prevendo que, até que sobreviesse a referida lei, tais atos se ajustariam aos preceitos primários de incriminação definidos na Lei nº 7.716/1989, configurando racismo, compreendido em sua dimensão social. Tudo leva a crer, portanto, que o antigo entendimento da Corte, segundo o qual a ADO somente se prestaria a reconhecer a mora do legislador e instá-lo a agir, ficou superado.

[233] Para um relato sobre a superação do dogma do legislador negativo pelo Supremo Tribunal Federal, v. MELLO, Patrícia Perrone Campos. *Nos bastidores do Supremo Tribunal Federal*, 2015. p. 159-167.

de tal operação propriamente, mas sim para os limites e *standards* que deve respeitar.

Não bastasse isso, a decisão judicial que, em lugar de declarar a inconstitucionalidade total de uma lei, declara apenas a sua inconstitucionalidade parcial e procura adequá-la à Constituição – ainda que disponha de um conteúdo reconstrutivo – procura preservar ao menos parte do regime proposto pelo legislador. Nessa medida, observa o princípio da separação dos poderes, o princípio da presunção da constitucionalidade das normas e promove o máximo aproveitamento das valorações já produzidas pelas instâncias majoritárias.

3 Equilíbrio orçamentário

Afirma-se, igualmente, que decisões aditivas e substitutivas podem gerar custos que não possuem previsão orçamentária.[234] A observação procede, sobretudo, no caso das decisões aditivas de prestação, em que se pode estender o acesso de grupos não contemplados a determinados serviços, mas não se limita a elas. Como já demonstrado, também a preservação dos direitos de primeira geração impõe a manutenção de instituições e de serviços que têm custos.[235]

Quanto ao ponto, vale observar, todavia, que decisões que produzam impacto orçamentário podem ser objeto de modulação temporal para dar tempo ao legislador para promover adequada dotação orçamentária. De resto, alega-se, não há no direito constitucional normas absolutas, de modo que até mesmo esse princípio se sujeita à ponderação diante de outros valores de igual hierarquia.

Vale, contudo, o registro de que, em um cenário de recursos limitados, toda decisão alocativa será igualmente desalocativa de verbas para outras destinações, circunstância que pode comprometer a adequada implementação de políticas públicas pelas instâncias majoritárias, às quais caberia em primeira mão a sua formulação. É preciso, portanto, cautela na operação com o princípio e seriedade em considerá-lo um importante limite a ser enfrentado argumentativamente.

---

[234] ZAGREBELSKY, Gustavo; MARCENÒ, Valeria. *Giustizia costituzionale*: oggetti, procedimenti, decisioni, 2018. p. 247-251; MORAIS, Carlos Blanco de (Coord.). *As sentenças intermédias da justiça constitucional*, 2009. 101-102; GONÇALVES, Gabriel Accioly. *O desenvolvimento judicial do direito*: construções, interpretação criativa e técnicas manipulativas, 2016. p. 302-306; SÁ, Fátima. Omissões inconstitucionais e sentenças aditivas. *In*: MORAIS, Carlos Blanco de (Coord.). *As sentenças intermédias da justiça constitucional*, 2009. p. 445-448.

[235] HOLMES, Stephen; SUNSTEIN, Cass. *The cost of rights*: why liberty depends on taxes, 1999.

Parcimônia e consciência das próprias capacidades institucionais são essenciais aqui.[236]

4 Argumentos consequencialistas

Por fim, um conjunto de argumentos consequencialistas é invocado para demonstrar a inconveniência da atuação judicial por meio de decisões construtivas. Afirma-se que a atuação judicial suprime a presença de incentivos que gerariam a mobilização popular necessária para provocar a atuação do legislador. Entende-se que a reiterada substituição da atuação legislativa pela atuação judicial produziria um quadro de perpetuação da mora e de inadimplência do Legislativo.[237]

Afirma-se, por outro lado, que o Judiciário pode não estar aparelhado da mesma forma que os demais poderes para avaliar as consequências sistêmicas das suas decisões, sobretudo em matérias que demandem expertise técnica.[238] Alude-se, ainda, ao risco de emprego das aludidas técnicas de decisão de forma não sincera pelo Judiciário, com o propósito de impor as preferências e agendas pessoais dos juízes, favorecendo-se uma excessiva politização da justiça.[239]

Quanto ao ponto, vale assinalar que os mesmos riscos parecem estar igualmente presentes na atividade interpretativa de modo geral. Mais uma vez, é importante lembrar, ainda, que o juiz não pode pronunciar um *non liquet*, uma vez chamado a decidir, e que, havendo uma solução constitucional possível, deve efetivá-la. Deve-se salientar a importância de assegurar força normativa à Constituição, que estabelece

---

[236] V. sobre o tema: BARROSO, Luís Roberto. Da falta de efetividade à judicialização excessiva: direito à saúde, fornecimento gratuito de medicamentos e parâmetros para a atuação judicial. *Jurisprudência Mineira*, n. 188, p. 29-60, jan./mar. 2009; SARMENTO, Daniel. A proteção judicial dos direitos sociais: alguns parâmetros ético-jurídicos. *In*: SOUZA NETO, Cláudio Pereira de; SARMENTO, Daniel. *Direitos sociais*: fundamentos, judicialização e direitos sociais em espécie, 2010. p. 553-586; PEREIRA, Jane Reis Gonçalves. Direitos sociais, estado de direito e desigualdade: reflexões sobre as críticas à judicialização dos direitos prestacionais. *Quaestio Juris*, n. 3, p. 2080-2114, 2015.

[237] GONÇALVES, Gabriel Accioly. *O desenvolvimento judicial do direito*: construções, interpretação criativa e técnicas manipulativas, 2016, p. 261-317; BRUST, Léo. *Controle de constitucionalidade*: a tipologia das decisões do STF, 2014, p. 160-211; SÁ, Fátima. Omissões inconstitucionais e sentenças aditivas. *In*: MORAIS, Carlos Blanco de (Coord.). *As sentenças intermédias da justiça constitucional*, 2009. p. 411-468.

[238] Para o debate acerca do exercício da jurisdição constitucional e capacidades institucionais, v. SUNSTEIN, Cass; VERMULE, Adrian. Interpretation and institutions. *Public Law and Legal Theory Working Paper*, n. 28, p. 1-48, 2002.

[239] Sobre a inevitabilidade de projeção das preferências pessoais dos magistrados sobre suas decisões, v. MELLO, Patrícia Perrone Campos. *Nos bastidores do Supremo Tribunal Federal*, 2015. p. 371-378.

direitos e deveres dos quais o Legislativo não pode dispor, nem por ação nem por omissão. Não bastassem tais considerações, o Poder Legislativo tem a sua própria agenda e nem sempre ela é convergente com os interesses dos representados.[240] Por fim, grupos minoritários não encontram voz nas instâncias majoritárias e são titulares de direitos constitucionais, não sendo realista esperar que seus direitos sejam contemplados pelo legislador em um contexto de sub-representação nas instâncias políticas.

Por fim, no que diz respeito à expertise necessária a endereçar questões técnicas e a antever consequências sistêmicas, é preciso, de fato, estar atento ao excesso de ambição judicial. Para tanto, além da natural autocontenção dos tribunais, doutrina e jurisprudência devem delinear *standards* restritivos e impor maior ônus argumentativo às decisões emanadas do Judiciário. Um caminho de prudência e diálogo é o do pronunciamento judicial que determine ao Executivo, por exemplo, apresentar programa de ação e cronograma para tratamento da matéria, em lugar de o próprio Judiciário procurar discipliná-la.

Conclusão

A despeito da consolidação do dogma da nulidade das normas inconstitucionais, o ordenamento jurídico brasileiro admite soluções intermediárias, que produzem efeitos que se situam entre a procedência e a improcedência da arguição de inconstitucionalidade. Essas decisões intermediárias implicam uma atuação mais criativa por parte do Judiciário, com o propósito de preservar a validade das leis impugnadas e de adequar o seu conteúdo à Constituição. No que respeita à intensidade com que se dá a atuação criativa dos juízes, o trabalho propôs a classificação das decisões intermediárias em dois tipos distintos:

(i) as *decisões interpretativas* constituem julgados por meio dos quais o intérprete atribui significado à norma, a partir do seu próprio programa normativo, ainda que esse significado não seja o mais evidente. Nesse caso, há atuação criativa do juiz,

---

[240] Para uma compreensão dos mecanismos pelos quais a vontade dos representantes eleitos pode ser divergente daqueles que os elegeram, v. LAIN, Corinna. Upside-down judicial review. *The Georgetown Law Journal*, v. 101, p. 113-183, 2012. V. também BARROSO, Luís Roberto. A razão sem voto: o Supremo Tribunal Federal e o governo da maioria. *Revista Brasileira de Políticas Públicas*, n. 5, p. 24-50, 2015.

uma vez que um sentido menos óbvio, em alguma medida, é acrescentado à norma.

(ii) as *decisões construtivas (manipulativas)* são aquelas por meio das quais o intérprete ajusta o significado das normas, adicionando-lhe ou substituindo-lhe conteúdos que não podem ser extraídos diretamente do seu programa normativo. Nessa hipótese, a atuação criativa do juiz é ainda maior, muito embora deva ser justificada à luz do ordenamento jurídico.

No gênero *decisões interpretativas*, enquadram-se as seguintes espécies de decisões proferidas pelo Supremo Tribunal Federal:

(i) *interpretação conforme a Constituição*: trata-se de técnica de decisão interpretativa por meio da qual: (a) se promove a leitura da norma infraconstitucional da forma que melhor realize o sentido e o alcance dos valores e fins constitucionais a ela subjacentes; (b) se declara a não incidência da norma a determinada situação de fato; (c) se exclui determinada interpretação reputada inconstitucional;

(ii) *declaração de nulidade parcial sem redução de texto*: intimamente relacionada à interpretação conforme, constitui uma técnica interpretativa que implica a exclusão de determinado significado que poderia ser conferido à lei, por ter sido considerado inconstitucional;

(iii) *declaração de inconstitucionalidade sem a pronúncia de nulidade e apelo ao legislador*: técnica de decisão interpretativa e apelativa que pode se dar em três situações distintas: (a) quando a declaração de inconstitucionalidade incide sobre uma omissão total; (b) quando a inconstitucionalidade é reconhecida no âmbito de uma ação direta interventiva (tendo em vista a especificidade deste instrumento); e (c) quando se declara a inconstitucionalidade da lei, mas a sua supressão é postergada, apelando-se ao legislador para que atue, de forma a evitar o vácuo normativo;

(iv) *declaração de lei ainda constitucional em trânsito para a inconstitucionalidade*: Trata-se de decisão interpretativa (e eventualmente apelativa) que, à luz de circunstâncias de fato juridicamente relevantes, mas notadamente em mutação, reconhece que a norma ainda é compatível com a Constituição, dadas particularidades da situação, mas antecipa que, uma vez findo o processo de mutação, a norma terá se tornado inconstitucional, podendo-se instar o legislador a agir antes que isso ocorra.

As *decisões construtivas (manipulativas)*, a seu turno, apresentam as seguintes espécies:

(i) *decisões aditivas*: são decisões construtivas que declaram a presença de uma inconstitucionalidade por omissão parcial – *em virtude do que a norma deixou de prever* – e, para evitar sua invalidação total, adicionam a ela o conteúdo faltante;

(ii) *decisões aditivas de princípio*: trata-se de subespécie de decisão aditiva, por meio da qual, em lugar de adicionar o conteúdo necessário a suprir a omissão parcial, estabelecem-se diretrizes e parâmetros para que o legislador ou as demais instâncias o façam, tendo em vista as particularidades dos casos concretos que são chamados a apreciar;

(iii) *decisões substitutivas*: são decisões construtivas que declaram a inconstitucionalidade de parte de uma norma *pelo que previu*, substituindo a sua porção ilegítima pelo conteúdo que a compatibiliza com a Constituição, de modo a evitar um vácuo normativo que seria ainda mais gravoso.

A atuação criativa dos tribunais em tais termos suscita múltiplas críticas, entre as quais se destacam as alegações de que tais decisões – sobretudo as construtivas (manipulativas) – ensejam: (i) violação ao princípio democrático, na medida em que implicam alteração do regime jurídico estipulado pelo legislador (através de adição ou substituição de conteúdo) por juízes não eleitos pelo voto popular; (ii) desrespeito ao princípio da separação dos poderes e ao princípio da legalidade, porque corresponderiam à atuação do juiz como legislador positivo, em usurpação de função atribuída ao legislativo e em desrespeito à lei; (iii) desrespeito ao equilíbrio orçamentário, já que algumas de tais decisões estabelecem direitos e prestações que implicam gastos não previstos no orçamento.

Por fim, a doutrina traz uma série de considerações consequencialistas acerca dos efeitos negativos decorrentes da atuação judicial criativa, como: desmobilização da cidadania na busca por direitos no espaço democrático, perpetuação do comportamento inadimplente do legislador, politização da justiça, interferência sobre normatizações que exigem expertise técnica e outros resultados adversos, de caráter sistêmico, que o Judiciário não seria capaz de antecipar.

Essas críticas são enfrentadas, de modo geral, com a ponderação de que o intérprete, ao proferir decisões manipulativas, deve adotar as seguintes cautelas: (i) desincumbir-se de um ônus reforçado de justificação da sua decisão, de modo a reconduzi-la ao ordenamento jurídico; (ii) demonstrar que a solução que se propõe para suprir a omissão normativa é *a única constitucionalmente possível* ou, havendo soluções alternativas, reduzi-las, argumentativamente, a uma única solução viável, demonstrando que as demais são inverossímeis, incompatíveis com o regime jurídico já posto pelo legislador, sistematicamente menos compatíveis com princípios constitucionais ou desproporcionais; (iii) justificar sua decisão à luz do princípio da proporcionalidade e/ou modulá-la sempre que implicar conflito com outros princípios constitucionais, como o princípio relativo ao equilíbrio orçamentário.

Os temas explorados no presente artigo são relativamente novos e pouco elaborados na teoria constitucional e na teoria da decisão judicial. Encontram-se, portanto, em fase de desenvolvimento, sujeitos a aprofundamento e aprimoramento. Ainda assim, procurou-se oferecer uma arrumação dos conceitos relevantes, investigando limites e possibilidades. Subjacente às ideias aqui expostas está a compreensão do papel da jurisdição constitucional a seguir explicitada. Uma corte suprema tem o dever de fazer valer a Constituição no máximo de suas potencialidades. Por outro lado, não deve presumir demais de si mesma, desconsiderando a deferência devida aos outros poderes. Há um equilíbrio dinâmico entre esses dois vetores, que varia em função da conjuntura institucional e da realidade fática. O papel criativo dos tribunais, como quase tudo na vida, deve combinar prudências e ousadias, fazendo o rio da história avançar, mas sem deixá-lo transbordar de suas margens.

A EDUCAÇÃO BÁSICA NO BRASIL: DO ATRASO PROLONGADO À CONQUISTA DO FUTURO

Introdução

1 O propósito do presente trabalho

O texto que se segue não tem pretensões acadêmicas ou de originalidade. Seu propósito é o de sistematizar estudos, relatórios, artigos e reflexões diversas acerca da Educação Básica no Brasil. Trata-se de uma tentativa de ampliar o interesse por um dos temas mais importantes na construção de um país, sensibilizando o público de uma maneira geral, inclusive a comunidade jurídica, que eu integro. Sou Professor na Faculdade de Direito da Universidade do Estado do Rio de Janeiro há mais de 35 anos. Tenho inúmeras opiniões e sugestões acerca do Ensino Superior, que conheço de perto. Este trabalho, no entanto, é voltado para a Educação Básica. Ele nasceu das minhas próprias inquietações na matéria e da interlocução valiosa com inúmeros especialistas, entidades e instituições dedicados ao tema.

Na sua elaboração, beneficiei-me de diversos estudos internacionais, como o *Global Education Monitoring Report*, *The Education Comission Report*, *World Bank: Early Childhood Education*, *OECD: Education Policy Outlook – Brazil*, entre outros. Também me vali de artigos, documentos e avaliações nacionais, como *INEP: anotações sobre o censo escolar* e *Censo escolar: notas estatísticas* e *Base Nacional Comum Curricular*. Destaco, também, a publicação *Educação em pauta*, coordenada por Maria Helena Guimarães Castro e Raphael Callou, patrocinada pela Organização dos Estados Ibero-Americanos. Importante mencionar, também, documentos, estudos e eventos promovidos por organizações da sociedade civil, como *Todos pela Educação, Instituto Ayrton Senna* e *Fundação Lemann*, entre muitas outras, que contribuíram para dar visibilidade e qualidade ao debate público na matéria.

2 A falsa prioridade

Por ocasião da transição do governo da Presidente Dilma Rousseff para o do Presidente Michel Temer, a grande discussão envolvendo os formadores de opinião e os meios de comunicação do país era acerca da economia. Discutia-se, assim, quais seriam os melhores nomes para o Ministério da Fazenda, para a presidência do Banco Central e para o BNDES. E quais as práticas mais eficientes, reconhecidas internacionalmente, para a retomada do desenvolvimento econômico. Eram preocupações compreensíveis, pois o país ingressava num ciclo de recessão que traria desinvestimento e desemprego. Foram escolhidos nomes respeitados e adotadas práticas saudáveis e já experimentadas, que ajudaram a pavimentar o caminho de superação da crise.

A educação, no entanto, apesar do lema grandiloquente de "Pátria educadora", não foi objeto de maior interesse ou de debate. Entrou no racha geral da política. Ficou com o DEM. Nada contra o partido e menos ainda contra a pessoa do Ministro da Educação que veio a ser nomeado e que, de resto, conseguiu realizações importantes, como a aprovação da Base Nacional Comum Curricular para o Ensino Infantil e Fundamental. Porém, ao contrário do que aconteceu com a economia, que todos queriam blindar do varejo da política, a educação não foi objeto dos mesmos debates: quais os melhores nomes e quais as experiências que deram certo mundo afora, e que poderiam ser transplantadas para o Brasil. O ponto a ser aqui realçado é que a Educação no Brasil não é tratada com a importância que merece e muito menos como prioridade. É um *slogan*. Não é só uma questão de alocar recursos, mas, sim, de traçar as estratégias adequadas e implementá-las com competência.

O Brasil precisa de um plano estratégico, suprapartidário, de curto, médio e longo prazos, implementado por quadros competentes e constantes, que não estejam à mercê dos prazos e das circunstâncias da política. Não tem sido assim. Sob os três governos do Partido dos Trabalhadores, tivemos 8 ministros: Cristovam Buarque, Tarso Genro, Fernando Haddad (que ficou mais longamente, quase 7 anos). Depois da saída de Haddad, foram 5 ministros em 4 anos e meio: Aloizio

Mercadante, Henrique Paim, Cid Gomes, Renato Janine Ribeiro e Aloizio Mercadante de novo. Sob o governo do Presidente Temer, foram dois os ministros: Mendonça Filho e Rossieli Soares da Silva. Sob a presidência de Jair Bolsonaro, até meados de 2019, dois ministros já haviam passado pela pasta: Ricardo Vélez e Abraham Weintraub. Não há política pública que resista a esse tipo de descontinuidade. Dar verdadeira prioridade à educação há de ser o grande projeto nacional, porque educação de qualidade é a premissa para o desenvolvimento econômico, o aumento da produtividade, o aprimoramento democrático, a formação de cidadãos melhores e de pessoas mais realizadas, assim como para a paz social e a elevação ética do país.[241]

3 A importância prioritária da educação básica

Começamos com grande atraso. A pretensão de universalizar o Ensino Básico no Brasil deu-se 100 anos depois dos Estados Unidos.[242] Entre nós, elites autorreferentes e extrativistas adiaram, ao longo de todo o século XX, a democratização do acesso ao ensino público. Hoje, porém, de acordo com o PNAD/IBGE 2018, esse quadro mudou substancialmente: são 48,5 milhões de matrículas no Ensino Básico. Universalizou-se o acesso para crianças de 6 a 14 anos; 92,4% das crianças de 4 e 5 anos estão na pré-escola; e 88,2% dos estudantes de 15 a 17 anos estão matriculados.[243] Houve um inegável e expressivo processo de inclusão nos últimos 20 anos.

A despeito desses avanços, os problemas ainda são dramáticos. A escolaridade média da população no Brasil é de 7,8 anos de estudo,

---

[241] A esse propósito, recebi da Professora Maria Helena Guimarães de Castro o seguinte depoimento: "Lembro que nos 8 anos de FHC tivemos um único ministro – Paulo Renato de Souza, que organizou uma equipe com quem trabalhou nos 8 anos. Fui presidente do INEP de 1995 a 2002 e por essa razão foi possível montar o sistema de avaliação (SAEB, ENEM, Provão), organizar as estatísticas educacionais que estavam defasadas desde 1990. Os demais membros da equipe também permaneceram durante toda a gestão. Um rápido olhar sobre os últimos 25 anos revela que a continuidade da gestão faz muita diferença. Haddad foi um bom ministro e também manteve uma equipe coesa".

[242] BARROS, Daniel de. As raízes do nosso fracasso educacional. *Exame*, 19 set. 2018. p. 35. Disponível em: https://exame.abril.com.br/revista-exame/as-raizes-do-nosso-fracasso-educacional/. Ver também: BARROS, Daniel de. *País mal educado*. São Paulo: Record, 2018.

[243] PNAD Contínua Educação 2018. *IBGE*. Disponível em: https://biblioteca.ibge.gov.br/visualizacao/livros/liv101657_informativo.pdf. Para uma análise de dados bastante próximos, extraídos do Censo Escolar de 2017, v. CASTRO, Maria Helena Guimarães de. Introdução à publicação. *In*: CASTRO, Maria Helena Guimarães de; CALLOU, Raphael (Coord.). *Educação em pauta*. Organização dos Estados Ibero-americanos, 2018.

inferior à média dos países do Mercosul (8,6 anos) e dos BRICs (8,8 anos).[244] Cerca de 11 milhões de jovens entre 19 e 25 anos não estudam nem trabalham, apelidados de "nem-nem".[245] A evasão escolar, desde o segundo ciclo do Ensino Fundamental e, sobretudo, no Ensino Médio, é alarmante. E a baixa qualidade do ensino produz efeitos humanos e econômicos desalentadores. Do ponto de vista humano, o ensino incompleto ou a má-formação aumentam a probabilidade de desemprego ou de subemprego. Além disso, a baixa escolaridade eleva de forma relevante a exposição à violência.[246] Do ponto de vista econômico, relatório do Banco Mundial alerta sobre a baixa produtividade do trabalhador brasileiro, circunstância que limita o crescimento e afeta a capacidade de o país distribuir riquezas.[247]

Cabe aqui apontar um paradoxo desconcertante: o país aumentou em 50% a escolaridade média da população nos últimos 30 anos, mas ganhos agregados de produtividade não ocorreram nesse período.[248] Vale dizer: as deficiências da educação no Brasil fazem com que mais anos de estudo não resultem em maior produtividade.[249] De acordo com o *The Conference Board*, organização norte-americana que reúne empresas e pesquisadores, são necessários quatro trabalhadores brasileiros para produzir o que um trabalhador americano produz.[250] Desnecessário enfatizar o impacto que isso produz na economia do país, em um momento em que a relação entre educação e crescimento se tornou mais importante.[251]

---

[244] TRINDADE, Ana Beatriz; MUNIZ, Brenda; GODOY, Lucas; PERICO, Manuela. *Reforma da educação*, 2018.

[245] OTTA, Lu Aiko. Futuro de 52% dos jovens do país está em risco, diz estudo. *Estado de São Paulo*, p. 1, 8 mar. 2018.

[246] SZABÓ, Ilona; RISSO, Melina. *Segurança pública para virar o jogo*. Rio de Janeiro: Zahar, 2018. p. 41: "Os dados do *Mapa da Violência* mostram que analfabetos ou pessoas com alfabetização deficitária têm 4.473% mais probabilidade de serem assassinados que aqueles que finalizaram o ensino médio ou estudaram mais".

[247] COMPETÊNCIAS e empregos: uma agenda para a juventude. *Banco Mundial*, 2018.

[248] FIRPO, Sergio V. O futuro da desigualdade: foco nos jovens de hoje. *Estado de São Paulo*, p. B3, 8 mar. 2018, comentando o relatório do Banco Mundial citado na nota anterior.

[249] Embora a educação tenha peso decisivo, é certo que a produtividade é explicada também por outros fatores da economia e do mercado de trabalho. Para uma correlação entre estudo, produtividade e mercado, v. os escritos do professor de Stanford Martin Carnoy, como, *e.g.*, *Globalization and educational reform*: what planners need to know, Unesco, 1999.

[250] TAKAHASHI, Fábio; SALDAÑA, Paulo. Ensino de má qualidade acentua desigualdade e violência no país. *Folha de S.Paulo*, 22 set. 2018. Caderno Especial "E agora, Brasil? Educação". p. 1.

[251] V. declaração de Candido Bracher em FURLAN, Flávia. Aprenda Brasil. *Exame*, 19 set. 2018. p. 31.

Em suma: é impossível exagerar a importância do Ensino Básico, inclusive na sua vertente profissionalizante, não sendo difícil justificar sua elevação à prioridade máxima do país. Trata-se de um ativo essencial para que as pessoas vivam uma vida melhor e maior, assim como para que o Brasil consiga furar o cerco da renda média, tornando-se verdadeiramente desenvolvido, com uma força de trabalho com produtividade em padrão mundial. O texto que se segue vai dividido em três partes. Na Parte I, apresenta-se um desenho do sistema da Educação Básica no Brasil. Na Parte II, são apontados alguns dos problemas mais graves de cada fase do ensino. E, na Parte III, são expostas algumas reflexões e ideias para enfrentamento dos problemas existentes.

Parte I
O desenho do sistema

I A legislação relevante

A educação no Brasil é regida por atos normativos de diferentes graus hierárquicos, como se anota a seguir.

1 Constituição Federal

A Constituição Federal cuida do tema da educação nos arts. 205 a 214. Ali se encontram princípios gerais, deveres do Poder Público, distribuição de competências no âmbito federativo, níveis de investimento e metas a serem atingidas, em meio a outras provisões. Destacam-se, a seguir, alguns dispositivos específicos, para fins da reflexão aqui empreendida.

Nos termos do art. 208, o dever do Estado com a educação será efetivado mediante garantia das seguintes prestações, entre outras:

a) educação básica obrigatória e gratuita dos 4 (quatro) aos 17 (dezessete) anos de idade (inc. I);

b) progressiva universalização do ensino médio gratuito;

c) educação infantil, em creche e pré-escola, às crianças até 5 (cinco) anos de idade.

O art. 209, por sua vez, estabelece que o ensino é livre à iniciativa privada. O art. 210 prevê que serão fixados conteúdos mínimos para o ensino fundamental, de maneira a assegurar formação básica comum e respeito aos valores culturais e artísticos, nacionais e regionais. E o art. 211 distribui as competências na matéria, ao estabelecer que:

a) os municípios atuarão prioritariamente no ensino fundamental e na educação infantil (§2º);

b) os estados e o Distrito Federal atuarão prioritariamente no ensino fundamental e médio.

No tocante ao financiamento da educação, o art. 212 prevê que a União aplicará, anualmente, nunca menos de 18% (dezoito por cento), e os estados, o Distrito Federal e os municípios 25% (vinte e cinco por cento), no mínimo, da receita de impostos, inclusive a proveniente de transferências intergovernamentais. Por fim, o capítulo dedicado à educação se encerra com o art. 214 com a previsão do estabelecimento de um Plano Nacional de Educação, de duração decenal, que contemple a consecução dos seguintes objetivos:

a) erradicação do analfabetismo;

b) universalização do atendimento escolar;

c) melhoria da qualidade de ensino;

d) formação para o trabalho;

e) promoção humanística, científica e tecnológica do país; e

f) estabelecimento de meta de aplicação de recursos públicos em educação como proporção do produto interno bruto.

2 Legislação ordinária

2.1 Lei de Diretrizes e Bases da Educação Nacional – LDB (Lei nº 9.394, de 20.12.1996)

A LDB disciplina as linhas gerais da educação no Brasil, estabelecendo seus princípios e objetivos, sua organização nos diferentes entes estatais, os vários níveis de educação (básico e superior), a educação profissionalizante, a educação especial, o tratamento dos profissionais da educação e os recursos financeiros, entre outros temas. Mais à frente serão expostos alguns aspectos do desenho do sistema. A LDB sofreu importantes alterações ao seu texto original ao longo dos anos, que incluíram a Lei nº 11.741, de 16.7.2008, sobre ensino profissionalizante; a Lei nº 12.796, de 4.4.2013, sobre a ordenação dos vários níveis de ensino e a Lei nº 13.415, de 16.2.2017, sobre a Base Curricular Nacional e a reforma do ensino médio. A Lei nº 13.415 estabelece uma nova arquitetura para o ensino médio brasileiro, tornando-o mais alinhado aos sistemas de países desenvolvidos e mais atraente para os jovens.

2.2 Plano Nacional de Educação – PNE (Lei nº 13.005, de 25.6.2014)

O PNE prevê um conjunto de 20 metas e mais de 250 estratégias voltadas para todos os níveis de ensino. São objetivos a serem implementados ao longo de uma década, relativamente a temas variados, que incluem educação básica, redução das desigualdades, resultados no Índice de Desenvolvimento da Educação Básica – IDEB, valorização dos profissionais da educação e ensino superior. A lei prevê, igualmente, o monitoramento das metas e um Sistema Nacional de Avaliação da Educação Básica.

3 Alguns atos internacionais

A Declaração Universal de Direitos Humanos, aprovada pela ONU, em 1948, assim dispõe acerca do direito à educação:

> Art. 26
> 1. Todo ser humano tem direito à *educação*.[252] A *educação* será gratuita, pelo menos nos graus elementares e fundamentais. A *educação* elementar será obrigatória. A *educação* técnico-profissional será acessível a todos, bem como a *educação* superior, esta baseada no mérito.
> 2. A *educação* será orientada no sentido do pleno desenvolvimento da personalidade humana e do fortalecimento do respeito pelos direitos do ser humano e pelas liberdades fundamentais. A *educação* promoverá a compreensão, a tolerância e a amizade entre todas as nações e grupos raciais ou religiosos e coadjuvará as atividades das Nações Unidas em prol da manutenção da paz.
> 3. Os pais têm prioridade de direito na escolha do gênero de *educação* que será ministrada a seus filhos.

Também contemplam expressamente o direito à educação outros tratados e convenções internacionais, como o Pacto Internacional sobre os Direitos Econômicos, Sociais e Culturais (art. 13), de 1966, e a Convenção sobre os Direitos das Crianças (art. 28), de 1990. Em outubro de 2015, a Organização das Nações Unidas definiu em um importante

---

[252] A tradução oficial para o português utiliza a palavra *instrução* em lugar de *educação*.

documento – "Transformando Nosso Mundo: A Agenda 2030 para o Desenvolvimento Sustentável" – um conjunto de 17 objetivos de desenvolvimento sustentável e 169 metas. Trata-se, como declarado, de "um plano de ação para as pessoas, o planeta e a prosperidade" para estimular a ação para os próximos 15 anos em áreas de importância crucial para a humanidade e o planeta. Em matéria de educação, estabeleceu-se o Objetivo 4, que se desdobra em um conjunto ambicioso de metas, e tem a seguinte dicção: "Assegurar a educação inclusiva e equitativa e de qualidade, e promover oportunidades de aprendizagem ao longo da vida para todas e todos".

II A educação escolar

Nos termos da LDB, a Educação Escolar compõe-se da *Educação Básica* – formada pela Educação Infantil, Ensino Fundamental e Ensino Médio – e da *Educação Superior*. Em julgamento concluído em 12.9.2018, o Supremo Tribunal Federal entendeu que a Educação Domiciliar (*Homeschooling*) é possível, à luz da Constituição da República, mas depende de prévia regulamentação legal para ser legitimamente praticada.[253]

A LDB abre um capítulo específico para a Educação Superior, que pode ser pública e privada. Nele se contêm regras gerais sobre organização e acesso, credenciamento de cursos, carga horária mínima (800 horas), o conteúdo e o alcance da autonomia universitária, o modo de financiamento das instituições controladas pela União e sua gestão democrática, em meio a muitos outros assuntos. Como antecipado na Introdução, o presente texto não cuidará da Educação Superior, mas tão somente da Educação Básica, que é tratada, igualmente, em capítulo específico, com seções dedicadas a cada fase de ensino, assim como à educação profissional técnica de nível médio e à educação de jovens adultos.

---

[253] STF, *DJU*, 12 jan. 2018, RE nº 888.815/RS, Rel. p/ acórdão Min. Alexandre de Moraes: "Constitucional. Educação. Direito fundamental relacionado à dignidade da pessoa humana e à efetividade da cidadania. Dever solidário do Estado e da família na prestação do ensino fundamental. Necessidade de lei formal, editada pelo Congresso Nacional, para regulamentar o ensino domiciliar. Recurso desprovido".

Estrutura do Sistema Educacional Brasileiro – Lei nº 9.394/1996 (LDB)

Níveis	Etapas		Duração	Faixa etária adequada
Educação Superior	Ensino Superior		Variável	Acima de 18 anos
Educação Básica	Ensino Médio		3 anos	15 – 17 anos
	Ensino Fundamental		9 anos	6 – 14 anos
	Educação Infantil	Pré-escola	2 anos	4 – 5 anos
		Creche	3 anos	0 – 3 anos

De acordo com o Censo Escolar,[254] o Brasil tem 57 milhões de estudantes, ou seja, um número que corresponde à população da França ou à soma das populações da Argentina, do Chile e do Uruguai.[255] Esse número, por si só, já dá a dimensão da complexidade na administração do sistema. Esses estudantes encontram-se assim distribuídos:

– Educação Infantil: 8,7 milhões de matrículas;
– Ensino Fundamental: 27,2 milhões de matrículas;
– Ensino Médio: 7,7 milhões de matrículas;
– Educação de Jovens e Adultos: 3,5 milhões de matrículas;
– Educação Profissional: 1,9 milhão de matrículas; e
– Educação Superior: 8 milhões de matrículas.[256]

III Descrição sumária do modelo legal da Educação Básica

A Educação Básica é obrigatória e deve ser oferecida pelo Poder Público dos 4 (quatro) aos 17 (dezessete) anos, como determinado pela Constituição. Ela pode ser prestada, também, por instituições privadas, que se enquadrarão em uma das seguintes categorias: particulares, comunitárias, confessionais e filantrópicas. A carga horária mínima exigível é de 800 (oitocentas) horas anuais, distribuídas em um mínimo

---

[254] INEP. *Resumo técnico*: censo da educação básica 2018. Disponível em: http://download.inep.gov.br/educacao_basica/censo_escolar/resumos_tecnicos/resumo_tecnico_censo_educacao_basica_2018.pdf.

[255] CASTRO, Maria Helena Guimarães de. Introdução à publicação. *In*: CASTRO, Maria Helena Guimarães de; CALLOU, Raphael (Coord.). *Educação em pauta*. Organização dos Estados Ibero-americanos, 2018. Os dados das populações de Argentina, Chile e Uruguai são do Banco Mundial, datados de 2010. Tudo indica crescimento populacional significativo de Argentina e Chile, a ser refletido no próximo censo oficial.

[256] INEP. *Resumo técnico*: censo da Educação Básica 2016.

de 200 dias de efetivo trabalho escolar. Há previsão legal de elevação progressiva dessa carga para mil horas, sendo que, no Ensino Médio, ela deverá chegar a 1.400 (mil e quatrocentas).

1 Educação infantil

A primeira etapa da Educação Básica é a Educação Infantil, ministrada de 0 a 5 anos e dividida da seguinte forma:

a) em creches para crianças de até 3 (três) anos;

b) em pré-escolas, para crianças de 4 (quatro) a 5 (cinco) anos.

Como assinalado acima, são 8,7 milhões de matrículas nessa fase da Educação Escolar. Entre 2001 e 2014, houve um progresso expressivo na Educação Infantil no Brasil. Na sua primeira fase, correspondente à *creche* (0 a 3 anos), o percentual quase dobrou.[257] No período de 2013 a 2018, as matrículas em creche cresceram 23,8%. Em 2018, o aumento foi de 5,3%. Hoje, de acordo com o Censo Escolar 2018, o atendimento nesta faixa corresponde a 32,7%. Ainda assim, há substancial espaço para a ampliação da oferta. O PNE propõe que até 2024 o atendimento chegue a 50% dessa população, o que representa uma elevação dos atuais 3,6 milhões para 5,5 milhões de matrículas.[258] Note-se, todavia, que a média dos países da Organização para a Cooperação e Desenvolvimento Econômico – OCDE, na faixa de idade até 2 anos, é de 62%.[259] Ou seja: as metas precisam ser ainda mais elevadas. Existem 69,7 mil creches no Brasil, sendo que cerca de 60% são municipais e os restantes 40% são privadas.

No mesmo período entre 2001 e 2014, o percentual de crianças entre 4 e 5 anos de idade que frequentam a *pré-escola* aumentou de 66% para 89%.[260] Pelo PNAD/IBGE 2018, esse percentual chegou a

---

[257] VELOSO, Fernando. Educação para a transformação do país. *In*: GIAMBIAGI, Fabio; ALMEIDA JR., Mansueto Facundo de (Org.). *Retomada do crescimento*: diagnóstico e propostas. Rio de Janeiro: Elsevier, 2017. p. 275.

[258] DADOS do censo escolar – Número de matrículas na educação infantil cresceu 11,1% de 2014 a 2018. *INEP*, 4 fev. 2019. Disponível em: http://portal.inep.gov.br/artigo/-/asset_publisher/B4AQV9zFY7Bv/content/dados-do-censo-escolar-numero-de-matriculas-na-educacao-infantil-cresceu-11-1-de-2014-a-2018/21206.

[259] EDUCATION at a glance 2019. *OECD*. Disponível em: https://www.oecd.org/education/education-at-a-glance/educationataglance2019-dataandmethodology.htm.

[260] VELOSO, Fernando. Educação para a transformação do país. *In*: GIAMBIAGI, Fabio; ALMEIDA JR., Mansueto Facundo de (Org.). *Retomada do crescimento*: diagnóstico e propostas. Rio de Janeiro: Elsevier, 2017.

92,4%.²⁶¹ Os números ainda são insatisfatórios, cabendo lembrar que a Constituição Federal, desde a Emenda Constitucional nº 59, de 2009, determinou a escolaridade de todas as crianças nessa faixa de idade. Há 103 mil escolas que oferecem pré-escola no Brasil e atendem a 3,5 milhões de alunos. De acordo com o Censo Escolar 2018, 23% dos alunos da pré-escola frequentam a rede privada.²⁶²

Em dezembro de 2017, foi aprovada pelo Conselho Nacional de Educação e homologada pelo MEC a Base Nacional Comum Curricular – BNCC para o Ensino Infantil e Fundamental. O Ensino Médio ficou para mais adiante. As novas Diretrizes Nacionais do Ensino Médio foram aprovadas em 21.11.2018 (Resolução CNE nº 3) e a Base do Ensino Médio foi aprovada em 17.12.2108 (Resolução CNE nº 4), completando a BNCC da Educação Básica. Embora inédito no Brasil, esse é um tipo de documento adotado em diferentes países e considerado importante para aprimorar a qualidade do ensino e estabelecer denominadores comuns mínimos de aprendizado. A seguir se voltará a fazer menção à BNCC.

2   Ensino fundamental

O Ensino Fundamental tem início aos 6 (seis) anos de idade e duração de 9 (nove) anos. O Ensino Fundamental I abrange as séries iniciais (1ª a 5ª), correspondente ao antigo Primário, e o Ensino Fundamental II compreende às séries finais (6ª a 9ª), correspondente ao antigo Ginásio. Nas séries iniciais, cada grupo de alunos é assistido por um único professor. Nas séries finais, existem tantos professores quantas sejam as disciplinas. A LDB prevê que a jornada escolar será de pelo menos 4 (quatro) horas diárias, devendo ser progressivamente ampliada até chegar à jornada de tempo integral (art. 34, §2º).

A BNCC, referida acima, descreve os objetivos de aprendizagem para todos os anos do Ensino Infantil e Fundamental, estabelecendo em detalhe o conjunto de habilidades e conhecimentos essenciais que os alunos devem dominar até o final de cada etapa. O documento vem

---

[261] PNAD contínua 2018: educação avança no país, mas desigualdades raciais e por região persistem. *Agência IBGE*, 19 jun. 2019. Disponível em: https://agenciadenoticias.ibge.gov.br/agencia-sala-de-imprensa/2013-agencia-de-noticias/releases/24857-pnad-continua-2018-educacao-avanca-no-pais-mas-desigualdades-raciais-e-por-regiao-persistem.

[262] DADOS do censo escolar – Número de matrículas na educação infantil cresceu 11,1% de 2014 a 2018. *INEP*, 4 fev. 2019. Disponível em: http://portal.inep.gov.br/artigo/-/asset_publisher/B4AQV9zFY7Bv/content/dados-do-censo-escolar-numero-de-matriculas-na-educacao-infantil-cresceu-11-1-de-2014-a-2018/21206.

sendo considerado uma referência em educação no país, e todas as escolas da rede pública e privada deverão se adaptar a ele até o início de 2020. A etapa do Ensino Fundamental é dividida em cinco áreas de conhecimento: Linguagens (Língua Portuguesa, Arte, Educação Física e Língua Inglesa), Matemática (Aritmética, Álgebra, Geometria, Estatística e Probabilidades), Ciências da Natureza (Matéria e Energia, Vida e Evolução e Terra e Universo) e Ciências Humanas (Geografia e História).

A BNCC tem por propósito diminuir as desigualdades no ensino nacional, estabelecendo um conjunto orgânico e progressivo de aprendizagens essenciais como direito das crianças, jovens e adultos no âmbito da Educação Básica que servirão de referência obrigatória para os currículos dos estados, municípios e escolas, sem tolher a diversidade e variedade cultural do país. Cada rede de ensino poderá fazer acréscimos de elementos relacionados à realidade local. A BNCC não é um currículo, mas uma orientação para que cada rede ou escola elabore os seus currículos. Vale dizer: ela determina as competências e habilidades que todos os alunos da Educação Básica deverão desenvolver. Uma das principais mudanças introduzidas pela BNCC foi antecipar o prazo para concluir a alfabetização das crianças, que passou do 3º ano para o 2º ano.

A seguir, alguns dados do Censo Escolar 2018 sobre o Ensino Fundamental. Esta fase da Educação Escolar se encontra praticamente universalizada, com mais de 99,3% das crianças entre 6 a 14 anos devidamente matriculadas, sendo 15,1 milhões nos anos iniciais (1º ao 5º ano) e 12 milhões nos anos finais (6º ao 9º ano). O Brasil possui 128.400 escolas de Ensino Fundamental.[263] Na primeira fase, a maior parte dos alunos frequenta escolas públicas municipais, sendo que 18,9% estão matriculados em escolas privadas. Um dado positivo é que no 1º ano do Ensino Fundamental, 96,8% dos alunos estão na idade adequada para a série. O problema maior, todavia, é a taxa de reprovação no 3º ano, etapa típica de um aluno de 8 anos de idade, que deveria completar o ciclo de alfabetização. De acordo com o Censo Escolar 2017, a elevação considerável da distorção idade/série no 5º ano mostra a trajetória irregular dos alunos já nos anos iniciais da sua escolarização. Nos anos

---

[263] DADOS do censo escolar 2018 – Ensino fundamental brasileiro tem quase duas escolas de anos iniciais para cada escola de anos finais. *INEP*, 6 fev. 2019. Disponível em: http://portal.inep.gov.br/artigo/-/asset_publisher/B4AQV9zFY7Bv/content/dados-do-censo-escolar-ensino-fundamental-brasileiro-tem-quase-duas-escolas-de-anos-iniciais-para-cada-escola-de-anos-finais/21206.

finais do Ensino Fundamental, municípios e estados praticamente dividem meio a meio o número total de matrículas, sendo que 15,1% dos alunos frequentam escolas privadas. Sem surpresa, o Censo constata que, na rede privada, existe maior sincronismo idade/série.

3 Ensino médio

O Ensino Médio é a etapa final da Educação Básica, com duração mínima de 3 (três) anos. De acordo com a LDB, a Base Nacional Curricular deverá definir os objetivos de aprendizagem, as competências e habilidades nas seguintes áreas de conhecimento: 1. Linguagens e suas tecnologias; 2. Matemática e suas tecnologias; 3. Ciências da natureza e suas tecnologias; 4. Ciências humanas e sociais aplicadas.

A legislação impõe, no Ensino Médio, o estudo de disciplinas obrigatórias, que incluem Língua Portuguesa e Matemática nos três anos, Língua Inglesa, Educação Física, Arte, Sociologia e Filosofia. No entanto, em inovação elogiada pelos especialistas, permitiu-se a flexibilização do currículo, com número limitado de matérias obrigatórias e a possibilidade de os sistemas de ensino (*i.e.*, os estados e os municípios) definirem "itinerários formativos" de acordo com os contextos locais, os interesses específicos dos alunos e as possibilidades a serem oferecidas.

A seguir, alguns dados do Censo Escolar de 2018. O Ensino Médio é oferecido em 28,6 mil escolas em todo o país. Com 6,5 milhões de alunos, a rede estadual tem uma participação de 84,7% no total de matrículas, concentrando 96,3% dos alunos da rede pública. A rede privada possui cerca de 932 mil alunos, o que corresponde a uma participação de 12,1% nas matrículas no Ensino Médio. Os números indicam que 95,3% das matrículas estão na zona urbana e 4,7% na zona rural.

Parte II
Alguns problemas de cada fase da Educação Básica

I Educação Infantil

A Educação Infantil conta com 8,7 milhões de alunos. Na faixa de 4 a 5 anos, cuja escolarização tornou-se obrigatória pela Constituição,[264]

---

[264] Além da previsão constitucional, foi aprovada, também, a Lei nº 13.257, de 8.3.2016, que dispõe sobre políticas públicas para a primeira infância, que compreende os primeiros 6 anos de vida. O art. 5º inclui a educação infantil como uma das "áreas prioritárias".

o atendimento ainda não consegue cumprir a universalização exigida, chegando a 92,4%. Mas não se deve minimizar o avanço numérico já obtido. Por outro lado, a faixa de 0 a 3 anos apresenta problemas de natureza quantitativa, financeira e qualitativa. A questão quantitativa já foi abordada acima: de acordo com o PNAD/IBGE 2018, o atendimento na faixa de 0 a 1 ano é de 12,5% e na faixa dos 2 a 3 anos chegou a 53,8% das crianças. Em 2005, não passava de 17%. A meta do PNE é atingir 50% até 2024. E, chegando nela, será preciso continuar a evoluir para alcançar a média da OCDE, que é de 71%. Quanto ao financiamento, investe-se 0,7% do PIB em Ensino Infantil. A média do valor anual por aluno, no Brasil, é de US$3.800, enquanto no Chile é de US$5.900 e nos países desenvolvidos US$8.700.[265] Porém, também aqui, os maiores problemas não estão associados exclusivamente a recursos financeiros, mas, sim, à gestão administrativa e qualidade.

De acordo com pesquisa realizada pelo economista Daniel Santos (USP – Ribeirão Preto) e divulgada pela *Folha de S.Paulo*,[266] o maior problema é a deficiência das creches, sobretudo as que atendem aos brasileiros mais pobres. Na interpretação dos resultados da Prova Brasil, chegou-se à conclusão surpreendente de que ter ido a uma creche de baixa qualidade chega a prejudicar o desempenho escolar de crianças mais desfavorecidas, cujas mães não chegaram a completar o Ensino Fundamental. Isso é extremamente paradoxal – e revela a má-qualidade do atendimento –, pois em todo o mundo o ensino na primeira idade impulsiona o aprendizado da criança no futuro. Essa circunstância, como intuitivo, contribui para a transmissão intergeracional da pobreza.[267] Tais creches, na verdade, têm se prestado mais à assistência a mães que trabalham e precisam deixar os filhos em lugar seguro do que propriamente à formação das crianças. Não se deve desprezar o impacto dessa utilidade, notadamente quando se trate de mães pobres em termos

---

[265] TAKAHASHI, Fábio. Creches e pré-escolas falham no atendimento à criança. *Folha de S.Paulo*, 22 set. 2018. Caderno Especial "E agora, Brasil? Educação". p. 2.

[266] TAKAHASHI, Fábio. Creches e pré-escolas falham no atendimento à criança. *Folha de S.Paulo*, 22 set. 2018. Caderno Especial "E agora, Brasil? Educação". p. 2.

[267] Sobre o ponto, ver BARNETT, W. Steven; BELFIELD, Clive R. Early childhood development and social mobility. *The Future of Children*, 16:2, 2006. p. 73. E também CALLOU, Raphael; SERIKAWA, Leonardo Kazuo dos Santos. Os desafios governamentais para o desenvolvimento integral na primeira infância, *In*: CASTRO, Maria Helena Guimarães de; CALLOU, Raphael (Coord.). *Educação em pauta*. Organização dos Estados Ibero-americanos, 2018. p. 46.

de renda. Mas não se pode pensar em uma política que beneficie as mães, se ela prejudica as crianças, no caso de creches de má qualidade.[268] Em contraste evidente, pesquisas realizadas nas creches do Rio de Janeiro demonstram que as crianças que vão para instituições consideradas de alta qualidade apresentaram idade mental e social significativamente maior do que as que foram para as piores instituições. Nessas últimas, além da crônica questão da qualificação dos professores, há número excessivo de crianças por sala (14 na creche e 21 na pré-escola contra 8 e 14 nos países desenvolvidos). E os alunos recebem poucos estímulos, sendo que, em muitos casos, ficam apenas assistindo televisão. Segundo Daniel Santos, fatores que levam a uma boa qualidade do Ensino Infantil incluem turmas menores, salas com brinquedos disponíveis para as crianças (não trancados em armários), espaços para diferentes atividades (cantinho com livros, outro com brinquedos de montar) e professores que saibam dividir bem o tempo das crianças (para brincar, para estimular e para descansar).[269]

Em suma: é preciso universalizar de fato a pré-escola, ampliar o acesso a creches e melhorar a qualidade da atenção dada ao aluno, alternando brincadeiras, estímulos cognitivos e descanso.

II   Ensino fundamental

O Ensino Fundamental, como visto, tem início aos 6 (seis) anos e divide-se entre as séries iniciais (1ª a 5ª) e séries finais (6ª a 9ª). De acordo com o Censo Escolar de 2018, são 15,1 milhões de matrículas nos anos iniciais do Ensino Fundamental, sendo que 18,9% dos matriculados frequentam escolas privadas. Nos anos finais do Ensino Fundamental, este número cai para 12 milhões, sendo 15,1% das matrículas em escolas privadas.[270] De acordo com os dados do PNAD/IBGE 2018, o percentual de crianças entre 6 e 14 anos que frequentam a escola é de 99,3%. O percentual de brasileiros que apenas concluíram o Ensino Fundamental

---

[268] Devo essa última observação a Antônio Góis.
[269] TAKAHASHI, Fábio. Creches e pré-escolas falham no atendimento à criança. *Folha de S.Paulo*, 22 set. 2018. Caderno Especial "E agora, Brasil? Educação". p. 2.
[270] A REDE privada cresceu 34,9% em oito anos. Sinopse estatística da Educação Básica 2016. INEP, 2017. Disponível em: http://inep.gov.br/web/guest/sinopses-estatisticas-da-educacao-basica.

é de 51%, que correspondem a 66,3 milhões de pessoas de 25 anos ou mais de idade.[271]

Um dado importante é a taxa de reprovação no Ensino Fundamental, que em 2016 chegava à média de 8,45%. Nos anos iniciais, o percentual de reprovação era de 5,8%, ao passo que, nos anos finais, atingia 11,1%. A taxa de abandono era de 2,1%.[272] De acordo com as anotações do Censo Escolar, elaboradas pelo Inep, há diferenças expressivas nas taxas de aprovação por série. É baixa, por exemplo, a taxa de aprovação no 3º ano, etapa típica de um aluno de 8 anos e marco atual para a conclusão do processo de alfabetização.[273] Como assinalado acima, verifica-se uma elevada distorção idade-série quando se examinam os dados do 5º ano, o que é um problema que se projeta para o restante do Ensino Básico, afetando o interesse, a autoestima e a própria permanência no sistema de Educação Escolar.

O maior problema em relação ao Ensino Fundamental é a não alfabetização da criança na idade certa. Atualmente, ela deveria se dar no 3º ano. Com a BNCC, a partir de 2020, haverá antecipação para o 2º ano. De acordo com o Censo de 2016, mais de 50% dos alunos não estavam alfabetizados no final do 3º ano do Ensino Fundamental. No Norte e Nordeste, esse percentual chega a 70%. As consequências são dificuldades de aprendizagem e relevante percentual de abandono da Educação Escolar antes da conclusão do Ensino Médio.[274]

Nada obstante, em todo o país, o Censo Escolar 2017 revela uma continuidade na tendência de melhoria no final do 5º ano, com o atingimento das metas previstas para esta primeira fase do Ensino Fundamental. Os problemas se concentram, todavia, nos anos finais:

---

[271] PNAD contínua 2016: 51% da população com 25 anos ou mais do Brasil possuíam apenas o ensino fundamental completo. *Agência IBGE*. Disponível em: https://agenciadenoticias. ibge.gov.br/agencia-sala-de-imprensa/2013-agencia-de-noticias/releases/18992-pnad-continua-2016-51-da-populacao-com-25-anos-ou-mais-do-brasil-possuiam-apenas-o-ensino-fundamental-completo.html.

[272] CAMILO, Camila. Anos finais do ensino fundamental continuam marcados por altos índices de abandono, reprovação e baixo aprendizado. *Revista Educação*, 8 maio 2017. Disponível em: http://www.revistaeducacao.com.br/anos-finais-do-ensino-fundamental-continuam-marcados-por-altos-indices-de-abandono-reprovacao-e-baixo-aprendizado/.

[273] CENSO escolar reforça desafios para universalização da educação no Brasil. *INEP*, 16 fev. 2017. Disponível em: http://inep.gov.br/artigo2/-/asset_publisher/GngVoM7TApe5/content/censo-escolar-2016-reforca-desafios-para-universalizacao-da-educacao-no-brasil/21206?inheritRedirect=false.

[274] CASTRO, Maria Helena Guimarães de. Introdução à publicação. *In*: CASTRO, Maria Helena Guimarães de; CALLOU, Raphael (Coord.). *Educação em pauta*. Organização dos Estados Ibero-americanos, 2018. p. 14.

cerca de 60% dos estudantes no final do 9º ano têm nível insuficiente de Português e Matemática. Nesta fase, as metas não foram atendidas. Como observa a educadora Cláudia Costin, o IDEB vem aumentando consistentemente nos anos iniciais, mas está estagnado nos anos finais. E, quando se atenta para o Pisa, o Brasil está na posição 63 entre 70 países.[275]

Em suma: alguns dos problemas em relação ao Ensino Fundamental incluem os índices de reprovação, a não alfabetização na idade própria, a distorção idade/série e uma estagnação na qualidade dos resultados de aprendizado entre as séries iniciais e as finais.

Cabe retomar, brevemente, a questão do analfabetismo, assinalando que a meta 9 do Plano Nacional de Educação – PNE, aprovado em 2014, era que a taxa de analfabetismo até o final de 2015 fosse 6,5%. A meta, no entanto, não foi atingida até hoje: em 2015 ela foi de 7,7%, em 2016 de 7,2%, em 2017 de 7% e em 2018 de 6,8%. O PNE prevê a erradicação do analfabetismo até 2024. O percentual atual revela, em números absolutos, 11,3 milhões de analfabetos com 15 anos ou mais no país. Registre-se, como um dado demográfico relevante, que percentual expressivo desse contingente é composto por pessoas idosas. A Pesquisa Nacional por Amostragem de Domicílios Contínua – PNAD de 2018 documenta, igualmente, a desigualdade entre regiões e entre raças.

Esses números se tornam ainda mais preocupantes quando se introduz o conceito de *analfabetismo funcional*. A expressão se aplica às pessoas entre 15 e 64 anos de idade que se situam nos níveis 1 e 2 de uma escala de 5 pontos.[276] São indivíduos incapazes de interpretar textos simples ou de fazer operações matemáticas elementares. De acordo com a edição 2018 do Indicador de Analfabetismo Funcional – INAF, divulgado pelo Instituto Paulo Montenegro e pela ONG Ação Educativa, o aumento da escolaridade da população não impediu que permanecesse alto o nível de analfabetismo funcional, avaliado em 30%. Os números, no geral, não são bons: a porcentagem de adultos no nível proficiente

---

[275] COSTIN, Claudia. A educação no Brasil não ensina a pensar. *Carta Capital*, 30 jan. 2007. Disponível em: https://www.cartacapital.com.br/blogs/vanguardas-do-conhecimento/claudia-costin-a-educacao-no-brasil-nao-ensina-a-pensar.
[276] OLIVEIRA, João Batista V. Analfabetismo funcional: novos dados, velhas realidades. *Veja*, 12 nov. 2018. Disponível em: https://veja.abril.com.br/blog/educacao-em-evidencia/analfabetismo-funcional-novos-dados-velhas-realidades/.

é de apenas 12% e, mesmo entre as pessoas com estudo superior, não ultrapassa 34%.[277]

III Ensino médio

Como visto, o Ensino Médio é ministrado em três anos, da 1ª à 3ª série, para alunos que tenham concluído o Ensino Fundamental. Idealmente, deve ser cursado entre 15 e 17 anos. Anteriormente à Lei nº 13.415, de 16.2.2017, a grade curricular do Ensino Médio compreendia Português, Matemática, Língua Estrangeira, História, Geografia, Física, Química, Biologia, Filosofia, Sociologia, Artes e Educação Física. Como anotado acima, a nova redação da LDB elegeu quatro áreas de conhecimento – 1. Linguagens e suas tecnologias; 2. Matemática e suas tecnologias; 3. Ciências da natureza e suas tecnologias; 4. Ciências humanas e sociais aplicadas – e permitiu a flexibilização do currículo, que terá 60% de disciplina comuns e o restante dividido entre disciplinas eletivas, itinerários formativos interdisciplinares e cursos técnicos.

De acordo com o Censo Escolar de 2018, o número de matrículas é de 7,7 milhões, sendo que 12,1% são em escolas privadas. De acordo com a PNAD/IBGE 2018, 47,4% das pessoas de 25 anos ou mais completaram o Ensino Médio.[278] A taxa de reprovação é de 10,5%, sendo que o índice de insucesso na 1ª série do Ensino Médio é o maior de todos na Educação Básica.[279] A taxa de abandono cresceu exponencialmente nos últimos anos, chegando à medida de 11%,[280] e tornou-se um dos

---

[277] Não se deve, com esses dados, reforçar a percepção equivocada de que a educação do passado era boa, embora para poucos, e que agora estamos gerando analfabetos funcionais. Em verdade, o número de analfabetos funcionais nas gerações mais idosas é ainda maior. V. GÓIS, Antônio. Apologia do desastre. *O Globo: blog de Antônio Góis*, 21 jan. 2019. Disponível em: https://blogs.oglobo.com.br/antonio-gois/post/apologia-do-desastre.html.

[278] PNAD contínua 2018: educação avança no país, mas desigualdades raciais e por região persistem. *Agência IBGE*, 19 jun. 2019. Disponível em: https://agenciadenoticias.ibge.gov.br/agencia-sala-de-imprensa/2013-agencia-de-noticias/releases/24857-pnad-continua-2018-educacao-avanca-no-pais-mas-desigualdades-raciais-e-por-regiao-persistem.

[279] TAXA de reprovação no Ensino Médio. *Observatório da Criança e do Adolescente*. Disponível em: https://observatoriocrianca.org.br/cenario-infancia/temas/ensino-medio/564-taxa-de-reprovacao-no-ensino-medio?filters=1,133.

[280] A evasão é de 3,6% na rede particular, 5,6% na rede federal, 9,4% na rede municipal e 12,2% na rede estadual, que é a principal ofertante da etapa. V. EVASÃO escolar no ensino médio alcança 11% do total de alunos, apontam dados do Censo. *G1*, 20 jun. 2017. Disponível em: https://g1.globo.com/educacao/noticia/abandono-no-ensino-medio-alcanca-11-do-total-de-alunos-apontam-dados-do-censo-escolar.ghtml.

maiores problemas da educação brasileira.²⁸¹ Aproximadamente 32% dos jovens entre 15 e 17 anos não estão matriculados no Ensino Médio.²⁸² Também são apontados como problemas o baixo percentual de ensino profissionalizante²⁸³ e o baixo índice de acesso ao Ensino Superior.²⁸⁴

1 O problema da evasão escolar no Ensino Médio

Existem no Brasil cerca de 10 milhões de jovens entre 15 e 17 anos que deveriam estar na escola. De acordo com os dados disponíveis, 1,5 milhão desses jovens sequer se matricula no início do ano letivo. Cerca de 700 mil abandonam a escola durante o ano letivo. E, ainda, 600 mil são reprovados por faltas. Isso significa que quase 3 milhões de jovens entre 15 e 17 anos estão fora da escola, um percentual entre 25 e 30%.²⁸⁵

Em números do Censo Escolar 2018, divulgado pelo INEP, em 2017 foram 7.709.929 matrículas no Ensino Médio.²⁸⁶ Há dois problemas dignos de nota. O primeiro é que somente um percentual entre 69 e 70% está de fato na idade certa frequentando o Ensino Médio. Esta defasagem na idade – alunos que concluem o Ensino Fundamental já mais velhos, com mais de 16 ou 17 anos – contribui para outro problema, possivelmente o mais grave, que é a evasão escolar no Ensino Médio, que chega a 11,2%. Embora tenha havido uma queda nesse indicador negativo – em 2007 esse percentual foi de 14,5% –, trata-se de um

---

[281] LOPES, João. O maior problema da educação no Brasil. *IstoÉ*, 27 set. 2013. Disponível em: https://istoe.com.br/326686_O+MAIOR+PROBLEMA+DA+EDUCACAO+DO+BRASIL/.

[282] Em 2018, a taxa de escolarização líquida no Ensino Médio foi de 68%. A taxa de escolarização líquida representa a razão entre o número de matrículas de alunos com idade prevista (15 a 17 anos) para estar cursando determinada etapa de ensino e a população total na mesma faixa etária. V. TAXA de escolarização bruta e líquida no Ensino Médio. *Observatório da Criança e do Adolescente*. Disponível em: https://observatoriocrianca.org.br/cenario-infancia/temas/ensino-medio/565-taxa-de-escolarizacao-bruta-e-liquida-no-ensino-medio?filters=1,135. Seguindo essa lógica, seria possível afirmar que aproximadamente 32% dos jovens entre 15 e 17 anos não estão matriculados no Ensino Médio.

[283] EDUCATION at a glance 2016. *OECD*. Disponível em: http://www.keepeek.com/Digital-Asset-Management/oecd/education/education-at-a-glance-2016/brazil_eag-2016-44-en#.WhC-V1d7vv9.

[284] EDUCATION at a glance 2016. *OECD*. Disponível em: http://www.keepeek.com/Digital-Asset-Management/oecd/education/education-at-a-glance-2016/brazil_eag-2016-44-en#.WhC-V1d7vv9.

[285] BARROSO, Ricardo Paes de. Políticas públicas para redução do abandono e evasão escolar de jovens. *Insper*. Disponível em: https://www.insper.edu.br/wp-content/uploads/2018/09/Pol%C3%ADticas-públicas-para-a-redução-do-abandono-e-evasão-escolar-de-jovens.pdf.

[286] FERREIRA, Paula; SOUZA, André de. Censo Escolar 2017: cai o número de matrículas na educação básica. *O Globo*, 31 jan. 2018. Disponível em: https://oglobo.globo.com/sociedade/educacao/censo-escolar-2017-cai-numero-de-matriculas-na-educacao-basica-22347576.

percentual extremamente preocupante. Cabe lembrar que o Plano Nacional de Educação estabeleceu como meta para 2016 ter 100% dos jovens cursando o Ensino Médio.

As consequências negativas dessa realidade impactam tanto a vida das pessoas como a do país. Quem concluiu o Ensino Médio ganhará, aos 35 anos, mais do dobro de quem não concluiu e terá mais de 50% de chance de um emprego formal, com carteira assinada.[287] Pais que terminam o Ensino Médio deflagram um círculo positivo para seus filhos, que também tendem a concluí-lo, e no tempo certo.[288] Para o país, há graves consequências sociais, econômicas e financeiras.

Jovens fora da escola são muito mais propensos à violência e à criminalidade, aumentando o risco de se envolverem com tráfico de drogas e organizações criminosas. Há uma estimativa de que, para cada jovem que não conclui o Ensino Médio, o país tem gasto de R$18 mil a mais no combate ao crime.[289] No plano da saúde, estima-se que o custo social de um jovem que não conclui o Ensino Médio seja de R$28 mil.[290] No plano econômico, o jovem que não concluiu o Ensino Médio não empregará um número significativo de pessoas nem contribuirá de forma mais qualificada para o mercado de trabalho. Isso significa que o país deixará de atrair investimentos e aumentar sua riqueza. Estima-se que o custo de oportunidade seja da ordem de R$49 mil por jovem que não conclui o Ensino Médio.[291]

De acordo com cálculos da organização *Politize*, considerando que a cada ano 1 milhão de jovens não conclui o Ensino Médio, e, levando em conta os números acima, chegamos aos R$100 bilhões por ano de custo social da evasão escolar para o país.

E quais são as causas da evasão escolar? São numerosas e de natureza bem diversa. Sequer é fácil sistematizá-las. Ainda assim,

---

[287] EVASÃO escolar: 5 fatos sobre jovens fora da escola. *Politize*. Disponível em: https://www.politize.com.br/evasao-escolar-jovens-5-fatos/.
[288] EVASÃO escolar: 5 fatos sobre jovens fora da escola. *Politize*. Disponível em: https://www.politize.com.br/evasao-escolar-jovens-5-fatos/.
[289] EVASÃO escolar: 5 fatos sobre jovens fora da escola. *Politize*. Disponível em: https://www.politize.com.br/evasao-escolar-jovens-5-fatos/.
[290] EVASÃO escolar: 5 fatos sobre jovens fora da escola. *Politize*. Disponível em: https://www.politize.com.br/evasao-escolar-jovens-5-fatos/.
[291] EVASÃO escolar: 5 fatos sobre jovens fora da escola. *Politize*. Disponível em: https://www.politize.com.br/evasao-escolar-jovens-5-fatos/.

justifica-se a empreitada. Algumas delas, segundo a Pesquisa Nacional por Amostra de Domicílios Contínua – PNAD Contínua, do IBGE:[292]

1. o motivo principal para o afastamento da escola foi a *necessidade de trabalhar* (41% dos jovens, sendo 50,5% dos homens e 30,5% das mulheres);[293]
2. a segunda causa é a *falta de atratividade*, isto é, o jovem perde o interesse no sistema educacional, pela dificuldade em fazer a correlação entre o que aprende e a vida prática, bem como pela falta de empatia e pertencimento[294] (19,7% estão fora do sistema educacional por falta de interesse);
3. em terceiro lugar, vem a dificuldade de aprendizado e o *histórico de repetências*, que compromete a ambição e a autoestima dos jovens, geralmente os mais pobres.[295]

Há outras causas importantes.[296] Sobretudo nas áreas rurais e nas periferias urbanas, faltam escolas e vagas próximas à residência dos jovens. A isso se soma o transporte público precário e, com frequência, a própria dificuldade de custear a passagem. No caso das meninas, há dois outros fatores relevantes: a necessidade de cuidar dos afazeres domésticos ou de outras pessoas afasta 26% delas da escola; e a gravidez precoce, embora tenha tido certo declínio recente, é responsável pelo afastamento de 18% das mulheres que pararam de estudar. Envolvimento em atividades ilícitas, vicissitudes da pobreza (falta de alimentação, vestuário, recursos para a compra de materiais) e baixa resiliência

---

[292] BLOWER, Ana Paula; GRANDELLE, Renato. Evitar evasão escolar é um dos principais desafios do país, dizem especialistas. *O Globo*, 22 fev. 2017. Disponível em: https://oglobo.globo.com/sociedade/evitar-evasao-escolar-um-dos-principais-desafios-do-pais-dizem-especialistas-22220342.

[293] BLOWER, Ana Paula; GRANDELLE, Renato. Evitar evasão escolar é um dos principais desafios do país, dizem especialistas. *O Globo*, 22 fev. 2017. Disponível em: https://oglobo.globo.com/sociedade/evitar-evasao-escolar-um-dos-principais-desafios-do-pais-dizem-especialistas-22220342.

[294] BLOWER, Ana Paula; GRANDELLE, Renato. Evitar evasão escolar é um dos principais desafios do país, dizem especialistas. *O Globo*, 22 fev. 2017. Disponível em: https://oglobo.globo.com/sociedade/evitar-evasao-escolar-um-dos-principais-desafios-do-pais-dizem-especialistas-22220342.

[295] O 1º ano do Ensino Médio apresenta as taxas mais preocupantes de reprovação e de repetência, superiores a 15%. V. MILHORANCE, Flavia. Ensino (abaixo do) médio. *Projeto Colabora*, 10 nov. 2017. Disponível em https://projetocolabora.com.br/ods4/primeiro-ano-do-ensino-medio-tem-recorde-de-evasao/.

[296] COMBATER a evasão e o abandono escolar é viabilizar o futuro. Galeria de Estudos e Avaliação de Iniciativas Públicas. *Gesta*. Disponível em: http://gesta.org.br/tema/engajamento-escolar/#infografico.

emocional (*bullying*, desentendimentos com alunos e professores, problemas na família) são outros fatores a serem considerados. Em suma: políticas públicas nessa matéria não têm uma fórmula única, por terem que lidar com variáveis múltiplas e complexas.

Parte III
Reflexões gerais e ideias para os problemas existentes

I   Os sistemas de avaliação

Qualquer política pública séria precisa basear-se em diagnósticos precisos acerca da realidade sobre a qual pretende atuar. Para tanto, é imperativo que existam sistemas de avaliação destinados a aferir a qualidade da educação praticada no país e a identificação dos seus principais problemas. Esses sistemas permitem a formulação adequada de políticas baseadas em evidências. Desde 1990 existe no Brasil o Sistema Nacional de Avaliação da Educação Básica – Saeb. A partir de 1995, o Saeb passou a adotar metodologia que permite a comparabilidade dos resultados de desempenho dos alunos em Leitura e Matemática ao longo dos anos. Trata-se de um conjunto de avaliações destinadas a apurar conhecimento e habilidades dos alunos, bem como diversos fatores que impactam a qualidade do ensino, entre os quais infraestrutura, perfil dos diretores, mecanismos de gestão, perfil dos professores etc. O Saeb foi desenvolvido e é administrado pelo Inep – Instituto Nacional de Estudos e Pesquisas Educacionais Anísio Teixeira, autarquia vinculada ao Ministério da Educação. O funcionamento do sistema de avaliações é indispensável, pois sem informações confiáveis não há como avançar. Por isso mesmo, ele precisa ser monitorado e constantemente aperfeiçoado.

A esse propósito, a partir de 2019, todas as avaliações foram agrupadas sob a denominação Saeb (acompanhada da etapa correspondente). Até 2018, o Saeb adotava nomenclaturas diferentes para cada etapa, de acordo com o público-alvo, referidas como: Avaliação Nacional de Alfabetização – ANA, Avaliação Nacional da Educação Básica – Aneb e Avaliação Nacional do Rendimento Escolar – Anrec, também conhecida como Prova Brasil. As aplicações se concentrarão nos anos ímpares, e a divulgação do resultado nos anos pares. As médias de desempenho do Saeb, juntamente com os dados sobre aprovação, obtidos no Censo Escolar, compõem o Índice de Desenvolvimento da Educação Base – Ideb.[297]

O Saeb é obrigatório para as escolas públicas e facultativo para as escolas privadas. O objetivo do Saeb é avaliar os sistemas de ensino e as escolas. Existem outros exames, com ênfase em outros aspectos. O Enem – Exame Nacional do Ensino Médio, por exemplo, embora seja utilizado, também, para avaliar a qualidade do Ensino Médio no país, passou a servir, sobretudo, como critério de acesso ao ensino superior nas universidades públicas. Já o *Programme for International Student Assessment* – Pisa constitui uma avaliação internacional, coordenada pela Organização para a Cooperação e Desenvolvimento Econômico – OCDE, que testa estudantes de 15 anos de idade de 70 (setenta) países nas áreas de Leitura, Matemática e Ciências. De acordo com a prova de 2015, os brasileiros amargaram o 59º lugar em Leitura, o 63º em Ciências e o 66º em Matemática.

II Atração e capacitação de professores

Se você olhar vai verificar que por trás de toda pessoa excepcional há um grande professor.
(Stephen Hawking)[298]

Um dos consensos mais poderosos em matéria de educação é a importância da qualidade do professor no processo de aprendizado. Esta é uma das áreas mais complexas e problemáticas da educação brasileira, que envolve inúmeras variáveis entre as quais: a) a atratividade da carreira de professor do Ensino Básico; b) a formação desses professores; c) a carreira em si, incluindo salários e outros incentivos e desincentivos; d) as condições de trabalho, incluindo infraestrutura das escolas e dos equipamentos; e e) a educação continuada. O que ocorreu no Brasil foi que o esforço em universalizar o acesso à Educação Básica, a partir da década de 1990, ampliou o recrutamento de professores e dificultou o investimento na sua formação, salários e condições de trabalho.[299]

---

[297] SAEB. *Portal INEP*. Disponível em: http://portal.inep.gov.br/web/guest/educacao-basica/saeb.
[298] HAWKING, Stephen. *Brief answers to the big questions*, 2018. p. 201.
[299] ALVAREZ, Luciana. Carreira de professor sofre com precariedade. *Folha de S.Paulo*, 22 set. 2019. Caderno Especial "E agora, Brasil? Educação". p. 7.

No tocante à *atratividade*, são poucos os que desejam se tornar professores. E os que optam pela carreira estão entre os estudantes de pior desempenho. De acordo com estudo do Todos pela Educação, 70% dos ingressantes em Pedagogia em 2015 obtiveram notas no Enem abaixo da média nacional.[300] Os cursos de *formação inicial* não são voltados para os desafios práticos da sala de aula e para a motivação dos alunos, além de investirem pouco no uso da tecnologia para fomentar o aprendizado. A *carreira* tem problemas de baixa remuneração, poucos incentivos para o professor que permanece em sala de aula, promoções automáticas por tempo de serviço independente de desempenho, além de estabilidade. A tudo se soma o baixo reconhecimento e o escasso prestígio social. Singapura, Coreia do Sul e Finlândia tornaram o ingresso na carreira mais concorrido e mais seletivo.[301] As *condições de trabalho* também são problemáticas: falta segurança para o professor em muitas escolas públicas, além da falta quase absoluta de laboratórios, escassez de quadras de esportes, dificuldades de acesso à internet e mesmo ausência de esgotamento sanitário. Por fim, os programas de *educação continuada* padecem dos mesmos problemas dos cursos de formação inicial, sem conectar os professores com as demandas específicas de sala de aula e os avanços tecnológicos. De pouco adianta o acúmulo de certificados.

Em seu documento *Educação Já*, o Todos pela Educação inclui entre suas diretrizes na matéria:

> - Dar continuidade ao processo de elaboração da Base Nacional Comum para Formação de Professores da Educação Básica, visando definir conhecimentos e competências profissionais esperados de todo professor, como forma de nortear o conjunto das políticas docentes no País;
> - Implementar medidas visando elevar a seletividade dos cursos de formação inicial de professores e atrair alunos com alto desempenho escolar no ensino médio para a carreira docente, tais como o estabelecimento de pontuação mínima no Enem para ingresso nos cursos de Pedagogia e Licenciaturas e a oferta de bolsas de estudo durante a graduação para jovens com alto desempenho no Enem; [...]
> - Criar Prova Nacional a ser feita pelos concluintes dos cursos de Pedagogia e Licenciaturas, exigindo conhecimentos mínimos para o exercício da docência no Brasil; [...]
> - Introduzir nos planos de carreira critérios de progressão e incentivos da melhoria efetiva da prática pedagógica.

---

[300] EDUCAÇÃO já! *Todos pela Educação*, 2018. p. 40.
[301] FURLAN, Flávia. As raízes do nosso fracasso educacional. *Exame*, 19 set. 2018. p. 36.

III Escola em tempo integral

A ampliação do número de horas na escola, passando de uma média próxima a 5 horas para uma média em torno de 8 horas é vista como importante para o avanço da Educação Básica, tanto no Ensino Fundamental como no Médio. Por isso mesmo, a Meta 6 do Plano Nacional de Educação (Lei nº 13.005/2014), com diretrizes, metas e estratégias para o período de 2014 a 2024, prevê "oferecer educação em tempo integral em, no mínimo, 50% das escolas públicas, de forma a atender, pelo menos, 25% dos (as) alunos (as) da educação básica". Por evidente, há consenso entre os especialistas de que não basta aumentar o tempo de permanência na escola; é a qualidade do que a escola proporcionará nesse tempo acrescido que fará a diferença. Para atingir esses objetivos, o PNE inclui, entre as estratégias a serem adotadas, medidas curriculares, extracurriculares, melhoria de instalações etc., como, exemplificativamente:

> 6.1) promover, com o apoio da União, a oferta de educação básica pública em tempo integral, por meio de atividades de acompanhamento pedagógico e multidisciplinares, inclusive culturais e esportivas, de forma que o tempo de permanência dos (as) alunos (as) na escola, ou sob sua responsabilidade, passe a ser igual ou superior a 7 (sete) horas diárias durante todo o ano letivo, com a ampliação progressiva da jornada de professores em uma única escola;
> 6.2) instituir, em regime de colaboração, programa de construção de escolas com padrão arquitetônico e de mobiliário adequado para atendimento em tempo integral, prioritariamente em comunidades pobres ou com crianças em situação de vulnerabilidade social.

Os dois Estados que mais se destacaram nos resultados do Ideb 2017 – Espírito Santo e Pernambuco – adotaram programas de escolas em tempo integral.[302] A permanência por tempo ampliado na escola é adotada por inúmeros países que apresentam bons resultados em educação, como Finlândia, Coreia do Sul, Japão e Estados Unidos. O tempo extra, aproveitado com qualidade, deve incluir atividades extraclasse que contribuam para o desenvolvimento intelectual e social das crianças, inclusive esportes, atividades culturais e tecnológicas,

---

[302] SEMES, Laís. Ensino Médio: experiências de PE, ES e GO se destacam. *Nova Escola*, 4 set. 2018. Disponível em: https://novaescola.org.br/conteudo/12531/ensino-medio-experiencias-de-pe-es-e-go-se-destacam.

lazer e aprimoramento dos hábitos de higiene. Como intuitivo, tudo exige professores qualificados e infraestrutura adequada, dois itens importantes na agenda da educação brasileira. A Lei nº 13.415, de 16.2.2017, previu, expressamente, a instituição, no âmbito do Ministério da Educação, de uma política de fomento à implementação de escolas de nível médio em tempo integral, com repasse de verbas federais (art. 13, parágrafo único). A despeito disso, os números relativos à escola em tempo integral ainda são bastante insatisfatórios: de acordo com o Inep, em 2016, o percentual de alunos era de 6,4% no Ensino Médio e de 9,1% no Ensino Fundamental.[303]

IV Ensino profissionalizante

De acordo com a OCDE, uma das importantes deficiências da Educação Básica no Brasil é o baixo percentual de alunos cursando ensino profissionalizante e técnico: na média dos países integrantes daquela organização, 44% dos estudantes do curso secundário (Ensino Médio) participam de cursos profissionalizantes ou técnicos. No Brasil, este percentual seria de apenas 8%.[304] Rafael Lucchesi, em artigo específico sobre o tema, afirma que este percentual é um pouco mais elevado, chegando a 11,1%.[305] Mas ainda é bastante insatisfatório. Esses cursos dão uma profissão e empregabilidade bem maior para trabalhadores que só cursaram até o nível médio, elevando sua qualificação e sua renda.

Tal déficit, além de reduzir as chances de emprego, como assinalado, contribui decisivamente para a baixa produtividade do trabalhador brasileiro. Segundo Lucchesi, "um dos desafios do Brasil, neste momento, é oferecer a todos os brasileiros uma escola que dialogue com o universo profissional". A Lei nº 13.415, de 16.2.2017, que reformulou o Ensino Médio, incluiu expressamente a "formação técnica e profissional" na grade de ensino, que poderá ser oferecida

---

[303] CENSO Escolar 2016 reforça desafios para universalização da educação no Brasil. *Portal INEP*, 16 fev. 2017. Disponível em: http://portal.inep.gov.br/artigo/-/asset_publisher/B4AQV9zFY7Bv/content/censo-escolar-2016-reforca-desafios-para-universalizacao-da-educacao-no-brasil/21206.

[304] EDUCATION at a glance 2016. *OECD*. Disponível em: http://www.keepeek.com/Digital-Asset-Management/oecd/education/education-at-a-glance-2016/brazil_eag-2016-44-en#.WhC-V1d7vv9.

[305] LUCCHESI, Rafael. Educação profissional: a base para a competitividade do Brasil. *In*: CASTRO, Maria Helena Guimarães de; CALLOU, Raphael (Coord.). *Educação em pauta*. Organização dos Estados Ibero-americanos, 2018. p. 137.

pela própria escola ou em parceria com outras instituições. É preciso, todavia, criar condições para a implantação dessa lei e, ainda segundo Lucchesi, rever o marco regulatório da aprendizagem profissional, para ampliar a sinergia com o Ensino Médio.[306]

V Fim da indicação estritamente política dos diretores de escola

Diretores de escola devem ser a liderança da comunidade acadêmica. Cabe a eles organizar os serviços, inspirar os professores, motivar os alunos e administrar os recursos financeiros, humanos e materiais. Com a aprovação da Base Nacional Comum Curricular, caberá a eles, também, implementá-la.[307] O cargo exige habilidades intelectuais, emocionais e sociais, além de capacidade de gestão. Embora não haja um critério objetivo único para a escolha do diretor da escola, a maioria dos especialistas defende uma indicação de pessoas qualificadas para o cargo, com formação específica, e não a que se baseia em juízos puramente políticos. Ainda assim, de acordo com levantamento do IBGE referente a 2014, diretores de escolas da rede municipal de ensino são escolhidos apenas com base em indicação política em 74% dos municípios brasileiros.[308]

Estudos apontam o impacto positivo de um bom diretor sobre o aprendizado dos alunos e os indicadores educacionais da escola em geral. Teresina é um bom exemplo, tendo se tornado a capital brasileira em que os alunos têm o melhor aprendizado de Português e Matemática em todo o país.[309] Além da continuidade das políticas públicas, um dos segredos de Teresina foi retirar a indicação política para o cargo de diretor de escola, privilegiando critérios técnicos, com submissão dos escolhidos

---

[306] LUCCHESI, Rafael. Educação profissional: a base para a competitividade do Brasil. *In*: CASTRO, Maria Helena Guimarães de; CALLOU, Raphael (Coord.). *Educação em pauta*. Organização dos Estados Ibero-americanos, 2018. p. 140; 147.

[307] Sobre o tema, ver TAKAHASHI, Fábio; CAESAR, Gabriela; PORTILHO, Lucas. 45% dos diretores da rede pública chegam ao cargo por indicação. *Folha de S.Paulo*, 30 set. 2017. Disponível em: https://www1.folha.uol.com.br/seminariosfolha/2017/09/1922961-45-dos-diretores-da-rede-publica-chegam-ao-cargo-por-indicacao.shtml.

[308] SOARES, Will. 74% das cidades usam só indicação política para nomear diretor de escola. *G1*, 26 ago. 2015. Disponível em: http://g1.globo.com/educacao/noticia/2015/08/74-das-cidades-usam-so-indicacao-politica-para-nomear-diretor-de-escola.html.

[309] FURLAN, Flávia. Aprenda Brasil. *Exame*, 19 set. 2018. p. 26.

a cursos de gestão e liderança.³¹⁰ Também em São Paulo inovou-se na matéria, com a realização de concurso específico para diretores, com formação de gestão e permanência no cargo dependente de resultados. É preciso que lideranças políticas se comprometam com a Meta 19 do Plano Nacional de Educação, que em suas estratégias prevê a adoção de critérios técnicos e de desempenho, assim como a participação da comunidade escolar. É o seguinte o teor da Meta 19:

> Assegurar condições, no prazo de 2 (dois) anos, para a efetivação da gestão democrática da educação, associada a critérios técnicos de mérito e desempenho e à consulta pública à comunidade escolar, no âmbito das escolas públicas, prevendo recursos e apoio técnico da União para tanto.

VI Ênfase na Educação Infantil

De acordo com documento do Banco Mundial, o investimento na Educação Infantil é uma das coisas mais inteligentes que um país pode fazer para eliminar a pobreza extrema, fomentar a prosperidade e criar capital humano necessário para as economias se diversificarem e crescerem.³¹¹

Idealmente, a Educação Infantil deve começar ainda na barriga da mãe, e a matrícula em creche deve se dar nos primeiros meses de vida. Por muitas razões. Uma delas: em um país ainda com muita pobreza e muitos lares desfeitos, a escola muitas vezes será o único espaço onde a criança será tratada com respeito, afeto e valores.³¹² É claro que, desejavelmente, a família deve ter participação ativa na educação da criança e, na medida do possível, a escola deve procurar envolvê-la. Na verdade, um bom programa na primeira infância consegue ajudar a família inteira. Esta e outras ideias são defendidas pelo vencedor do Prêmio Nobel da Economia James Heckman, a seguir resumidas.³¹³

---

³¹⁰ FURLAN, Flávia. Aprenda Brasil. *Exame*, 19 set. 2018. p. 26.
³¹¹ EARLY childhood development. *Banco Mundial*. Disponível em: http://www.worldbank.org/en/topic/earlychildhooddevelopment.
³¹² Naturalmente, a matrícula em creche se torna menos importante em situações familiares mais favoráveis, em que no próprio lar a criança possa receber respeito, valores e afeto, além de vocabulário adequado e outros elementos cognitivos e emocionais.
³¹³ HECKMAN, James. Invest in early childhood development: reduce deficits, strengthen the economy. *The Heckman Equation*, 7 dez. 2012. Disponível em: https://documentcloud.adobe.com/link/track?uri=urn%3Aaaid%3Ascds%3AUS%3A0824622e-d65d-4764-b36b-d62390e87464. Acesso em: 25 jul. 2019; HECKMAN, James. A importância da educação

Segundo ele, a ciência já reuniu evidências de que o aprendizado de uma criança pode começar desde a barriga da mãe. Nos primeiros anos de vida, o cérebro se desenvolve em velocidade frenética e tem um enorme poder de absorção. Até os 5, 6 anos a criança aprende em ritmo espantoso. As primeiras impressões e experiências preparam o terreno sobre o qual o conhecimento e as emoções vão se desenvolver mais tarde. Uma criança que tenha sido alvo de elevados incentivos conquistará uma vantagem para o resto da vida. E conclui ele: "Países que não investem na primeira infância apresentam índices de criminalidade mais elevados, maiores taxas de gravidez na adolescência e de evasão no ensino médio e níveis menores de produtividade no mercado de trabalho, que é fatal".[314]

Pesquisadores na área de neurociência afirmam que o cérebro se desenvolve num processo contínuo, mas o período mais ativo acontece nos primeiros anos. E que, na primeira infância, o cérebro é mais suscetível às influências do ambiente – para o bem e para o mal. Além disso, os primeiros anos são cruciais para as crianças aprenderem as chamadas funções executivas, que são os processos mentais que permitem desenvolver liberdades como planejar, executar uma tarefa com atenção e memorizar uma informação para utilizá-la mais adiante.[315]

A Educação Infantil deve incluir *nutrição*, juntamente com as atividades de desenvolvimento físico, cognitivo, linguístico e socioemocional. A falha em prover alimentação, valores, conhecimentos básicos, respeito e afeto na primeira idade produz consequências irreversíveis na vida da pessoa. Pesquisas realizadas ou divulgadas pelo Banco Mundial constataram que:

a) a estimulação às crianças na primeira idade significou um aumento de 25% nos seus ganhos futuros – equiparando-as a adultos que cresceram em lares afortunados;[316]

---

infantil: entrevista a Monica Weinberg. *Revista Veja*, 22 set. 2017. Disponível em: https://veja.abril.com.br/revista-veja/james-heckman-nobel-desafios-primeira-infancia/.

[314] HECKMAN, James. A importância da educação infantil: entrevista a Monica Weinberg. *Revista Veja*, 22 set. 2017. Disponível em: https://veja.abril.com.br/revista-veja/james-heckman-nobel-desafios-primeira-infancia/. Sobre as pesquisas mais recentes de Heckman, v. referência e comentários em GÓIS, Antônio. Efeito entre gerações. *O Globo: blog de Antônio Góis*, 10 jun. 2019. Disponível em: https://blogs.oglobo.globo.com/antonio-gois/post/efeito-entre-geracoes.html.

[315] SALGADO, Eduardo. A nova fronteira da educação. *Exame*, 26 out. 2016. O autor da matéria ouviu diversos especialistas sobre o tema, cujas ideias foram aqui resumidas.

[316] GERTLER, P. et al. Labor market returns to an early childhood intervention in Jamaica. *Pubmed*, 30 maio 2014. Disponível em: https://www.ncbi.nlm.nih.gov/pubmed/24876490.

b) crianças que se beneficiam da Educação Infantil permanecem na escola uma média de um ano a mais, e têm maior probabilidade de serem empregadas em trabalhos mais qualificados;[317]
c) cada dólar investido em Educação Infantil dá um retorno de 6 a 17 dólares.[318]

Em suma: a Educação Infantil em creches deve ter início poucos meses após o nascimento e constitui um dos mais importantes investimentos que o Estado pode fazer. Ela não exclui nem substitui o papel da família, mas pode, em muitas circunstâncias, superar carências domésticas. Por isso mesmo, ela deve ser elevada a um patamar prioritário e incluir, além de programas de aprendizado e estímulos diversos, nutrição, valores e afeto. A Educação Infantil prepara melhor a criança para a vida desde a primeira idade, além de repercutir sobre o tempo de escolaridade e sobre a renda futura.

Algumas experiências com programas de visitação periódica também se revelaram de valia em diferentes partes do mundo e podem ser uma alternativa mais em conta até se chegar à universalização do ensino infantil na primeira idade.[319]

VII Financiamento e gestão

De acordo com documentos internacionais endossados pela Unesco, os parâmetros de referência para o financiamento interno da educação são os seguintes: 4 a 6% do Produto Interno Bruto – PIB e 15 a 20% da despesa pública.[320] No tocante ao percentual da despesa pública, há norma constitucional expressa fixando o percentual mínimo de aplicação de recursos em educação, nos termos do art. 212 da Carta da República:

---

[317] EARLY Childhood development. *Banco Mundial*. Disponível em: http://www.worldbank.org/en/topic/earlychildhooddevelopment.

[318] HECKMAN, James. Research summary: the lifecycle benefits of an influential childhood program. *The Heckman Equation*. Disponível em: https://heckmanequation.org/resource/research-summary-lifecycle-benefits-influential-early-childhood-program/.

[319] SALGADO, Eduardo. A nova fronteira da educação. *Exame*, 26 out. 2016. Nessa linha, foi lançado no Brasil o programa Criança Feliz, instituído pelo Decreto nº 8.869, de 5 out. 2016.

[320] GLOBAL EDUCATION MONITORING REPORT TEAM. *Education for people and planet*: creating sustainable futures for all, Global education monitoring report. Unesco, 2016. Disponível em: https://unesdoc.unesco.org/ark:/48223/pf0000245725.

Art. 212. A União aplicará, anualmente, nunca menos de dezoito, e os Estados, o Distrito Federal e os Municípios vinte e cinco por cento, no mínimo, da receita resultante de impostos, compreendida a proveniente de transferências, na manutenção e desenvolvimento do ensino.

No que diz respeito ao percentual do PIB, o investimento em educação no Brasil tem crescido de forma significativa ao longo dos anos, havendo passado de 3,9% em 2005 para 6% em 2018, segundo o documento do Tesouro Nacional intitulado *Aspectos fiscais da educação no Brasil*.[321] Trata-se de percentual superior à média dos países da OCDE, que é de 5,5%, e supera a de países como Argentina (5,3%), Colômbia (4,7%), Chile (4,8%), México (5,3%) e Estados Unidos (5,4%). Um dos dados que chama a atenção no documento é que o gasto primário da União em educação totalizou R$117,2 bilhões, sendo R$75,4 bilhões com Educação Superior e R$34,6 bilhões em Educação Básica. De acordo com levantamento da OCDE publicado em 2017, mas com dados de 2014, o Brasil gastava US$3,8 mil com os alunos da Educação Básica, contra uma média US$8,7 mil nos países da OCDE no primeiro ciclo do Ensino Fundamental e de US$10,5 mil no segundo ciclo. Já no Ensino Superior, o gasto por aluno era bem mais elevado, chegando à média de US$11.666 por aluno, enquanto nos países da OCDE essa média é de US$16.143.[322] Vale dizer: o investimento por aluno do Ensino Superior é três vezes maior que o investimento no aluno do Ensino Básico, sendo que existem 8 milhões de estudantes em universidades e 48,6 milhões no Ensino Básico.[323] Uma constatação importante: embora o percentual da renda nacional destinada à educação seja significativo, como a renda nacional é baixa, os gastos absolutos por aluno ficam bem abaixo da média dos países de renda mais elevada.[324]

---

[321] ASPECTOS fiscais da educação no Brasil. *Tesouro Nacional*, 2018. Disponível em: http://www.tesouro.fazenda.gov.br/documents/10180/617267/CesefEducacao9jul18/4af4a6db-8ec6-4cb5-8401-7c6f0abf6340.

[322] EDUCATION at a glance 2017. *OECD*. Disponível em: https://read.oecd-ilibrary.org/education/education-at-a-glance-2017/indicator-b1-how-much-is-spent-per-student_eag-2017-16-en#page1.

[323] FERNANDES, Daniela. Educação: Brasil está entre os que menos gastam com ensino primário, mas tem investimento "europeu" em universidade, diz OCDE. *BBC Brasil*, 12 set. 2017. Disponível em: https://www.bbc.com/portuguese/brasil-41236502. Acesso em: 11 ago. 2019: "Em média, os membros da OCDE gastam quase a metade a mais por estudante do ensino universitário do que com os do primário, diz o documento, 'enquanto Brasil e México gastam três vezes mais'".

[324] EDUCAÇÃO já! *Todos pela Educação*, 2018. p. 63.

De acordo com a Constituição Federal e a Lei de Diretrizes e Bases, a oferta de Educação Básica é da responsabilidade de estados, Distrito Federal e municípios. À União cabe a coordenação da política nacional de educação, articulando os diferentes níveis e sistemas. Para tanto, exerce, em primeiro lugar, uma competência normativa, por via da qual legisla sobre normas gerais da educação, edita decretos e atos normativos do Conselho Federal de Educação. Além disso, a coordenação nacional envolve três outras funções: a) *redistributiva*, que exerce, principalmente, por meio da complementação do Fundo de Manutenção e Desenvolvimento da Educação Básica e da Valorização dos Profissionais da Educação – Fundeb; b) *supletiva*, que desempenha por meio de transferências via Fundo Nacional de Desenvolvimento da Educação – FNDE; c) *planejamento e avaliação*, por meio do sistema nacional de informações, da avaliação educacional e dos planos nacionais de educação.[325]

As três principais fontes de financiamento da Educação Básica são as seguintes:

(i) o mínimo de 25% das receitas de impostos dos estados, do Distrito Federal e dos municípios, inclusive transferências, nos termos do art. 212 da Constituição;

(ii) as cotas estaduais e municipais da contribuição social do salário educação (CF, art. 212, §§5º e 6º);

(iii) as transferências da União Federal, tanto as legais ou obrigatórias, *e.g.* Programa Nacional de Alimentação Escolar – PNAE, Programa Dinheiro Direto na Escola – PDDE e Programa Nacional de Apoio ao Transporte Escolar – PNATE, quanto as transferências voluntárias ou discricionárias da União, como exemplo, o programa Mais Educação.[326]

Boa parte dos valores correspondentes à vinculação mínima – item (i) acima – é distribuída por meio do Fundeb, que corresponde

---

[325] ABREU, Mariza. Desafios do financiamento da educação básica no Brasil. *In*: CASTRO, Maria Helena Guimarães de; CALLOU, Raphael (Coord.). *Educação em pauta*. Organização dos Estados Ibero-americanos, 2018. p. 102; e ASPECTOS fiscais da educação no Brasil. *Tesouro Nacional*, 2018. Disponível em: http://www.tesouro.fazenda.gov.br/documents/10180/617267/CesefEducacao9jul18/4af4a6db-8ec6-4cb5-8401-7c6f0abf6340.

[326] ABREU, Mariza. Desafios do financiamento da educação básica no Brasil. *In*: CASTRO, Maria Helena Guimarães de; CALLOU, Raphael (Coord.). *Educação em pauta*. Organização dos Estados Ibero-americanos, 2018. p. 102.

a aproximadamente 60% dos recursos da Educação Básica.[327] Previsto no art. 60 do Ato das Disposições Constitucionais Transitórias e regulamentado pela Lei nº 11.494/2007, o Fundo tem a seguinte mecânica: cada estado e o Distrito Federal têm o seu próprio Fundo, composto por impostos e transferências de que são titulares e que são vinculados à educação por determinação constitucional. Quando o Fundo estadual não atinge determinado patamar de recursos em face do número de alunos matriculados, a União faz uma complementação, visando a promover equidade.[328]

Normalmente, nove estados têm se beneficiado da complementação do Fundeb feita pela União, sendo sete na região Nordeste (Alagoas, Bahia, Ceará, Maranhão, Paraíba, Pernambuco e Piauí) e dois na região Norte (Amazonas e Pará).[329] Embora de caráter temporário, com previsão de término em 2020, há razoável consenso de que o Fundeb ou outro Fundo que o substitua deve se tornar permanente, já existindo propostas no Congresso a esse respeito. Além da complementação do Fundeb, com seu caráter redistributivo, a União também desempenha uma função supletiva por intermédio do FNDE, cujos recursos proveem de diversas fontes, com destaque para o salário educação e loterias.[330] São de sua responsabilidade programas que subsidiam itens como alimentação, transporte escolar, livros didáticos e custeio básico das escolas.[331] A Meta 20 do PNE prevê a elevação do investimento em educação pública para

---

[327] EDUCAÇÃO já! *Todos pela Educação*, 2018. p. 68.
[328] O Portal do Fundo Nacional de Desenvolvimento da Educação traz a seguinte definição: "Fundo de Manutenção e Desenvolvimento da Educação Básica e de Valorização dos Profissionais da Educação – Fundeb é um fundo especial, de natureza contábil e de âmbito estadual (um fundo por estado e Distrito Federal, num total de vinte e sete fundos), formado, na quase totalidade, por recursos provenientes dos impostos e transferências dos estados, Distrito Federal e municípios, vinculados à educação por força do disposto no art. 212 da Constituição Federal. Além desses recursos, ainda compõe o Fundeb, a título de complementação, uma parcela de recursos federais, sempre que, no âmbito de cada Estado, seu valor por aluno não alcançar o mínimo definido nacionalmente. Independentemente da origem, todo o recurso gerado é redistribuído para aplicação exclusiva na educação básica" (SOBRE o Fundeb. *FNDE*. Disponível em: https://www.fnde.gov.br/financiamento/fundeb).
[329] ABREU, Mariza. Desafios do financiamento da educação básica no Brasil. *In*: CASTRO, Maria Helena Guimarães de; CALLOU, Raphael (Coord.). *Educação em pauta*. Organização dos Estados Ibero-americanos, 2018. p. 102.
[330] PERGUNTAS e respostas: o que é e o que faz o FNDE? *Todos pela Educação*, 26 mar. 2018. Disponível em: https://www.todospelaeducacao.org.br/conteudo/perguntas-e-respostas-o-que-e-e-o-que-faz-o-fnde.
[331] ASPECTOS fiscais da educação no Brasil. *Tesouro Nacional*, 2018. Disponível em: http://www.tesouro.fazenda.gov.br/documents/10180/617267/CesefEducacao9jul18/4af4a6db-8ec6-4cb5-8401-7c6f0abf6340.

10% até 2024, objetivo que, na conjuntura atual, enfrentará os obstáculos trazidos pela Emenda Constitucional nº 95, de 2016, que fixou o teto dos gastos. A expectativa é que recursos arrecadados com a exploração do pré-sal possam viabilizar o cumprimento da meta.

Existe consenso entre os especialistas – e comprovações empíricas mundo afora – de que a mera injeção de recursos, sem aprimoramento da gestão, sem projetos concretos e consistentes, não é capaz de trazer resultados significativos. Segundo Ricardo Paes de Barros, o Brasil foi um dos países que mais elevou o gasto com educação nos últimos anos, sem que esse esforço tivesse se refletido em progressos, seja nos indicadores de aprendizagem, seja em uma maior inclusão escolar.[332] Foi com melhorias na gestão, no período entre 2011 e 2015, que Portugal conseguiu, pela primeira vez, ultrapassar a nota média dos países da OCDE.[333] Na verdade, o Brasil precisa, simultaneamente, aumentar o investimento e melhorar a gestão.

Conclusão

Como antecipado ao início, o presente artigo não tem qualquer pretensão acadêmica ou de originalidade. Seu propósito era expor de forma simples o desenho da Educação Básica no Brasil, identificar os seus principais problemas e debater ideias para solucioná-los. Ao final da exposição, é possível assentar algumas conclusões importantes:

1. O maior problema do Ensino Fundamental é a não alfabetização da criança na idade certa. A esse fato se somam os índices de reprovação e a distorção idade-série.
2. O maior problema do Ensino Médio é a evasão escolar, que atinge um percentual de 11,2%. Cerca de 3 milhões de jovens entre 15 e 17 anos estão fora da escola. Esses dados os tornam mais suscetíveis ao desemprego, ao subemprego na informalidade, à violência e ao crime.
3. Crianças ao final do Ensino Fundamental e jovens ao final do Ensino Médio apresentam grande déficit de aprendizado, não tendo aprendido habilidades mínimas de Linguagem e

---

[332] SALDAÑA, Paulo. Não basta elevar o investimento, é preciso realizar plano concreto. *Folha de S.Paulo*, 22 set. 2018. Caderno Especial "E agora, Brasil? Educação". p. 4.
[333] FURLAN, Flávia. Aprenda Brasil. *Exame*, 19 set. 2018. p. 29.

de Matemática. Tal conclusão decorre das avaliações tanto do Saeb, conduzido pelo Inep, quanto do Pisa, realizado pelo OCDE.

4. As metas de erradicação do analfabetismo ainda não foram alcançadas. Mais preocupante ainda é a questão do analfabetismo funcional, que se manifesta na incapacidade de interpretar textos simples ou de realizar operações matemáticas elementares.

5. A atração de quadros qualificados para o magistério do Ensino Fundamental, o aprimoramento da sua formação inicial e da educação continuada, bem como os estímulos adequados para a carreira são imprescindíveis para a elevação da qualificação da Educação Básica no país. Bons professores, preparados, motivados e inspirados são o coração do processo educacional.

6. Pesquisas demonstram que o investimento mais inteligente e rentável em matéria de educação está na primeira infância, começando nos primeiros dias de vida. Isso é especialmente válido para crianças que proveem de lares desestruturados. Essa é a hora de proporcionar nutrição, afeto, respeito, valores e capacidades cognitivas, pois o cérebro, no início do seu desenvolvimento, absorve como esponja as informações e os estímulos que recebe.

7. Em meio a muitos outros fatores – alguns já mencionados nos itens precedentes –, contribuirão para a elevação da qualidade da Educação Básica no Brasil a escola em tempo integral, o ensino profissionalizante, o fim da indicação estritamente política de diretores de escola, a ampliação do financiamento (com caráter permanente ao Fundeb) e, muito notadamente, o aprimoramento da gestão.

COMO SALVAR A AMAZÔNIA: PORQUE A FLORESTA EM PÉ VALE MAIS DO QUE DERRUBADA[334][335]

Introdução – Amazônia: segurança humana, desenvolvimento sustentável e prevenção de crimes

I   Apresentação do tema

O artigo que se segue foi escrito para servir de base à conferência a ser proferida no XIV Congresso das Nações Unidas sobre Prevenção do Crime e Justiça Criminal, originariamente previsto para abril de 2020, em Kyoto, no Japão. A pandemia da Covid-19, no entanto, impôs o adiamento do evento.[336] A preocupação central do trabalho é identificar as causas do desmatamento da Amazônia brasileira, bem como superar a indiferença e o desconhecimento que ainda prevalecem em círculos importantes acerca da gravidade do problema. Ao longo do texto, após breve apresentação geopolítica da região amazônica, procura-se demonstrar o risco real de perecimento da floresta, os mecanismos perversos que têm levado à sua destruição e quais os caminhos para sua preservação.

A Amazônia ou Bacia Amazônica ocupa uma área em torno de 7 milhões de km², correspondentes a cerca de 40% da América do Sul[337] e

---

[334]   Trabalho desenvolvido em parceria com Patrícia Perrone Campos Mello.
[335]   Este artigo foi publicado na *Revista de Direito da Cidade*, v. 12, p. 331, 2020.
[336]   O evento terminou sendo realizado por videoconferência em 10.3.2021. A apresentação oral pode ser vista no *link* https://www.youtube.com/watch?v=rzvUvBkqG8Q&t=17s.
[337]   BARBOSA, Luiz C. *The guardians of the Brazilian Amazon Forest*. Londres: Routledge, 2015. p. 1.

a 67% das florestas tropicais do mundo.³³⁸ Aproximadamente 5.500.000 km² são de densa floresta tropical. A região compreende o território de 9 países,³³⁹ mas 60% de sua extensão situa-se no Brasil. Cerca de 27 milhões de brasileiros vivem na chamada Amazônia Legal.³⁴⁰ ³⁴¹ Como se aprofundará ao longo do presente estudo, a Amazônia é a maior reserva de biodiversidade do mundo, tendo influência decisiva na estabilidade climática do Brasil e do planeta, entre outras razões, pela retenção de carbono, por seu papel no regime de chuvas e como curso de água doce que deságua no Oceano Atlântico. A região também é o *habitat* de uma variedade de povos e culturas, inclusive dezenas de tribos indígenas, algumas sem contato com a civilização.³⁴² Desde os anos 70 do século passado, formou-se uma crítica dualidade acerca do tratamento a ser dado à floresta: de um lado os desenvolvimentistas e, de outro, os ambientalistas. O presente trabalho explorará essa tensão, em busca do equilíbrio possível entre as duas vertentes. Já se adianta, desde logo, no entanto, que o desmatamento é visto pelos autores como um fato grave, indesejável e que compromete negativamente a região, o país e o planeta.

A análise levada a efeito neste texto tem como fio condutor três conceitos essenciais na matéria: segurança humana, desenvolvimento sustentável e prevenção de crimes ambientais. A expressão *segurança humana* constitui ampliação e aprofundamento de ideias como dignidade humana, direitos fundamentais e mínimo existencial (*basic needs*), sedimentadas, sobretudo, depois da 2ª Guerra Mundial.³⁴³ Em apertada

---

[338] RAIO X da Ocupação da Amazônia. *Imazon*, ago. 2013. Disponível em: https://imazon.org.br/imprensa/a-amazonia-em-numeros/. Acesso em: 10 maio 2020.

[339] Bolívia, Brasil, Colômbia, Equador, Guiana Francesa, Guiana, Peru, Suriname e Venezuela.

[340] O governo brasileiro criou o conceito de Amazônia Legal, que inclui, além dos estados da região Norte (Acre, Amapá, Amazonas, Pará, Rondônia e Roraima), também o Mato Grosso, Tocantins (região Centro-Oeste) e o Oeste do Maranhão (região Nordeste). V. Lei nº 5.173, de 27.10.1966 e Lei Complementar nº 124, de 3.1.2007. Interessante observar que a Amazônia Legal abrange não apenas o bioma de floresta tropical, mas também o cerrado e o pantanal.

[341] SUPERINTENDÊNCIA DE DESENVOLVIMENTO DA AMAZÔNIA – SUDAM. *Boletim Amazônia*, Belém, n. 2, 2016. p. 11. Disponível em: http://www.sudam.gov.br/conteudo/menus/centraldeconteudo/boletimamazonia/2%20-BOLETIM%20AMAZ%C3%94NIA%20-%20Volume%202%20(Revisado_V2).pdf. Acesso em: 2 abr. 2020.

[342] São 170 povos indígenas e estima-se que 46 deles são isolados ou de pouco contato. V. ABRAMOVAY, Ricardo. *Amazônia*: por uma economia de conhecimento da natureza. São Paulo: Elefante, 2019. p. 55.

[343] Segurança humana é um conceito multidimensional, centrado no indivíduo, abrangendo sete domínios: (i) pessoal (integridade física), (ii) econômico (renda básica), (iii) alimentar (nutrição mínima), (iv) saúde (proteção contra doenças), (v) comunitário (proteção da diferença e

síntese, é possível dizer que ela se materializa em três liberdades essenciais e complementares: a de não ter medo, a de não passar privações materiais e a de viver com dignidade.³⁴⁴ O significado de *desenvolvimento sustentável* foi delineado nos últimos 50 anos em diferentes encontros e documentos internacionais.³⁴⁵ Desde a clássica formulação do Relatório Brundtland, de 1987, desenvolvimento sustentável vem sendo definido como aquele que satisfaz as necessidades do presente, sem comprometer a capacidade das futuras gerações de satisfazerem suas próprias necessidades,³⁴⁶ assegurando o equilíbrio adequado entre crescimento econômico, proteção ambiental e progresso social. São três, portanto, os seus pilares: social, ecológico e econômico.³⁴⁷ ³⁴⁸ Por fim, o grande papel do direito penal é o de funcionar como *prevenção geral de crimes (deterrence)*, dissuadindo os indivíduos de cometê-los pela probabilidade real de serem punidos. A falta de fiscalização e de repressão adequada dos crimes ambientais dá incentivos comportamentais errados, que contribuem para a degradação da Amazônia.

---

dos valores identitários), (vi) liberdades políticas (direitos, liberdades e participação) e (vii) ambiental (proteção contra a degradação ambiental) (UNITED NATIONS. *United Nations Development Program, Human Development Report*. Oxford: Oxford University Press, 1994. p. 3; 24-33).

³⁴⁴ Relatório do Secretário Geral (*Report of the Secretary General*). *In*: UNITED NATIONS. General Assembly. *Larger freedom*: towards development, security and human rights for all, 2005.

³⁴⁵ Alguns marcos dessa trajetória foram a reunião do Clube de Roma, de 1972, a ECO 92, no Rio de Janeiro, e a aprovação, em 2015, dos Objetivos de Desenvolvimento Sustentável.

³⁴⁶ UNITED NATIONS. *Our common future*, 1987.

³⁴⁷ Entre os Objetivos do Desenvolvimento Sustentável, aprovados pela ONU, em 2015, o Objetivo 15 assim prevê: "Proteger, recuperar e promover o uso sustentável dos ecossistemas terrestres, *gerir de forma sustentável as florestas*, combater a desertificação, deter e reverter a degradação da terra e deter a perda de biodiversidade".

³⁴⁸ Instituições como a Unesco sugerem um quarto pilar, que seria a educação, inclusive ambiental. SUSTAINABLE development. *Unesco*. Disponível em: https://en.unesco.org/themes/education-sustainable-development/what-is-esd/sd. Acesso em: 24 jan. 2020. Para uma síntese da evolução do conceito de desenvolvimento sustentável no direito internacional, v. VARELLA, Marcelo Dias. O surgimento e a evolução do direito internacional do meio ambiente: da proteção da natureza ao desenvolvimento sustentável. *In*: BARROS-PLATIAU, Ana Flávia; VARELLA, Marcelo Dias (Org.). *Proteção internacional do meio ambiente*. UNITAR – United Nations Institute for Training and Reasearch, UniCEUB – Centro Universitário de Brasília e UNB – Universidade de Brasília, 2009. p. 6-25. Disponível em: https://repositorio.uniceub.br/jspui/handle/235/11334. Acesso em: 12 mar. 2020.

Parte I
O quadro atual: o risco de perecimento da floresta

I A mudança climática

Desde a primeira Revolução Industrial, em meados do século XVIII, a temperatura da Terra vem subindo,[349] fenômeno identificado como aquecimento global ou, de forma mais abrangente, mudança climática.[350] A maior parte dos cientistas afirma que o fenômeno da mutação climática se deve, sobretudo, à ação humana,[351] embora existam, ainda, céticos e negacionistas.[352] O Painel Intergovernamental sobre Mudança Climática, criado em 1988, no âmbito das Nações Unidas, para consolidar o conhecimento científico na matéria, considera que a probabilidade de o homem ser responsável pelo aquecimento global é superior a 90%.[353] É fora de dúvida que o planeta está em fase de aquecimento e muitas das consequências já podem ser sentidas em diferentes partes do mundo, como o derretimento das calotas polares, a elevação do nível do mar, a extinção de espécies e o número crescente de situações climáticas extremas (como furacões, enchentes, secas e ondas de calor). A principal causa do aquecimento global é a emissão de gases de efeito estufa – que aumentam a retenção de calor na atmosfera –, decorrente, sobretudo, da queima de combustíveis fósseis[354] e de mudanças no uso e cobertura do solo, associados à agricultura,

---

[349] A temperatura global já aqueceu 1º C desde a Revolução Industrial. E, segundo estimativas, terá se elevado em 3º C até o final desse século, ultrapassando o teto de 2º C fixado pelo Acordo de Paris e o anunciado esforço para que não superasse 1,5º C.

[350] V. ROMM, Joseph. Is there a difference between global warming and climate change? *The Years Project.* Disponível em: https://theyearsproject.com/ask-joe/difference-global-warming-climate-change/. Acesso em: 28 jan. 2020: "Mudanças climáticas ou mudanças climáticas globais são geralmente consideradas uma expressão cientificamente mais precisa do que aquecimento global, como a NASA explicou em 2008, em parte porque as mudanças nos padrões de precipitação e no nível do mar provavelmente terão um impacto humano muito maior do que temperaturas sozinhas".

[351] SCIENTIFIC consensus: Earth's climate is warming. Global Climate Change. *NASA.* Disponível em: https://climate.nasa.gov/scientific-consensus/. Acesso em: 28 jan. 2020.

[352] V. 31,000 scientists say "no convincing evidence". *Open Source Systems, Science, Solution.* Disponível em: http://ossfoundation.us/projects/environment/global-warming/myths/31000-scientists-say-no-convincing-evidence. Acesso em: 28 jan. 2020; DEMELLE, Brendan. Top ten climate deniers. *Before the Flood.* Disponível em: https://www.beforetheflood.com/explore/the-deniers/top-10-climate-deniers/. Acesso em: 28 jan. 2020.

[353] CLIMATE change 2007: Synthesis report. *IPCC.* Disponível em: https://www.ipcc.ch/site/assets/uploads/2018/02/ar4_syr_full_report.pdf. Acesso em: 28 jan. 2020.

[354] WHAT is the greenhouse effect? Global Climate Change *NASA.* Disponível em: https://climate.nasa.gov/faq/19/what-is-the-greenhouse-effect/. Acesso em: 8 mar. 2020.

pecuária, manuseio de lixo e desmatamento.³⁵⁵ Mas há outros fatores associados ao uso do solo, como agricultura, pecuária, manuseio de lixo e desmatamento. E aí entra a questão da Amazônia, cuja área de floresta foi reduzida em escala grandiosa nas últimas décadas. Florestas tropicais desempenham papel destacado na mitigação climática, por sua capacidade de retenção de carbono, como já observado.

Três documentos internacionais patrocinados pela ONU vêm procurando enfrentar diretamente o problema da mudança climática: (i) a Convenção-Quadro sobre Mudança Climática, de 1992; (ii) o Protocolo de Kyoto, concluído em 1997, mas que só entrou em vigor em 2005; e (iii) o Acordo de Paris, vigente desde o final de 2016. Está prevista para 2023 uma avaliação geral dos resultados obtidos. Já se antecipa que as metas de redução das emissões não terão sido alcançadas e que, ademais, têm se revelado insuficientes. O quadro geral é agravado pela decisão dos Estados Unidos de se retirarem do Acordo de Paris. Não por acaso, no Fórum Econômico Mundial de 2020, em Davos, na Suíça, as maiores preocupações e discussões de lideranças políticas, econômicas e intelectuais gravitaram em torno do aquecimento global, da mudança climática e da perda de biodiversidade.³⁵⁶ Sintomaticamente, como noticiado pela imprensa, a estrela do evento foi a jovem ativista sueca Greta Thunberg, e não os chefes de Estado que lá compareceram. Mudança climática e sustentabilidade são temas que finalmente vão ingressando no *mainstream* do pensamento mundial, fato que já começa a impactar decisões econômicas, financeiras, comerciais e regulatórias. O desinvestimento em combustíveis fósseis vem se tornando uma exigência global.³⁵⁷ E crescem os reclamos por um "novo capitalismo", mais humano, ecológico e igualitário.³⁵⁸

---

³⁵⁵ JIA, Gensuo; SHEVILAKOVA, E.; ARTAXO, Paulo *et al.* Land-climate interactions, in Climate Change and Land: an IPCC special report on climate change, desertification, land degradation, sustainable land management, food security, and greenhouse gas fluxes in terrestrial ecosystems. *IPCC*, 2019. Disponível em: https://www.ipcc.ch/site/assets/uploads/sites/4/2019/11/05_Chapter-2.pdf. Acesso em: 11 maio 2020.

³⁵⁶ WORLAND, Justin. How Davos became a climate change conference. *Time*, 27 jan. 2020.

³⁵⁷ CARRINGTON, Damian. Greta Thunberg tells world leaders to end fossil "madness". *The Guardian*, 10 jan. 2020; WHAT is fossil fuel divestment. *Fossil Free Divestment*. Disponível em: https://gofossilfree.org/divestment/what-is-fossil-fuel-divestment/. Acesso em: 28 jan. 2020.

³⁵⁸ O ex-vice presidente dos Estados Unidos, Al Gore, afirmou: "A versão de capitalismo que nós temos hoje no mundo precisa ser reformada" ("The version of capitalism we have today in our world must be reformed"), segundo reportou WORLAND, Justin. How Davos became a climate change conference. *Time*, 27 jan. 2020, em que acrescentou: "É pertinente dizer que o tema oficial do encontro de Davos deste ano é "capitalismo melhor".

II A importância da Floresta Amazônica

Estima-se que a Floresta Amazônica exista há 55 milhões de anos,[359] havendo notícia de que seja habitada por seres humanos há pelo menos 11.200 anos.[360] Trata-se da maior floresta tropical do mundo, que desempenha um papel crítico no equilíbrio ecológico do planeta, por múltiplas razões. Em primeiro lugar, por sua extraordinária *biodiversidade*, constituindo a maior concentração de plantas, animais, fungos, bactérias e algas da Terra.[361] Desnecessário enfatizar que a derrubada da floresta produz a extinção de espécies, com imprevisíveis consequências sistêmicas para o meio ambiente.[362]

Uma segunda razão para a importância da Floresta Amazônica é o seu papel no ciclo da água e no regime de chuvas, com implicações por todo o continente sul-americano, por meio da *evotranspiração*[363] e da *atração e transferência de umidade* dos oceanos para o interior do continente. A evotranspiração ocorre quando árvores e plantas absorvem água do solo para realizar a fotossíntese[364] e para se resfriar. Essa água é liberada pelos poros das folhas, sob a forma de vapor, transformando-se em

---

[359] MORLEY, Robert J. *Origin and evolution of tropical rainforest*. Chichester: Wiley, 2000.

[360] ROOSEVELT, A. C.; M. COSTA, Lima da; MACHADO, C. Lopes; MICHAB, M. *et al*. Paleoindian cave dwellers in the Amazon: the peopling of the Americas. *Science*, v. 272, p. 373, 1996.

[361] Estima-se que existam na região cerca de 60.000 espécies de plantas (das quais 30.000 de plantas superiores, sendo mais de 2.500 espécies de árvores), 2,5 milhões de espécies de artrópodes (insetos, aranhas, centopeias etc.), 2.000 espécies de peixes e 300 de mamíferos (CÂMARA DOS DEPUTADOS. Comissão de Integração Nacional, Desenvolvimento Regional e da Amazônia. Disponível em: https://www2.camara.leg.br/atividade-legislativa/comissoes/comissoes-permanentes/cindra/amazonia-legal/mais-informacoes-sobre-a-amazonia-legal. Acesso em: 21 jan. 2019).

[362] Em recente entrevista à *BBC News Mundo*, o biólogo Sean B. Carroll, rememorando pesquisas pioneiras de Robert Paine, Jim Estes e Mary Power, citou exemplos diversos de conexões ocultas completamente inesperadas entre as criaturas e a natureza, demonstrando a importância das chamadas espécies-chave para a preservação da biodiversidade. É preciso anos de pesquisas de campo para identificá-las. Alguns exemplos, em variados ecossistemas, são estrelas do mar, lontras-marinhas, certos tipos de peixes fluviais, baleias ou lobos. Alguns são predadores, outros são alimentos, mas todos são indispensáveis para a preservação de outras espécies. V. VENTURA, Dalila. La banda de científicos que descobrió las reglas que rigen la vida en el planeta y puso de cabeza nuestra visión del mundo. *BBC News Mundo*, 12 jan. 2020. Disponível em: http://www.cgp168.com/?mundo/noticias-51012368. Acesso em: 31 jan. 2020.

[363] Evotranspiração é a combinação de dois processos do ciclo da água: evaporação da água do solo e da vegetação e transpiração das plantas, liberando vapor na atmosfera.

[364] Explicada de uma maneira simples, fotossíntese é a transformação de energia solar em energia química. É um processo que requer luz solar, água e dióxido de carbono. Plantas (e alguns outros organismos) absorvem e combinam esses três elementos, produzindo açúcar (glucose) e oxigênio. V. WHAT is photosynthesis? *Smithsoniam Science Education*

nuvens.³⁶⁵ O fenômeno se processa com grande absorção de calor da superfície, resfriando a atmosfera e, ao mesmo tempo, devolvendo-lhe umidade. A umidade produz nuvens de chuva que reabastecem o solo da própria floresta. Além disso, a Floresta Amazônica atrai e transfere grandes volumes de umidade do oceano para outras regiões por meio de "rios voadores": fluxos atmosféricos de vapor que conectam áreas doadoras de umidade com áreas receptoras de umidade, contribuindo para irrigar outras bacias hidrográficas.³⁶⁶

Em terceiro lugar, a floresta desempenha função de grande importância na mitigação do aquecimento global, absorvendo e armazenando dióxido de carbono, por meio da fotossíntese. Como intuitivo, com o desmatamento, ela não apenas deixa de absorver carbono como o libera de volta na atmosfera.³⁶⁷ Especialistas afirmam, todavia, não ser correta a crença de que a Amazônia seja o "pulmão do mundo". A floresta, na verdade, absorve todo o oxigênio que produz. A expressão, em rigor, poderia ser aplicada às algas nos oceanos, que desempenham papel muito mais importante na produção de oxigênio.³⁶⁸

III Recuo e avanço do desmatamento

Até o início dos anos 60 do século XX, a Floresta Amazônica brasileira permaneceu praticamente intacta. A situação começou a se alterar na virada dos anos 60 para os anos 70, com a ampliação do desmatamento sendo devida, sobretudo, à ação do próprio Poder Público, pela construção de estradas, infraestrutura, incentivos à colonização e subsídios para a agricultura.³⁶⁹ Era ainda um período

---

Center. Disponível em: https://ssec.si.edu/stemvisions-blog/what-photosynthesis. Acesso em: 31 jan. 2020.
³⁶⁵ SMITH, Sprit. Human activities are drying out the Amazon: NASA study. *NASA Global Climate Change*, 5 nov. 2019.
³⁶⁶ V. NOBRE, Antônio Donato. *O futuro climático da Amazônia*: relatório de avaliação científica. São Paulo: ARA, CCST-INPE, INPA, 2014. p. 18.
³⁶⁷ Aponta-se, ainda, que grandes áreas terrestres cobertas por florestas funcionam como obstáculo à formação de furacões e de outros eventos climáticos extremos. V. NOBRE, Antônio Donato. *O futuro climático da Amazônia*: relatório de avaliação científica. São Paulo: ARA, CCST-INPE, INPA, 2014. p. 19-20.
³⁶⁸ SOLIGEN, Tim Boekhout von. Deforestatiton crimes and conflicts in the Amazon. *Critical Criminology*, v. 18, 2010. p. 270.
³⁶⁹ CELENTANO, Danielle; SILLS, Erin; SALLES, Márcio; VERÍSSIMO, Adalberto. Welfare outcomes and the advance of the deforestation frontier in the Brazilian Amazon. *World Developments*, v. 40, 2012. p. 850.

de mínima consciência ambiental. Entre 1970 e 1990, 7,4% da floresta foram desmatados, com perda de 303.712 km², passando de uma área pré-1970 de 4.100.000 km² para 3.796.288 km².[370] O desflorestamento seguiu de maneira progressiva até chegar ao seu ápice, em 2004, quando foi desmatada uma área equivalente a 27.772 km².[371] Nesse ano de 2004, foi deflagrado um ambicioso programa denominado Plano de Prevenção e Controle do Desmatamento na Amazônia (PPCDAm), com iniciativas nos campos institucional, legal e político.[372] O plano foi executado em diferentes fases, com medidas que incluíram (i) *monitoramento* do desmatamento por imagens de satélite em tempo real, (ii) *fiscalização* efetiva para coibir extração ilegal de madeira e outras infrações, (iii) *combate* à grilagem de terras, (iv) *criação* de unidades de conservação (reservas florestais), (v) *demarcação* de terras indígenas e (vi) *corte* de créditos subsidiados para produtores que não tinham titularidade da terra ou não respeitavam as normas ambientais.[373]

O PPCDAm produziu resultados notáveis: entre 2004 e 2012, o desmatamento caiu mais de 80%, passando para menos de 4.600 km².[374] O Brasil foi o país que mais contribuiu, no período, para a mitigação da mudança climática.[375] Um dado digno de registro é que o desmatamento

---

[370] BUTLER, Rhett A. Calculating deforestation figures for the Amazon. *Mongabay*, 24 abr. 2018. Disponível em: https://rainforests.mongabay.com/amazon/deforestation_calculations.html. Acesso em: 9 fev. 2020.

[371] PRODES – Monitoramento do Desmatamento da Floresta Amazônica por Satélite. *Instituto Nacional de Pesquisas Espaciais – INPE*. Disponível em: http://www.obt.inpe.br/OBT/assuntos/programas/amazonia/prodes. Acesso em: 9 fev. 2020.

[372] V. CAPOBIANCO, João Paulo Ribeiro. *Governança socioambiental na Amazônia brasileira na década de 2000*. Tese (Doutorado) – Instituto de Energia e Ambiente, Universidade de São Paulo, 2017. Mimeo.

[373] V. PLANO de Prevenção e Controle do Desmatamento na Amazônia (PPCDAm). *Ministério do Meio Ambiente*. Disponível em: https://www.mma.gov.br/informma/item/616-prevenção-e-controle-do-desmatamento-na-amazônia; MÁFIAS do Ipê. *Human Rights Watch*, 17 set. 2019. Disponível em: https://www.hrw.org/pt/report/2019/09/17/333886. Acesso em: 9 fev. 2020 (RAINFOREST Mafias. *Human Rights Watch*. Disponível em: https://www.hrw.org/report/2019/09/17/rainforest-mafias/how-violence-and-impunity-fuel-deforestation-brazils-amazon); e CAPOBIANCO, João Paulo Ribeiro. *Governança socioambiental na Amazônia brasileira na década de 2000*. Tese (Doutorado) – Instituto de Energia e Ambiente, Universidade de São Paulo, 2017. Mimeo. p. 33.

[374] PRODES – Monitoramento do Desmatamento da Floresta Amazônica por Satélite. *Instituto Nacional de Pesquisas Espaciais – INPE*. Disponível em: http://www.obt.inpe.br/OBT/assuntos/programas/amazonia/prodes. Acesso em: 9 fev. 2020.

[375] BERNARDO, Kaluan. Desmatamento na Amazônia é ideológico, diz economista Ricardo Abramovay. *TAB*, 2 jan. 2020. Disponível em: https://tab.uol.com.br/noticias/redacao/2020/01/02/desmatamento-na-amazonia-e-ideologico-diz-economista-ricardo-abramovay.htm. Acesso em: 9 fev. 2020.

é significativamente menor nas áreas indígenas demarcadas.[376] Outro ponto de destaque é que a atuação efetiva do Poder Público, com vontade política, coordenação e visibilidade – inclusive na mídia – aumentou em intensidade relevante a percepção de risco no descumprimento da legislação ambiental.[377]

O sucesso das medidas inspirou a crença de que se poderia dar um passo à frente, chegando ao estágio ideal do desmatamento líquido zero.[378] Lamentavelmente, contudo, a partir de 2013, arrefeceu a determinação em cumprir o PPCDAm e o desmatamento voltou a crescer, chegando a 7.536 km² em 2018.[379] No ano de 2019, atingiu-se quase 10.000 km². No total, o desflorestamento acumulado nos últimos 50 anos é de cerca de 800.000 km², aproximando-se de 20% da área original da Amazônia brasileira.[380] O desmatamento costuma seguir uma dinâmica constante: extração ilegal de madeira, queimada, ocupação por fazendeiros e produtores (gado e soja) e tentativa de legalização da área pública grilada. Na parte sudeste da floresta, estudos sugerem que a estação seca está se tornando mais quente e longa, em resposta à atuação antropogênica.[381] Cientistas consideram que se a derrubada da floresta chegar a 40% haverá um ponto de não retorno (*tipping point*), com irreversível "savanização" de boa parte da região.[382] As

---

[376] MÁFIAS do Ipê. *Human Rights Watch*, 17 set. 2019. Disponível em: https://www.hrw.org/pt/report/2019/09/17/333886. Acesso em: 9 fev. 2020. Apenas 1,3% do desmatamento na Amazônia brasileira ocorre em terras indígenas. V. ABRAMOVAY, Ricardo. *Amazônia*: por uma economia de conhecimento da natureza. São Paulo: Elefante, 2019. p. 55-56.

[377] CAPOBIANCO, João Paulo Ribeiro. *Governança socioambiental na Amazônia brasileira na década de 2000*. Tese (Doutorado) – Instituto de Energia e Ambiente, Universidade de São Paulo, 2017. Mimeo. p. 140.

[378] VERÍSSIMO, Beto. Let's cut Amazon deforestation to zero. Here's how. *Americas Quarterly*, 2015.

[379] PRODES – Monitoramento do Desmatamento da Floresta Amazônica por Satélite. *Instituto Nacional de Pesquisas Espaciais – INPE*. Disponível em: http://www.obt.inpe.br/OBT/assuntos/programas/amazonia/prodes. Acesso em: 9 fev. 2020.

[380] VERÍSSIMO, Beto. Let's cut Amazon deforestation to zero. Here's how. *Americas Quarterly*, 2015. Vale, contudo, registrar que os dados oficiais sobre desmatamento identificam apenas as áreas onde a floresta foi completamente retirada. Não contabilizam as áreas degradadas que, se consideradas, implicariam supressão vegetal bem superior.

[381] BARKHORDARIAN; Armineh; SAATCHI, Sassan S.; BEHRANGI, Ali *et al.* A recent systematic increase in vapor pressure deficit over Tropical South America. *Scientific Reports*, v. 9, 2019.

[382] NOBRE, Carlos; SAMPAIO, Gilvan; BORMA, Laura; CASTILLA-RUBIO, Juan Carlos; SILVA, José S.; CARDOSO, Manoel. Land-use and climate risks in the Amazon and the need of a novel sustainable development paradigm. *Proceedings of the National Academy of Sciences of the United States of America*, 16 set. 2016. Na verdade, são dois os *tipping points*: a derrubada de 40% da floresta ou uma elevação de temperatura da ordem de 4º C.

consequências de um mundo sem a Amazônia são "catastróficas" para o planeta e para o Brasil. Além do incremento do aquecimento global, haverá redução drástica das chuvas que, no caso brasileiro, são imprescindíveis para o agronegócio e para a geração de energia.[383] A escassez de água comprometerá, ainda, a indústria, o abastecimento das populações e a vida nas cidades.

Parte II
O caminho da degradação: a dinâmica perversa da destruição da floresta

I Os crimes ambientais

Crimes ambientais são reconhecidos, atualmente, como uma das mais lucrativas formas de atividade criminosa transnacional, com a agravante de ser baixo o risco de punição.[384] Inexiste uma definição doutrinaria única para essa espécie de delito. Para os fins deste estudo, considera-se crime ambiental a conduta ou atividade ilícita que prejudica o ecossistema, causando dano ao meio ambiente (solo, ar e água), à biodiversidade (fauna e flora) ou contribuindo para o esgotamento de recursos naturais (orgânicos ou inorgânicos, como peixes, madeira e minerais).[385] Nos últimos anos, desenvolveu-se, inclusive, um novo ramo da criminologia, identificado como *criminologia verde*.[386] Quando praticados em larga escala, os crimes ambientais exigem uma organização criminosa estruturada e uma cadeia de agentes econômicos que abrange produtores, intermediários e compradores. Muitas vezes, crimes

---

[383] SALLES, João Moreira; ESTEVES, Bernardo. O mundo sem a Amazônia. *Revista Piauí*, 17 out. 2019.

[384] ENVIRONMENTAL crimes are on the rise, so are efforts to prevent them. *UN Environment Programme*, 21 set. 2018. Disponível em: https://www.unenvironment.org/news-and-stories/story/environmental-crimes-are-rise-so-are-efforts-prevent-them. Acesso em: 22 fev. 2020. Trata-se da quarta principal forma de criminalidade no mundo, atrás de drogas, falsificações e tráfico de pessoas, girando entre 91 e 259 bilhões de dólares anualmente.

[385] Elementos dessa definição se encontram em STRATEGIC Report: environment, peace and security – A convergence of threats. *INTERPOL-UN Environment*, 2016. Disponível em: www.interpol.int. Acesso em: 22 fev. 2020.

[386] V. LYNCH, Michael J.; STRETESKY, Paul B. Green criminology. *In*: CULLEN, Francis T.; WILCOX, Pamela. *The Oxford Handbook on Criminological Theory*. Oxford: Oxford University Press, 2012; v. também WHAT is green criminology? *International Green Criminology Working Group*. Disponível em: https://greencriminology.org/about-green-criminology/. Acesso em: 22 fev. 2020.

ambientais são praticados em conexão com outros crimes, como lavagem de dinheiro, corrupção de agentes públicos, contrabando e trabalho escravo. É importante observar que nem todas as atividades que causam dano ambiental são tratadas pela legislação como crime – embora sejam reguladas e possam dar lugar a infrações administrativas. São exemplos de tais atividades: o uso generalizado de combustíveis fósseis, a geração de energia por usinas termoelétricas e aterros sanitários, para mencionar três delas que causam relevante impacto ambiental.

São inúmeros os crimes ambientais em espécie, tipificados na legislação dos diferentes países, inclusive do Brasil.[387] A seguir, a identificação e descrição dos principais deles, com ênfase no seu impacto sobre a região amazônica:

1. *Desmatamento e queimadas*. O desmatamento é um crime em si,[388] embora possa estar associado a diversos outros crimes, como se verá a seguir. Trata-se do principal delito ambiental praticado na Amazônia, de acordo com dados de processos criminais que chegam aos tribunais.[389] Há muitas causas que impulsionam o desmatamento, entre elas a urbanização, a indústria da madeira e a produção de lenha e carvão (este fator é mais significativo nas florestas africanas).[390] Todavia, o principal agente de desmatamento na Floresta Amazônica é a pecuária, com a constituição de pastos em fazendas de criação de gado. Embora em menor escala, também a agricultura contribui para o desflorestamento. Algumas culturas que já estiveram ou estão associadas a esse crime são a soja, o arroz e a cana-de-açúcar em algumas regiões. A despeito da legislação rígida, o desmatamento ocorre tanto em terras

---

[387] No Brasil, os crimes ambientais estão definidos na Lei nº 9.605, de 12.2.1998, que os classifica nos seguintes gêneros: (i) crimes contra a fauna, (ii) crimes contra a flora, (iii) poluição e outros crimes, (iv) crimes contra o ordenamento urbano e (v) crimes contra a administração ambiental.

[388] Lei nº 9.605/98 (Lei de Crimes Ambientais), arts. 38, 39 e 40.

[389] Pesquisa realizada pelos autores no banco de dados do Superior Tribunal de Justiça, com base no verbete "crime$adj2 ambient$e (AM ou RO ou RR ou PA ou MT ou AC ou TO)", referente ao período de 1º.1.2010 a 1º.1.2010. Na mesma linha, v. AZEVEDO, Áurea Siqueira de Castro; VIEIRA, Thiago Almeida. Análise dos crimes ambientais registrados nas regiões do Baixo Amazonas e Tapajós, Pará, no período de 2012 a 2015. *Desenvolvimento e Meio Ambiente*, v. 46, 2018. p. 262.

[390] ENVIRONMENTAL crimes are on the rise, so are efforts to prevent them. *UN Environment Programme*, 21 set. 2018. Disponível em: https://www.unenvironment.org/news-and-stories/story/environmental-crimes-are-rise-so-are-efforts-prevent-them. Acesso em: 21 set. 2018.

privadas quanto públicas, assim como em áreas indígenas e em unidades de conservação, embora nas últimas em escala bem menor, como já observado.[391] Contribui para esse quadro a deficiência na fiscalização, na repressão e na execução de decisões judiciais.

Queimadas são, no mais das vezes, causas ou consequências do desmatamento, sendo muitas delas de natureza criminosa,[392] com o propósito de desfazer-se da vegetação nativa e permitir a pecuária e a agricultura,[393] provocando graves danos à floresta e à saúde da população.[394] Em 2019, a situação tornou-se de extrema gravidade, com aumento expressivo de focos de incêndio em relação a anos anteriores.[395] Em meio a grande desgaste doméstico e internacional, com acusações de incentivos indevidos e de leniência em relação aos incêndios florestais, o Governo Federal deflagrou a Operação Brasil Verde, que mobilizou mais de 9 mil mulheres e homens, entre civis e militares, coordenados pelo Ministério da Defesa. Dados oficiais sustentam o êxito da operação em debelar a crise.[396]

---

[391] As terras de propriedade ou posse privadas, as chamadas áreas de preservação permanente (APP), devem ter sua vegetação inteiramente preservada, ao passo que, nas demais terras, se situadas em áreas de floresta, impõe-se a observância de uma reserva legal de preservação de 80% da cobertura vegetal nativa. V. Código Florestal – Lei nº 12.651, de 25.5.2012, arts. 7 e 12, I, "a".

[392] Lei nº 9.605/98 (Lei de Crimes Ambientais), art. 41: "Provocar incêndio em mata ou floresta: Pena – reclusão de dois a quatro anos, e multa".

[393] V. BARLOW, Joe; BERENGUER, Erika; CARMENTA, Rachel; FRANÇA, Filipe. Clarifying Amazonia's burning crisis. *Global Change Biology*, 15 nov. 2019; e VICK, Mariana. Quais as causas e os tipos de queimadas na Amazônia. *Nexo*, 19 nov. 2019. Disponível em: https://www.nexojornal.com.br/expresso/2019/11/19/Quais-as-causas-e-os-tipos-de-queimadas-na-Amazônia. Acesso em: 23 fev. 2020. São identificados três tipos de queimadas: (i) pós-desmatamento: derruba-se a vegetação, deixada a secar ao sol e depois queimada para preparar a terra para pecuária e agricultura; (ii) para fins agrícolas ou de pecuária: pecuaristas queimam para destruir ervas daninhas e agricultores, inclusive indígenas e povos tradicionais, pelo uso da técnica corte e queima; e (iii) incêndio florestal: ocorre quando a queimada foge de controle e invade a floresta.

[394] ROCHA, Lilian Rose Lemos. *Desmatamento e queimadas na Amazônia*. Curitiba: Juruá, 2017.

[395] De acordo com o Instituto Nacional de Pesquisas Espaciais – INPE, entre agosto de 2018 e julho de 2019, houve destruição de 9.762 km² de floresta, uma alta de 29,5% em relação aos 12 meses precedentes (Disponível em: http://www.inpe.br/noticias/noticia.php?Cod_Noticia=5294. Acesso em: 23 fev. 2020). Os focos de queimadas subiram 30% e chegaram a 89 mil (FOCOS de incêndio na Amazônia sobem 30% em comparação com 2018, diz INPE. *Reuters*, 8 jan. 2020. Disponível em: https://br.reuters.com/article/idBRKBN1Z800N-OBRTP. Acesso em: 23 fev. 2020).

[396] OPERAÇÃO Verde Brasil combateu 1,7 mil focos de incêndio. *Ministério da Defesa*, 3 out. 2019. Disponível em: https://www.defesa.gov.br/noticias/61430-operacao-verde-brasil-combate-quase-2-mil-focos-de-incendios: "Dados de quase 40 dias da Operação Verde

2. *Extração e comércio ilegal de madeira.* Este é o segundo crime mais praticado na Amazônia,[397] segundo revelam pesquisas nos tribunais.[398] Embora a extração ilegal de madeira não seja a principal causa de desmatamento, ela presta contribuição decisiva, por ser a porta de entrada de outros empreendimentos criminosos ou ilegais que são deletérios para a Floresta Amazônica. O mais importante deles é a apropriação privada de terras públicas para venda em lotes e subsequente criação de gado ou uso para a agricultura. A retirada das árvores mais elevadas e valiosas permite a passagem da luz solar, secando a vegetação e deixando-a mais propícia a queimadas, deliberadas ou naturais.[399] Os madeireiros "lavam" a madeira ilegal usando documentação fraudulenta, que dá a ela a aparência de ter sido obtida em área de exploração legal.[400] Vale dizer: por não terem seu potencial adequadamente inventariado, áreas licenciadas "produzem" volume de madeira muito superior à sua real capacidade. E, assim, encobrindo a origem ilícita, conseguem acesso aos mercados internacionais, como União Europeia, Estados Unidos e China. Estima-se que 80% da produção de madeira no Brasil seja produto de extração ilegal.[401] Alguns comparam esse mercado ao de tráfico de drogas.[402]

Brasil indicam a marca de 1,7 mil focos de incêndios combatidos, 73 pessoas detidas e 237 termos de infração lavrados, que resultaram na aplicação de R$55 milhões em multas".

[397] Lei nº 9.605/98 (Lei de Crimes Ambientais), arts. 45, 46 e parágrafo único.

[398] Pesquisa realizada no Tribunal Regional Federal da 1ª Região pelos autores, com base no verbete: "crime$adj2 ambient$e (AM ou PA ou MT)". O levantamento se limitou aos estados do Pará, Mato Grosso e Amazonas, bem como ao período de 1º.1.2010 a 1º.1.2020.

[399] WALLACE, Scott. Inside the faltering fight against illegal Amazon logging. *National Geographic*, 28 ago. 2019. Disponível em: https://www.nationalgeographic.com/environment/2019/08/brazil-logging/. Acesso em: 23 jan. 2020.

[400] MÁFIAS do Ipê. *Human Rights Watch*, 17 set. 2019. Disponível em: https://www.hrw.org/pt/report/2019/09/17/333886. Acesso em: 9 fev. 2020 (RAINFOREST Mafias. *Human Rights Watch*. Disponível em: https://www.hrw.org/report/2019/09/17/rainforest-mafias/how-violence-and-impunity-fuel-deforestation-brazils-amazon).

[401] STRATEGIC Report: environment, peace and security – A convergence of threats. *INTERPOL-UN Environment*, 2016. Disponível em: www.interpol.int. Acesso em: 22 fev. 2020. Há estimativas ainda mais elevadas. V. FARIAS, Elaíze. Amazônia em chamas: 90% da madeira exportada é ilegal, diz Polícia Federal. *Brasil de Fato*, 16 set. 2019. Disponível em: https://www.brasildefato.com.br/2019/09/16/amazonia-em-chamas-90-da-madeira-exportada-sao-ilegais-diz-policia-federal/.

[402] SOLIGEN, Tim Boekhout von. Deforestatiton crimes and conflicts in the Amazon. *Critical Criminology*, v. 18, 2010. p. 265.

A extração ilegal de madeira dá lugar a um fenômeno distinto do desmatamento, que é a degradação florestal. Trata-se do empobrecimento gradual da floresta, como consequência do corte seletivo de árvores mais nobres. Como o monitoramento por satélite somente detecta áreas que são integralmente desmatadas, a degradação nem sempre é identificada por essa via, embora implique desequilíbrio profundo do ecossistema. Muitas dessas árvores são *habitat* preferencial de diferentes aves, insetos e mamíferos e sua derrubada pode provocar extinção de espécies e abalar toda uma cadeia biológica.[403] A extração ilegal de madeira envolve redes criminosas que têm capacidade logística de coordenar o corte, o processamento e a venda de madeira em larga escala. Além disso, tais redes têm o poder de corromper autoridades e de empregar milícias armadas.[404] [405] Há problemas sociais e políticos associados a essa modalidade de crime: existem cidades que chegam a ter até 20 serrarias (*sawmills*), que empregam algumas centenas de trabalhadores e são o sustento de suas famílias. Além disso, há uma contaminação da política por essa atividade ilegal, pois muitos dos envolvidos são eleitos vereadores, prefeitos e deputados estaduais.[406]

3. *Garimpo e mineração ilegais*. A mineração ilegal, sobretudo de ouro, está presente em quase todos os estados da Amazônia Legal brasileira, camuflada sob o título "garimpo".[407] Na verdade, embora ainda exista, residualmente, o garimpeiro

---

[403] NA AMAZÔNIA, a destruição é muito maior do que conseguimos ver. *Instituto Socioambiental*, 22 nov. 2019. Disponível em: https://www.socioambiental.org/pt-br/noticias-socioambientais/na-amazonia-a-destruicao-e-muito-maior-do-que-conseguimos-ver.

[404] MÁFIAS do Ipê. *Human Rights Watch*, 17 set. 2019. p. 28. Disponível em: https://www.hrw.org/pt/report/2019/09/17/333886. Acesso em: 9 fev. 2020 (RAINFOREST Mafias. *Human Rights Watch*. Disponível em: https://www.hrw.org/report/2019/09/17/rainforest-mafias/how-violence-and-impunity-fuel-deforestation-brazils-amazon).

[405] A esse propósito, episódio emblemático ocorreu em Espigão do Oeste, no estado de Rondônia, em 4.7.2019, quando um caminhão tanque que carregava combustível de aviação para helicópteros da fiscalização ambiental foi atacado e incendiado a mando de madeireiros locais. V. WALLACE, Scott. Inside the faltering fight against illegal Amazon logging. *National Geographic*, 28 ago. 2019. Disponível em: https://www.nationalgeographic.com/environment/2019/08/brazil-logging/. Acesso em: 23 jan. 2020.

[406] MÁFIAS do Ipê. *Human Rights Watch*, 17 set. 2019. Disponível em: https://www.hrw.org/pt/report/2019/09/17/333886. Acesso em: 9 fev. 2020 (RAINFOREST Mafias. *Human Rights Watch*. Disponível em: https://www.hrw.org/report/2019/09/17/rainforest-mafias/how-violence-and-impunity-fuel-deforestation-brazils-amazon).

[407] Apesar de certa indeterminação legislativa, é possível conceituar garimpo como a atividade de extração mineral conduzida por pessoas físicas, independentemente de prévia pesquisa, com instrumentos e técnicas rudimentares e área máxima limitada; ao passo que mineração é uma atividade industrial, precedida de pesquisa, em escala bem maior, geralmente desenvolvida por empresas especializadas.

individual, com picareta e bateia, a extração de ouro, nos dias atuais, se faz com maquinário pesado, de custo financeiro elevado e alto impacto ambiental, que inclui balsas, dragas e escavadeiras hidráulicas.[408] A mineração contribui para o desmatamento em menor escala que outras atividades humanas, como pecuária e extração de madeira. Ainda assim, estudo recente concluiu que, entre 2005 e 2015, ela foi responsável por cerca de 10% da perda de cobertura vegetal na Amazônia brasileira.[409] Mais de 90% do desflorestamento se deu em sítios de exploração mineral ilegais, isto é, sem concessão do Governo brasileiro.[410] Atualmente, existem mais de 450 áreas nessa situação,[411] várias delas, inclusive, com pistas de pouso clandestinas.[412] Inexiste controle adequado para distinguir mineração legal de ilegal. Sintomaticamente, em 2019, o ouro se tornou o produto mais exportado do estado de Roraima, que não possui nenhuma mina operando legalmente.[413]

Além do desmatamento e das cicatrizes sobre a terra, há outros problemas graves associados à mineração ilegal. Um deles é a poluição dos rios, causada pelo uso do mercúrio na exploração do ouro,

---

[408] MINISTÉRIO PÚBLICO FEDERAL. *Mineração ilegal de ouro na Amazônia*: marcos jurídicos e questões controversas. Brasília: MPF, 2020. p. 8.

[409] SONTER, Laura J. et al. Mining drives extensive deforestation in the Brazilian Amazon. *Nature Communications*, v. 8, 2017. Disponível em: https://www.nature.com/articles/s41467-017-00557-w#citeas. V. também SULLIVAN, Zoe. Mining activity causing nearly 10 percent of Amazon deforestation. *Mongabay*, 2 nov. 2017.

[410] IONOVA, Ana. Illegal gold rush causing 'irreversible damage' to rivers in the Brazilian Amazon. *Mongabay*, 20 dez. 2019. Disponível em: https://news.mongabay.com/2019/12/illegal-gold-rush-causing-irreversible-damage-to-rivers-in-the-brazilian-amazon/. Acesso em: 21 abr. 2020.

[411] IONOVA, Ana. Illegal gold rush causing 'irreversible damage' to rivers in the Brazilian Amazon. *Mongabay*, 20 dez. 2019. Disponível em: https://news.mongabay.com/2019/12/illegal-gold-rush-causing-irreversible-damage-to-rivers-in-the-brazilian-amazon/. Acesso em: 21 abr. 2020.

[412] CAMPEÃ de requerimentos minerários, Terra Indígena Yanomami sofre com explosão do garimpo. *Instituto Socioambiental*, 21 mar. 2019. Disponível em: https://www.socioambiental.org/pt-br/blog/blog-do-monitoramento-blog-do-rio-negro/campea-de-requerimentos-minerarios-terra-indigena-yanomami-sofre-com-explosao-do-garimpo: "Hoje, apenas na porção da Terra Indígena (Yanomami) que ocupa o Estado de Roraima, existem 14 pistas de pouso clandestinas de garimpo ilegal".

[413] GARIMPEIROS ilegais avançam na Amazônia brasileira. *Associação Mineira de Defesa do Meio Ambiente*, 3 set. 2019. Disponível em: https://www.amda.org.br/index.php/comunicacao/informacoes-ambientais/5699-garimpos-ilegais-avancam-na-amazonia-brasileira. Acesso em: 24 fev. 2020.

contaminando a água e os peixes consumidos pelas populações locais.⁴¹⁴ Outro problema é a invasão de áreas protegidas e, sobretudo, de terras indígenas, como exemplo, a dos Yanomamis (Roraima e Amazonas), dos Kayapós e Munduruku (ambas no Pará),⁴¹⁵ onde há alguns milhares de garimpeiros atuando. O Exército tem papel decisivo na proteção dessas áreas e, quando ele se retira, ocorre o avanço ilegal.⁴¹⁶ O garimpo em terras indígenas acarreta assoreamento dos rios, conflitos pela terra, criminalidade, doenças e prostituição.⁴¹⁷ A Constituição brasileira admite a possibilidade de exploração de recursos minerais em terras indígenas, mas condicionada à prévia aprovação de lei regulamentadora, que nunca foi editada. No início de 2020, o Presidente da República enviou ao Congresso Nacional projeto de lei sobre a matéria,⁴¹⁸ que foi recebido com reservas e críticas por lideranças políticas, indígenas e ambientalistas.⁴¹⁹

 4. *Caça ilegal (poaching) e tráfico de animais.* A caça ilegal e o tráfico de animais silvestres são a terceira ou quarta atividade ilícita mais rentável do mundo, atrás apenas do tráfico de drogas

---

⁴¹⁴ De acordo com a Organização Mundial da Saúde, o mercúrio é um metal de alta toxicidade, sendo substância perigosa para a vida intrauterina e para o desenvolvimento infantil nos primeiros anos de vida. É também capaz de comprometer o sistema nervoso, imunológico, digestivo, respiratório e a visão. A Convenção de Minamata, incorporada ao direito brasileiro, restringe a sua produção e utilização (MINISTÉRIO PÚBLICO FEDERAL. *Mineração ilegal de ouro na Amazônia*: marcos jurídicos e questões controversas. Brasília: MPF, 2020. p. 173-174).

⁴¹⁵ V. FELLET, João; COSTA, Camila. Imagens mostram o avanço do garimpo ilegal na Amazônia em 2019. *BBC News*, 25 jul. 2019. Disponível em: https://www.bbc.com/portuguese/brasil-49053678. A Rede Amazônica de Informação Socioambiental Georreferenciada (Raisg) identificou garimpos ilegais em 18 terras indígenas no Brasil.

⁴¹⁶ CAMPEÃ de requerimentos minerários, Terra Indígena Yanomami sofre com explosão do garimpo. *Instituto Socioambiental*, 21 mar. 2019. Disponível em: https://www.socioambiental.org/pt-br/blog/blog-do-monitoramento-do-rio-negro/campea-de-requerimentos-minerarios-terra-indigena-yanomami-sofre-com-explosao-do-garimpo: "Entre 6 e 7 mil garimpeiros estão retirando ouro ilegalmente na Terra Indígena Yanomami, no norte do país. [...] O garimpo ilegal... explodiu... depois que o Exército desativou as bases de proteção nos Rios Uraricoera e Mucajaí [...]".

⁴¹⁷ V. FELLET, João; COSTA, Camila. Imagens mostram o avanço do garimpo ilegal na Amazônia em 2019. *BBC News*, 25 jul. 2019. Disponível em: https://www.bbc.com/portuguese/brasil-49053678.

⁴¹⁸ O Projeto de Lei nº 191/20 regulamenta a exploração de recursos minerais, hídricos e orgânicos em reservas indígenas (Disponível em: https://www.camara.leg.br/noticias/634893-projeto-do-governo-viabiliza-exploracao-de-minerios-em-terras-indigenas/).

⁴¹⁹ ÁLVAREZ, Debora. Com 400 dias de governo, Bolsonaro avança sobre terras indígenas e áreas de preservação. *Huffpost Brasil*, 9 fev. 2020.

e de armas, e emparelhado com o de pessoas.[420] De acordo com o Fórum Econômico Mundial, trata-se de um comércio que movimenta entre 7 e 23 bilhões de dólares por ano.[421] O Brasil, por sua vez, possui uma das maiores diversidades de fauna do planeta. Entre nós, aproximadamente 38 milhões de animais são retirados das florestas e matas por ano, em um negócio que gira mais de 1 bilhão de dólares.[422] Operações da Polícia Federal no Amazonas apreenderam, somente em 2018, mais de três toneladas de caça ilegal, centenas de animais terrestres e milhares de peixes ornamentais.[423] O tráfico de animais se destina a públicos e objetivos diversos, que incluem: (i) colecionadores particulares, que buscam animais raros ou em extinção; (ii) fins científicos, notadamente a produção de medicamentos; (iii) venda em *pet shops*, como animais de companhia; e (iv) produção de bens comercializáveis, como couros, peles, cosméticos e *souvenirs*.[424] Além do risco de disseminação de doenças,[425] a retirada de animais do seu *habitat* natural ameaça espécies de extinção e pode romper o

---

[420] De acordo com o Departamento de Estado dos Estados Unidos. V. BERGMAN, Charles. Wildlife trafficking. *Smithsoniam Magazine*, dez. 2009. Disponível em: https://www.smithsonianmag.com/travel/wildlife-trafficking-149079896/. Segundo a ONU, em documento de 2014, seria o quarto, após tráfico humano. V. WILDLIFE crime worth USD 8-10 billion annually, ranking it alongside human trafficking, arms and drug dealing in terms of profit: UNODC chief. *United Nations Office on Drugs and Crime*, 13 maio 2014.

[421] LEHMACHER, Wolfgang. Wildlife crime: a $23 billion trade that's destroying our planet. *World Economic Forum*, 28 set. 2016.

[422] BUCHERONI, Giulia. Onde está a fauna brasileira? Panorama do tráfico de animais revela futuro preocupante. *G1*, 24 jun. 2019; e AMBIENTEBRASIL – Tráfico de animais silvestres. *Renctas*, 27 set. 2019. Disponível em: http://www.renctas.org.br/ambientebrasil-trafico-de-animais-silvestres/. Acesso em: 25 fev. 2020.

[423] PF e INPA promovem curso sobre perícia em tráfico de animais silvestres da Amazônia. *Instituto Nacional de Pesquisas da Amazônia*, 4 dez. 2018. Disponível em: http://portal.inpa.gov.br/index.php/ultimas-noticias/3355-pf-e-inpa-promovem-curso-sobre-pericia-em-trafico-de-animais-silvestres-da-amazonia. Acesso em: 25 fev. 2020.

[424] BUCHERONI, Giulia. Onde está a fauna brasileira? Panorama do tráfico de animais revela futuro preocupante. *G1*, 24 jun. 2019; e AMBIENTEBRASIL – Tráfico de animais silvestres. *Renctas*, 27 set. 2019. Disponível em: http://www.renctas.org.br/ambientebrasil-trafico-de-animais-silvestres/. Acesso em: 25 fev. 2020.

[425] Como gripe aviária (*avian flu*) e vírus Ebola, entre outros. V. CAN, Özgün Emre; D'CRUZE, Neil; MACDONALD, David W. Dealing in deadly pathogens: Taking stock of the legal trade in live wildlife and potential risks to human health. *Global Ecology and Conservation*, v. 17, 2019. Disponível em: https://doi.org/10.1016/j.gecco.2018.e00515. Acesso em: 2 abr. 2020; TRAVIS, D. A.; WATSON, R. P.; TAUE, A. The spread of pathogens through trade in wildlife. *Rev. sci. tech. Off. int. Epiz.*, v. 30, n. 1, 2011. Disponível em: https://www.ncbi.nlm.nih.gov/pmc/articles/PMC3371803/. Acesso em: 2 abr. 2020.

equilíbrio do ecossistema, retirando predadores ou alimento de outras espécies e comprometendo ciclos da natureza.[426] A caça e o comércio ilegais de animais constituem crimes pouco reprimidos e de penas baixas.[427] [428]

5. *Outros crimes*:

a) *Crimes contra os defensores da floresta*. O Brasil tem um dos maiores índices de homicídios de defensores da floresta,[429] aí compreendidos populações indígenas, povos tradicionais da floresta, quilombolas, ativistas de direitos humanos e ambientalistas.[430] São vítimas constantes de proprietários de terras (frequentemente "grileiros"), garimpeiros, madeireiros e pistoleiros de aluguel.[431] De acordo com a Comissão Pastoral da Terra, ligada à Igreja católica, foram mais de 300 pessoas assassinadas durante a última década, no contexto dos conflitos pelo uso da terra e dos recursos naturais da Amazônia.[432] Dois mártires desse embate foram o líder dos seringueiros Chico Mendes, morto em 1988, no estado do Acre, e a missionária norte-americana Dorothy Stang, vítima de homicídio em 2005, no estado do Pará.

---

[426] Por exemplo: "Junto à extinção da fauna, todo o ecossistema sofre com o ciclo do tráfico. A diminuição das espécies predadoras de sementes favorece a dominância de algumas árvores, assim como a ausência de dispersores afeta a reprodução da flora. Dessa forma, toda a estrutura da floresta é alterada". V. BUCHERONI, Giulia. Onde está a fauna brasileira? Panorama do tráfico de animais revela futuro preocupante. *G1*, 24 jun. 2019.

[427] No Brasil, a pena-base é de 6 meses a 1 ano, e multa (Lei nº 9.605/98 – Lei de Crimes Ambientais, art. 29, *caput* e §§4º e 5º).

[428] Encontra-se em vigor, desde 1973, a Convenção sobre o Comércio Internacional das Espécies da Fauna e da Flora Selvagens em Perigo de Extinção (CITES), que procura regular o comércio de espécies. Nada obstante, não é fácil dar-lhe cumprimento efetivo e são raras as sanções a países por violação da Convenção. V. FOBAR, Rachel. What is the Convention on International Trade in Endangered Species? *National Geographic*, 3 jul. 2019.

[429] BRITO, Brenda *et al*. Stimulus for land grabbing and deforestation in the Brazilian Amazon. *Environmental Research Letters*, v. 14, 2019. p. 1.

[430] VASCONCELLOS, Patrícia Mara Cabral. Vozes da exclusão: os assassinatos de defensores de direitos humanos na Amazônia. *Revista Interdisciplinar de Direitos Humanos*, v. 7, 2019.

[431] A que preço? Negócios irresponsáveis e o assassinato de defensores da terra e do meio ambiente em 2017. *Global Witness*. Disponível em: https://www.globalwitness.org/en/campaigns/environmental-activists/a-que-pre%C3%A7o/. Acesso em: 20 fev. 2020.

[432] MÁFIAS do Ipê. *Human Rights Watch*, 17 set. 2019. p. 3-4. Disponível em: https://www.hrw.org/pt/report/2019/09/17/333886. Acesso em: 9 fev. 2020 (RAINFOREST Mafias. *Human Rights Watch*. Disponível em: https://www.hrw.org/report/2019/09/17/rainforest-mafias/how-violence-and-impunity-fuel-deforestation-brazils-amazon).

b) *Grilagem de terras.* A invasão e ocupação de terras públicas, especialmente em áreas de florestas, tem sido uma constante na Amazônia. Como já descrito, após a extração seletiva da madeira, supressão e queima da vegetação remanescente, áreas públicas são transformadas em pastos e plantações. Em seguida, os grileiros procuram legalizar a posse, dividindo a área em lotes menores, de mais fácil regularização nos termos da legislação, ou simplesmente falsificam títulos e registros de propriedade, com a conivência de cartórios e de agentes públicos.[433] A apropriação privada de terras públicas, à revelia dos órgãos fundiários, como o Instituto Nacional da Reforma Agrária – Incra, assume importante dimensão política, social, econômica e ambiental, tendo em vista que aproximadamente 45% das terras da Amazônia não foram oficialmente destinadas, seja para assentamentos para fins de reforma agrária seja para a proteção ambiental.[434] De acordo com dados do Instituto de Pesquisa Ambiental da Amazônia – Ipam, 30% do desmatamento da Amazônia, entre 1º de janeiro e 20 de agosto de 2019, se deu em terras públicas não destinadas, que são precisamente as áreas visadas pelos grileiros.[435] Em 2001-2002, Comissão Parlamentar de Inquérito da Câmara dos Deputados identificou algumas das finalidades da grilagem: revenda das terras, utilização como garantia para obtenção de financiamentos, dação em pagamento de dívidas previdenciárias e fiscais e obtenção de indenizações nas desapropriações para reforma agrária ou para criação de áreas protegidas.[436] Para completar esse ciclo trágico, de tempos em tempos, o Governo concede anistia a

---

[433] INSTITUTO DE PESQUISA AMBIENTAL DA AMAZÔNIA – IPAM. *A grilagem de terras públicas na Amazônia brasileira.* Brasília: IPAM, 2006.

[434] INSTITUTO DE PESQUISA AMBIENTAL DA AMAZÔNIA – IPAM. *A grilagem de terras públicas na Amazônia brasileira.* Brasília: IPAM, 2006. O quadro não se alterou de maneira relevante de lá para cá, embora novas unidades de conservação tenham sido criadas.

[435] INSTITUTO DE PESQUISA AMBIENTAL DA AMAZÔNIA – IPAM. *Amazônia em chamas*: onde está o fogo – Nota técnica. Brasília: IPAM, 2019. Disponível em: https://ipam.org.br/wp-content/uploads/2019/09/NT-Fogo-Amazo%CC%82nia-Fundia%CC%81ria-2019.pdf. Acesso em: 2 abr. 2020. O percentual de 30% corresponde a desmatamento e queimada em "florestas públicas não destinadas e sem informação [cadastral]", segundo o estudo.

[436] COMISSÃO Parlamentar de Inquérito da Grilagem. *Diário da Câmara dos Deputados*, 28 dez. 2001. p. 353-357. Disponível em: https://arisp.files.wordpress.com/2009/08/relatorio-cpi-da-grilagem.pdf. Acesso em: 28 fev. 2020.

essas invasões e permite a legalização da apropriação privada de terras públicas, como se verá adiante.

c) *Biopirataria*. Biopirataria é um nome novo para um velho problema, expressão continuada do colonialismo, já agora de índole tecnológica. Ela consiste em atividades e comportamentos diversos, que incluem não apenas a retirada não autorizada de espécies da fauna e da flora, mas, sobretudo, no caso da Amazônia, a apropriação não consentida de conhecimentos tradicionais dos indígenas e povos da floresta. Nesse último caso, procura-se patentear substâncias químicas e princípios ativos originários da região ou cujo conhecimento inicial veio das comunidades locais, privatizando ou monopolizando algo que, ao menos em parte, constitui bem coletivo alheio. Em outros casos, procura-se registrar como marca própria produtos naturais da floresta. Na hipótese de comércio ilegal da fauna, não há dúvida da existência de crime, como visto acima. Não assim, porém, nas situações de aproveitamento dos conhecimentos tradicionais de populações nativas, que não são objeto de tipificação criminal específica.[437] Há diversos exemplos de biopirataria pelo mundo.[438] Em relação à Amazônia brasileira, dois casos se tornaram célebres: a retirada e contrabando de sementes de seringueira, em 1876, que produziu impacto devastador sobre a economia local;[439] e o registro, no Japão, da marca *Açaí*, fruta típica da região. O registro veio a ser anulado.[440] Situação semelhante ocorreu, ainda, com a marca *Cupuaçu*, que também teve seu registro no

---

[437] É certo que a Convenção sobre Diversidade Biológica, de 1992, procurou assegurar a repartição justa e equitativa dos benefícios advindos dos recursos genéticos da diversidade biológica dos países. A convenção, contudo, não tem normas de natureza criminal e seus efeitos práticos ainda são limitados.

[438] Vejam-se, ilustrativamente: (i) a andiroba, árvore amazônica, teve óleo e extrato de seus frutos registrados pela empresa francesa Yves Roche e pela empresa japonesa Masaru Morita; (ii) a copaíba teve patentes registradas pela empresa norte-americana Aveda e pela empresa francesa Technico-flor; (iii) a espinheira santa tem patente de remédio titulada pela japonesa Nippon Mektron; (iv) o jaborandi é objeto de patente registrada pela farmacêutica alemã Merk. V. FERNANDES, David Augusto. Soberania permanente e a proteção ambiental. *Rev. Fac. Direito UFMG*, v. 70, 2017. p. 242.

[439] ABREU, Bruno Reinert de; SIQUEIRA, Gilmar Wanzeller; LIEBL, Helena; NASCIMENTO, Manoel Henrique Reis. Difficulties in the control of environmental crimes in the Amazon. *International Journal of Advanced Engineering Research and Science*, v. 6, 2019. p. 32.

[440] FERNANDES, David Augusto. Soberania permanente e a proteção ambiental. *Rev. Fac. Direito UFMG*, v. 70, 2017. p. 242.

mercado internacional desconstituído.⁴⁴¹ Mais recentemente, vem se consolidando o consenso de que uma das melhores formas de enfrentar a biopirataria é investindo em pesquisa científica e tecnológica local. Adiante se voltará ao ponto.

d) *Trabalho escravo, tráfico de pessoas e aliciamento*. A escravidão contemporânea no país, especialmente na região da fronteira agrícola amazônica, beneficia-se da escassez de empregos regulares e da existência de um contingente de trabalhadores sem qualificação especial. Uma abordagem recorrente é a utilização por fazendeiros da figura dos "gatos", recrutadores de mão de obra, que aliciam trabalhadores rurais em situação de vulnerabilidade e os levam para regiões remotas.⁴⁴² Comumente, a oferta de trabalho oferece benefícios que não correspondem à realidade – como garantias de alimentação, salário e alojamento –, convertendo o trabalhador em devedor, por meio da aquisição de produtos e serviços do próprio empregador. Os gatos utilizam, ainda, violência física, moral e confinamento, como formas de manter os empregados em tal condição.⁴⁴³

II Regularização da grilagem, corrupção e impunidade

Como já antecipado, um dos importantes incentivos ao desmatamento na Amazônia vem do próprio Governo, tanto federal – predominantemente – como estadual.⁴⁴⁴ A afirmação se refere à dinâmica da invasão-regularização de terras públicas. Para se compreender a questão: as áreas que não são propriedade privada nem reservas

---

⁴⁴¹ NOGUEIRA, Renata Campos; SIQUEIRA, Harley Ferreira de; SOARES, Milena. Patenting bioactive molecules from biodiversity: the Brazilian experience. *Expert Opinion. Ther. Patents*, v. 20. p. 151-152.

⁴⁴² O Código Penal brasileiro tipifica os crimes de trabalho escravo, tráfico de pessoas e aliciamento (arts. 149, 149-A e 207).

⁴⁴³ OIT – ORGANIZAÇÃO INTERNACIONAL DO TRABALHO. *Perfil dos principais atores envolvidos no trabalho escravo rural no Brasil*. Brasília: OIT, 2011. p. 16-17; CACCIAMALI, Maria Cristina; AZEVEDO, Flávio Antonio Gomes. Dilemas da erradicação do trabalho forçado no Brasil. *Doutrinas Essenciais de Direitos Humanos*, v. 3, p. 943-948; OIT – ORGANIZAÇÃO INTERNACIONAL DO TRABALHO. *Combatendo o trabalho escravo contemporâneo: o exemplo do Brasil*. Brasília: OIT, 2010. p. 48-53.

⁴⁴⁴ Leis de regularização de terras ocupadas recentemente, mediante pagamento de valores irrisórios, foram aprovadas pelos estados do Pará, Mato Grosso e Amazonas (BRITO, Brenda. Governo não deve premiar os ladrões de terra na Amazônia. *El País Brasil*, 9 set. 2019).

indígenas demarcadas ou unidades de conservação, constituem propriedade pública, também referida como áreas não designadas. Parte dessas áreas públicas correspondem a assentamentos criados pelo Poder Público para fins de reforma agrária, onde foram instalados pequenos agricultores. Aliás, a propósito delas, por falta de fiscalização e cumprimento da legislação, os deveres de preservação não são adequadamente observados e o desmatamento é elevado.[445] Porém, a situação mais grave está na "grilagem" de terras, com a ocupação e privatização de áreas públicas da Floresta Amazônica, muitas vezes com violência contra comunidades indígenas ou populações tradicionais. Em relação a isso, há dois problemas nas políticas governamentais. O primeiro é que, por não fiscalizar adequadamente, o Estado permite que essas áreas sejam invadidas, dando início ao ciclo de derrubada da floresta: extração ilegal de madeira, queimada e ocupação do solo. O segundo problema: sob pressão de invasores politicamente respaldados, o Governo Federal, de tempos em tempos, concede anistia e permite a regularização dessa apropriação de terras públicas.

De fato, foi assim com a Lei nº 11.952/2009, no Governo de Luís Inácio Lula da Silva, com a Lei nº 13.465/2017, no Governo Michel Temer, e com a Medida Provisória nº 910, de 11.12.2019, editada pelo Presidente Jair Bolsonaro. Aliás, por se opor a essa política, foi exonerado o presidente do Instituto Nacional de Colonização e Reforma Agrária – Incra.[446] Essas leis se inserem na velha lógica brasileira em que as coisas erradas se transformam em fatos consumados e em se seguida se procura legitimá-las. Aliás, mais do que legitimar a apropriação de terras públicas, tais medidas incentivam a continuidade da prática, fomentando o círculo vicioso da invasão, desmatamento e regularização. A nova medida provisória, a exemplo da lei anterior, permite a aquisição dessas terras mediante o pagamento de valores bem inferiores aos de mercado, gerando prejuízo para a União de alguns bilhões de reais. Funciona, ainda, como um incentivo à continuidade das invasões, já

---

[445] INSTITUTO DE PESQUISA AMBIENTAL DA AMAZÔNIA. *Desmatamento nos assentamentos da Amazônia*: histórico, tendências e oportunidades. Brasília: IPAM, 2016. p. 41 e s.

[446] HANBURY, Shanna. Pressão para legalizar terra desmatada na Amazônia derruba chefe do INCRA. *Mongabay*, 3 out. 2019. Disponível em: https://brasil.mongabay.com/2019/10/pressao-para-legalizar-terra-desmatada-na-amazonia-derruba-chefe-do-incra/: "De acordo com a mídia, (o General João Carlos de Jesus) Corrêa foi demitido por ser contra o plano do governo Bolsonaro de facilitar o processo de regularização de cerca de 750 mil títulos fundiários".

que confirma uma tendência à posterior regularização da propriedade dos invasores.⁴⁴⁷

Após o episódio do incêndio criminoso de um caminhão de combustível em Espigão do Oeste, o Instituto Brasileiro de Meio Ambiente e dos Recursos Renováveis – Ibama organizou uma grande operação de reação, para reprimir a extração ilegal de madeira e as serrarias utilizadas por tais madeireiros. Foram reunidos 35 agentes do Ibama, 50 policiais e cerca de 100 soldados do Exército. Quando o comboio de carros da polícia e caminhões militares estava a caminho, após sair de Porto Velho, um dos agentes, ao acessar a rede social, se deparou com entrevista do líder dos madeireiros discutindo a operação, que era sigilosa. Evidenciou-se que alguém de dentro das instituições responsáveis pela repressão ao desmatamento havia vazado a informação.⁴⁴⁸ Esse é outro dos problemas enfrentados: a corrupção – e politização – de agentes públicos responsáveis pela proteção ambiental e, também, muito intensamente, de notários e oficiais de registro de imóveis, acusados de forjar documentos e registros de propriedade. Também existem queixas relevantes quanto à atuação do Poder Judiciário.⁴⁴⁹

A impunidade é a regra geral em relação aos crimes associados ao desmatamento da Amazônia. De acordo com relatório da Human Rights Watch, dos mais de 300 assassinatos registrados pela Comissão Pastoral da Terra desde 2009, apenas 14 foram levados a julgamento.⁴⁵⁰ Vale dizer: defensores da floresta, como indígenas, populações locais, ativistas de direitos humanos, ambientalistas, missionários e mesmo agentes do Ibama são vítimas constantes de crimes que sequer são apurados. De outro lado, notários e registradores responsáveis por

---

⁴⁴⁷ BRITO, Brenda *et al*. Stimulus for land grabbing and deforestation in the Brazilian Amazon. *Environmental Research Letters*, v. 14, 2019. p. 2.

⁴⁴⁸ WALLACE, Scott. Inside the faltering fight against illegal Amazon logging. *National Geographic*, 28 ago. 2019. Disponível em: https://www.nationalgeographic.com/environment/2019/08/brazil-logging/. Acesso em: 23 jan. 2020.

⁴⁴⁹ COMISSÃO Parlamentar de Inquérito da Grilagem. *Diário da Câmara dos Deputados*, 28 dez. 2001. p. 358-363. Disponível em: https://arisp.files.wordpress.com/2009/08/relatorio-cpi-da-grilagem.pdf. Acesso em: 28 fev. 2020. Apesar de se tratar de diagnóstico antigo, as patologias continuam as mesmas (BARRETO, Paulo; MESQUITA, Marília. *Como prevenir e punir infrações ambientais em áreas protegidas na Amazônia?* Belém: Imazon, 2009.

⁴⁵⁰ MÁFIAS do Ipê. *Human Rights Watch*, 17 set. 2019. p. 5-6. Disponível em: https://www.hrw.org/pt/report/2019/09/17/333886. Acesso em: 9 fev. 2020 (RAINFOREST Mafias. *Human Rights Watch*. Disponível em: https://www.hrw.org/report/2019/09/17/rainforest-mafias/how-violence-and-impunity-fuel-deforestation-brazils-amazon).

escrituras públicas fraudulentas e registros sem título de domínio anterior ou em duplicidade raramente respondem por seus atos.[451] Madeireiros pagam propinas por documentos falsos que atestam que a madeira é proveniente de área licenciada e os agentes públicos que recebem essas vantagens ilícitas também costumam escapar dos rigores da lei. Apenas uma ínfima porcentagem das multas aplicadas pelo Ibama por violações ambientais é efetivamente cobrada e arrecadada.[452] A tudo isso se somam as leis regularizadoras referidas acima. Nesse quadro dramático de leniência do Poder Público, de corrupção e de impunidade, a Floresta Amazônica fica frequentemente indefesa.

III O dramático desgaste da política ambiental brasileira

Pesquisas empíricas demonstram que a presença atuante do Poder Público, com pessoal, equipamentos e vontade política, é fator decisivo na contenção do desmatamento. Até porque a destruição florestal apoia-se em práticas ilegais e, com frequência, no "banditismo".[453] A redução histórica do desmatamento, ocorrida entre 2004 e 2012, se deveu, sobretudo, à fiscalização severa implementada, com efetiva atuação de campo, envolvendo prisões, apreensões e multas.[454] Vale dizer: as políticas ambientais de comando e controle foram indispensáveis para interromper o ciclo da violência e da destruição.[455] Também desempenharam papel relevante o aprimoramento do processo de monitoramento e transmissão de informações – que orientaram as

---

[451] COMISSÃO Parlamentar de Inquérito da Grilagem. *Diário da Câmara dos Deputados*, 28 dez. 2001. p. 358-363. Disponível em: https://arisp.files.wordpress.com/2009/08/relatorio-cpi-da-grilagem.pdf. Acesso em: 28 fev. 2020. Apesar de se tratar de diagnóstico antigo, as patologias continuam as mesmas.

[452] ARRECADAÇÃO de multas administrativas, onde consta que entre 2005 e 2009, menos de 1% das multas aplicadas pelo IBAMA foram efetivamente recolhidas. *Portal do Tribunal de Contas da União*. Disponível em: https://portal.tcu.gov.br/tcu/paginas/contas_governo/contas_2009/Textos/Ficha%204%20-%20Arrecadacao%20de%20Multas.pdf. O quadro não se alterou ao longo do tempo. V. LIBÓRIO, Bárbara. Por que o IBAMA arrecada só 5% das multas ambientais que aplica. *Aos fatos*, 31 jan. 2019. Disponível em: https://aosfatos.org/noticias/por-que-o-ibama-arrecada-so-5-das-multas-ambientais-que-aplica/.

[453] ABRAMOVAY, Ricardo. *Amazônia*: por uma economia de conhecimento da natureza. São Paulo: Elefante, 2019. p. 11.

[454] CAPOBIANCO, João Paulo Ribeiro. *Governança socioambiental na Amazônia brasileira na década de 2000*. Tese (Doutorado) – Instituto de Energia e Ambiente, Universidade de São Paulo, 2017. Mimeo. p. 118.

[455] ABRAMOVAY, Ricardo. *Amazônia*: por uma economia de conhecimento da natureza. São Paulo: Elefante, 2019. p. 11.

operações de fiscalização –, a criação de unidades de conservação e a demarcação de terras indígenas. Nesse último caso, pelo fato de que as terras inseridas nessas áreas protegidas perdem o valor, na medida em que não é possível obter titulação sobre elas, desestimulando a grilagem.[456] Pois bem: foi precisamente o afrouxamento da fiscalização que permitiu, a partir de 2013, que o índice de desmatamento voltasse a crescer significativamente.

A situação agravou-se ao longo de 2019, com elevação de 30%, em contraste com o ano anterior, atingindo a marca de 9.762 km^2.[457] Organizações ambientais, defensores da floresta e cientistas atribuíram este incremento a atitudes do novo Governo,[458] apontando, em meio a outras queixas, declarações públicas de altas autoridades que sinalizaram desinteresse pela questão ambiental,[459] associadas a atos concretos que implicaram uma substancial alteração das políticas públicas necessárias

---

[456] CAPOBIANCO, João Paulo Ribeiro. *Governança socioambiental na Amazônia brasileira na década de 2000*. Tese (Doutorado) – Instituto de Energia e Ambiente, Universidade de São Paulo, 2017. Mimeo. p. 120.

[457] PRODES – Monitoramento do Desmatamento da Floresta Amazônica por Satélite. *Instituto Nacional de Pesquisas Espaciais – INPE*. Disponível em: http://www.obt.inpe.br/OBT/assuntos/programas/amazonia/prodes. Acesso em: 31 mar. 2020. Notícias anteriores apontavam um volume bem maior. V. AFP, Desmatamento na Amazônia aumenta 85,3% em 2019, aponta INPE. *Veja*, 14 jan. 2020. Disponível em: https://veja.abril.com.br/brasil/desmatamento-na-amazonia-aumenta-853-em-2019-aponta-inpe/; DESMATAMENTO na Amazônia cresce 85%. *DW*, 14 jan. 2020. Disponível em: https://www.dw.com/pt-br/desmatamento-na-amazônia-cresce-85-em-2019/a-52006186.

[458] MÁFIAS do Ipê. *Human Rights Watch*, 17 set. 2019. p. 10. Disponível em: https://www.hrw.org/pt/report/2019/09/17/333886. Acesso em: 9 fev. 2020 (RAINFOREST Mafias. *Human Rights Watch*. Disponível em: https://www.hrw.org/report/2019/09/17/rainforest-mafias/how-violence-and-impunity-fuel-deforestation-brazils-amazon): "O governo Bolsonaro tem agido de forma agressiva para diminuir a capacidade do país de fazer cumprir suas leis ambientais"; segundo o coordenador da campanha de políticas públicas do Greenpeace Brasil, "o governo tem uma agenda de desmonte e destruição ambiental". V. ROSA, Ana Beatriz. Em primeiro ano, governo Bolsonaro expõe despreparo para lidar com questões ambientais. *Huffpost*, 2 jan. 2020; o pesquisador Carlos Nobre afirmou: "A pauta não é mais de interesse, como era desde 1992, com todos os governos que tivemos, com vários partidos políticos".

[459] A título ilustrativo, mencionam-se manifestações do Presidente da República sobre abandonar o Acordo de Paris, extinguir o Ministério do Meio Ambiente, bem como a renúncia do país a sediar, em 2019, a Conferência das Nações Unidas sobre Mudanças Climáticas (COP 25). V., respectivamente: DARBY, Megan. Brazil: Bolsonaro threatens to quit Paris climate deal. *Climate Exchange News*, 14 ago. 2018; STACHEWSKI, Ana Laura. Bolsonaro mantém Ministério do Meio Ambiente, mas esvazia pasta. *Época Negócios*, 22 jan. 2019. Disponível em: https://epocanegocios.globo.com/Brasil/noticia/2019/01/bolsonaro-mantem-ministerio-do-meio-ambiente-mas-esvazia-pasta.html; e VILELA, Pedro Rafael. Bolsonaro defendeu não realizar COP-25 no Brasil. *Agência Brasil*, 28 nov. 2018. Disponível em: https://agenciabrasil.ebc.com.br/politica/noticia/2018-11/bolsonaro-defendeu-nao-realizar-cop-25-no-brasil.

à prevenção e ao controle do desmatamento.[460] Tais comportamentos teriam contribuído para aumentar a ousadia de madeireiros, garimpeiros e grileiros no entendimento das organizações ambientais.[461]

Entre os atos antes aludidos, podem-se listar: (i) a extinção da Secretaria de Mudanças do Clima e Florestas do Ministério do Meio Ambiente (MMA);[462] (ii) a extinção da Subsecretaria-Geral de Meio Ambiente, Energia e Ciência e Tecnologia do Ministério das Relações Exteriores;[463] (iii) a exoneração de inúmeros superintendentes estaduais do Instituto Brasileiro do Meio Ambiente (Ibama)[464] e sua substituição por pessoas alegadamente descomprometidas com as causas ambientais;[465] (iv) a redução do número de membros do Conselho Nacional do Meio Ambiente (Conama), com impacto sobre a representação das organizações não governamentais (ONGs), dos estados e da sociedade civil;[466] (v) a transferência do Serviço Florestal Brasileiro para o Ministério da Agricultura, Pecuária e Abastecimento (Ministério da Agricultura),[467] ao qual se atribui a defesa de interesse conflitante; (vi) a alteração da competência para demarcar terras indígenas, com sua migração da Fundação Nacional do Índio (Funai) para o Ministério da Agricultura;[468] (vii) a manifesta hostilidade em relação às organizações não governamentais que atuam ao lado dos defensores da floresta;[469] e, por fim, (viii) a extinção do Comitê Orientador do Fundo Amazônia, que detinha a atribuição de estabelecer os critérios e acompanhar a aplicação

---

[460] MINISTÉRIO do Meio Ambiente reduz verba de combate à mudança climática. *Exame*, 7 maio 2019.

[461] ABRAMOVAY, Ricardo. *Amazônia*: por uma economia de conhecimento da natureza. São Paulo: Elefante, 2019. p. 13: "Desde janeiro de 2019, o governo federal vem emitindo sinais que são lidos, no plano local, como permissão para o avanço da invasão de terras públicas e freio às ações estatais que procuram combater estas práticas criminosas".

[462] Decreto nº 9.672, de 2.1.2019.

[463] Decreto nº 9.683, de 9.1.2019.

[464] Portarias nºs 107 a 127, de 28.2.2019.

[465] FORTE, Bárbara; CARVALHO, Diana; RODRIGUES, Paula. O que significam as demissões de autoridades do Ministério do Meio Ambiente. *ECOA/UOL*, 3 mar. 2020. Disponível em: https://www.google.com.br/amp/s/www.uol.com.br/ecoa/ultimas-noticias/2020/03/03/o-que-significam-as-demissoes-de-autoridades-do-ministerio-do-meio-ambiente.amp.htm.

[466] Decreto nº 9.806, de 28.5.2019.

[467] Decreto nº 9.667, de 2.1.2019.

[468] Medida Provisória nº 870, de 1º.1.2019, convertida na Lei nº 13.884, de 18.6.2019. A medida provisória, nessa parte específica, não foi aprovada pelo Congresso Nacional. Tentativa de reeditá-la, por sua vez, foi considerada inconstitucional pelo Supremo Tribunal Federal.

[469] RAINFOREST Mafias. *Human Rights Watch*, 17 set. 2019. p. 5-6. Disponível em: https://www.hrw.org/report/2019/09/17/rainforest-mafias/how-violence-and-impunity-fuel-deforestation-brazils-amazon. Acesso em: 9 fev. 2020.

dos recursos do Fundo.⁴⁷⁰ Este último ato agravou a crise diplomática do Brasil com Alemanha e Noruega, os dois mais importantes financiadores de ações voltadas à proteção ambiental da Amazônia, levando à suspensão de novas doações, após tais países terem destinado bilhões de reais para a causa.

Então, em fevereiro de 2020, aparentemente procurando sinalizar uma mudança de atitude, o Governo transferiu o Conselho Nacional da Amazônia Legal do Ministério do Meio Ambiente para a Vice-Presidência da República. O Conselho tem, entre os seus fins, coordenar os diversos ministérios e órgãos governamentais que cuidam da questão ambiental, bem como propor políticas e iniciativas relacionadas à preservação, à proteção e ao desenvolvimento sustentável da Amazônia Legal. Será preciso esperar para ver se o país irá conseguir recuperar-se da quebra de imagem mundial nessa matéria e ter sucesso na drástica redução do desmatamento, para que possa voltar ao radar da sociedade a meta desejável do desmatamento líquido zero.⁴⁷¹

Parte III
Alguns caminhos para a preservação: a floresta vale mais em pé do que derrubada

I O insucesso dos modelos de desenvolvimento adotados até aqui

Duas formas diametralmente opostas de lidar com a Floresta Amazônica foram adotadas do início dos anos 70 para cá. A primeira se pode cognominar desenvolvimentista, que consiste na derrubada da floresta para ocupação da área com atividades econômicas como pecuária, agricultura, extração de madeira, mineração e usinas hidroelétricas. Essa concepção não leva em conta as consequências graves da destruição do bioma amazônico.⁴⁷² A segunda pode ser identificada como ambientalista, por sua ênfase na manutenção da floresta intacta, com a instituição de

---

⁴⁷⁰ Decreto nº 9.759, de 11.4.2019.
⁴⁷¹ Decreto nº 10.239, de 12.2.2020.
⁴⁷² Bioma é um espaço geográfico com características próprias de clima, vegetação, fauna, altitude e outros fatores. De acordo como o Ministério do Meio Ambiente, o Brasil é formado por seis biomas diversos: Amazônia, Caatinga, Cerrado, Mata Atlântica, Pampa e Pantanal (BIOMAS. *Ministério do Meio Ambiente*. Disponível em: https://www.mma.gov.br/biomas.html. Acesso em: 16 mar. 2020).

grandes áreas de proteção, representadas pela demarcação de terras indígenas e pela criação de unidades de conservação.[473] Nenhum dos dois modelos foi capaz de extrair as melhores potencialidades econômicas e sociais da Amazônia, cujo PIB representa 8% do total nacional, com alguns dos piores indicadores sociais do país.[474] A partir de meados dos anos 2000, acreditou-se ser possível uma fórmula híbrida, que conciliasse a exploração de atividades econômicas com a preservação da floresta.[475] Nada obstante, as fronteiras de desmatamento continuaram a se expandir.[476] Na quadra atual, vem ganhando força uma ideia referida como *terceira via* ou *Amazônia 4.0*, expressões que se referem ao desenvolvimento de uma economia da floresta, sustentável e justa para as comunidades locais.[477] A seguir são discutidos todos esses modelos.

1 Modelo desenvolvimentista: derrubada da floresta para exploração de atividades econômicas

A ocupação efetiva da Amazônia começou em meados da década de 60, impulsionada, principalmente, por uma preocupação geopolítica: a de integrá-la ao território nacional, tornando a área povoada e o Estado presente. O objetivo subjacente era assegurar a soberania do país sobre a floresta e seus recursos naturais.[478] A partir daí, teve início a política de estímulo a produtores e trabalhadores de diversas partes do Brasil

---

[473] PLANO de Ação para Prevenção e Controle do Desmatamento na Amazônia Legal – PPCDAm 1ª Fase. *Ministério do Meio Ambiente*, Brasília, 2004. Disponível em: https://www.mma.gov.br/images/arquivo/80120/PPCDAM_fase1.pdf. Acesso em: 2 mar. 2020.

[474] VERÍSSIMO, Beto. Let's cut Amazon deforestation to zero. Here's how. *Americas Quarterly*, 2015: "Em 1970, quando o ritmo de desmatamento na Amazônia começou a realmente acelerar, a região gerava pouco menos de 8 por cento do produto interno bruto do Brasil. Hoje, 45 anos mais tarde, depois de todo o desmatamento ocorrido, depois do surgimento de todas as fazendas de gado e projetos de mineração e centros urbanos, a região amazônica ainda produz os mesmos 8 por cento do PIB brasileiro".

[475] PLANO de Ação para Prevenção e Controle do Desmatamento na Amazônia Legal – PPCDAm 1ª Fase. *Ministério do Meio Ambiente*, Brasília, 2004. Disponível em: https://www.mma.gov.br/images/arquivo/80120/PPCDAM_fase1.pdf. Acesso em: 2 mar. 2020.

[476] NOBRE, Carlos; SAMPAIO, Gilvan; BORMA, Laura S. et al. Land-use and climate change risks in the Amazon and the need of a novel sustainable development paradigm. *PNAS*, v. 113, 2016. p. 10759.

[477] Segundo VERÍSSIMO, Beto. *Bases para um blue print desenvolvimento sustentável na Amazônia*, 2020. Mimeo. p. 5-6, os ciclos de desenvolvimento da Amazônia podem ser didaticamente resumidos na seguinte tipologia: Amazônia 1.0 (Velho Extrativismo); Amazônia 2.0 (Agropecuária); Amazônia 3.0 (Sistemas agroflorestais e turismo); e Amazônia 4.0 (Bioeconomia e serviços ambientais).

[478] BECKER, Bertha K. Revisão das políticas de ocupação da Amazônia: é possível identificar modelos para projetar cenários? *Parcerias Estratégicas*, v. 12. p. 135-136.

para se estabelecerem na região. Para tanto, foram oferecidos incentivos fiscais, facilitação de crédito e terras baratas.[479] Estradas passaram a ser abertas para possibilitar o escoamento da produção, com a inevitável consequência da ocupação e do desmatamento de suas margens e do impacto sobre o ecossistema. Aos poucos foi se formando o que hoje é conhecido como o "arco do desmatamento", onde se verifica intensa supressão da floresta, com grandes focos de calor.[480] Em muitas lideranças prevalece, ainda hoje, a crença de que desmatamento é sinônimo de desenvolvimento.[481] É bem de ver, no entanto, que o solo amazônico não é, de modo geral, um solo rico, e depende da cobertura vegetal e do clima para sua própria preservação.[482] Entre as críticas ao processo de integração adotado na Amazônia situam-se, além da degradação ambiental, a formação de latifúndios[483] e a não exigência de que ao menos parte dos ganhos obtidos fosse reinvestido localmente.[484]

---

[479] MAHAR, Dennis J. *Desenvolvimento econômico da Amazônia*: uma análise das políticas governamentais. Rio de Janeiro: IPEA/INPES, 1978. p. 107-169; e ALMEIDA, Anna Luiza O. de. *Colonização dirigida na Amazônia*. Rio de Janeiro: IPEA, 1992. p. 20-25.

[480] O Arco do Desmatamento – ou Arco de Povoamento Adensado – se estende desde o oeste do estado do Maranhão, passando por Tocantins, parte do Pará e do Mato Grosso, todo o estado de Rondônia, o sul do Amazonas chegando ao Acre. Trata-se da região que concentra os maiores índices de desmatamento da Amazônia, aproximando-se de 75% do total. O desenho desse arco foi iniciado pelas rodovias Belém-Brasília e Cuiabá-Porto Velho, e aumentou de tamanho com a expansão das rodovias, que irradiam o desmatamento para o interior da floresta. V. ISA – INSTITUTO SOCIOAMBIENTAL. *Novo arco do desmatamento*: fronteira avança em 2019 na Amazônia. Brasília: ISA, 2019. Disponível em: https://www.socioambiental.org/pt-br/noticias-socioambientais/novo-arco-do-desmatamento-fronteira-de-destruicao-avanca-em-2019-na-amazonia. Acesso em: 3 mar. 2020.

[481] Confira-se, a esse propósito, declaração de Assuero Doca Veronez, presidente da Federação de Agricultura do Acre: "Desmatamento para nós é sinônimo de progresso, por mais que isso possa chocar as pessoas". E acrescentou: "[O] Acre não tem minério, não tem potencial turístico, o que tem são as melhores terras do Brasil. Só que esta terra tem um problema, uma floresta em cima" (AMAZONAS, Acre e Rondônia querem o seu próprio matopiba. *Amazônia: notícia e informação*, 9 mar. 2020. Disponível em: http://amazonia.org.br/2020/03/amazonas-acre-e-rondonia-querem-o-seu-proprio-matopiba/. Acesso em: 19 mar. 2020).

[482] NOBRE, Carlos; SAMPAIO, Gilvan; BORMA, Laura S. *et al*. Land-use and climate change risks in the Amazon and the need of a novel sustainable development paradigm. *PNAS*, v. 113, 2016; MAHAR, Dennis J. *Desenvolvimento econômico da Amazônia*: uma análise das políticas governamentais. Rio de Janeiro: IPEA/INPES, 1978. p. 122-127.

[483] Os incentivos fiscais possibilitaram que poucas empresas adquirissem grandes áreas de terras a preços muito baixos e foram responsáveis pela formação de grandes latifúndios com dinheiro público. MAHAR, Dennis J. *Desenvolvimento econômico da Amazônia*: uma análise das políticas governamentais. Rio de Janeiro: IPEA/INPES, 1978. p. 160.

[484] MAHAR, Dennis J. *Desenvolvimento econômico da Amazônia*: uma análise das políticas governamentais. Rio de Janeiro: IPEA/INPES, 1978. p. 107-169; e ALMEIDA, Anna Luiza O. de. *Colonização dirigida na Amazônia*. Rio de Janeiro: IPEA, 1992. p. 122-127.

O fato é que, ao longo do tempo, o agronegócio foi se consolidando como a principal atividade econômica do país,[485] com participação expressiva da produção advinda da Amazônia. Os números impressionam: o Brasil é o maior exportador de soja do mundo, produzindo em torno de 30% da oferta total existente.[486] Aproximadamente 58,5% dessa produção é destinada ao mercado internacional, sendo que 12% se originam no bioma Amazônia.[487] No tocante à pecuária, o país detém o maior rebanho bovino do planeta e é responsável por aproximadamente 15% da carne bovina consumida mundialmente.[488] Pois bem: 40% dos animais e parte expressiva dos frigoríficos estão localizados na Amazônia Legal.[489] Cerca de 20% da produção de carne bovina é destinada ao exterior.[490] Estima-se que a pecuária seja a principal responsável pelo desmatamento de 80% das áreas da Amazônia.[491] A verdade, porém, é

---

[485] PIB do agronegócio brasileiro. *Cepea – Centro de Estudos Avançados em Economia Aplicada*. Disponível em: https://www.cepea.esalq.usp.br/br/pib-do-agronegocio-brasileiro.aspx. Acesso em: 18 mar. 2020.

[486] STABILE, Marcelo C.C. et al. Solving Brazil's land use puzzle: Increasing production and slowing Amazon deforestation. *Land Use Policy*, 2019. p. 1. Disponível em: http://doi.org/10.1016/j.landusepol.2019.104362. Acesso em: 29 fev. 2020. Segundo dados da Organização das Nações Unidas para a Alimentação e a Agricultura (Food and Agriculture Organization of the United Nations – FAO), em janeiro de 2018, a quantidade de grãos de soja produzida pelo Brasil correspondia a 34% do total de grãos de soja do mundo (Disponível em: http://www.fao.org/faostat/en/#compare. Acesso em: 1º abr. 2010).

[487] INSTITUIÇÕES financeiras e a gestão do risco de desmatamento. *Febraban – Federação Brasileira de Bancos; FGV EAESP – Centro de Estudos em Sustentabilidade*, maio 2018. p. 28-36.

[488] STABILE, Marcelo C.C. et al. Solving Brazil's land use puzzle: Increasing production and slowing Amazon deforestation. *Land Use Policy*, 2019. p. 1. Disponível em: http://doi.org/10.1016/j.landusepol.2019.104362. Acesso em: 29 fev. 2020.

[489] INSTITUIÇÕES financeiras e a gestão do risco de desmatamento. *Febraban – Federação Brasileira de Bancos; FGV EAESP – Centro de Estudos em Sustentabilidade*, maio 2018. p. 13-37; BARRETO et al. *Os frigoríficos vão ajudar a zerar o desmatamento na Amazônia?* Belém: Imazon, 2017. Disponível em: https://imazon.org.br/PDFimazon/Portugues/livros/Frigorificos%20e%20o%20desmatamento%20da%20Amaz%C3%B4nia.pdf. Acesso em: 5 mar. 2020.

[490] INSTITUIÇÕES financeiras e a gestão do risco de desmatamento. *Febraban – Federação Brasileira de Bancos; FGV EAESP – Centro de Estudos em Sustentabilidade*, maio 2018. p. 13-37. De acordo com o estudo, 81% da produção destinam-se ao mercado interno e 19% são exportados para o mercado externo, tendo como principais destinos China, Egito, Rússia e Irã.

[491] PLANO de Ação para Prevenção e Controle do Desmatamento na Amazônia Legal – PPCDAm 1ª Fase. *Ministério do Meio Ambiente*, Brasília, 2004. p. 10. Disponível em: https://www.mma.gov.br/images/arquivo/80120/PPCDAM_fase1.pdf. Acesso em: 2 mar. 2020. Nas palavras do documento: "A pecuária é responsável por cerca de 80% de toda área desmatada na Amazônia Legal". Estudo do Instituto do Homem e Meio Ambiente da Amazônia – Imazon afirma que "a pecuária continua como a principal ocupação das áreas desmatadas na Amazônia, ocupando de 75% a 81% do total desmatado entre 1990 e 2005". V. BARRETO, Paulo; PEREIRA, Ritaumaria; ARIMA, Eugênio. *A pecuária e o desmatamento na Amazônia na era das mudanças climáticas*. Belém: Imazon, [s.d.]. p. 20. Disponível em: https://imazon.org.br/

que não existe uma relação necessária entre agronegócio e desmatamento: no período em que a destruição da floresta declinou em 80% (entre 2004 e 2012), os resultados praticamente triplicaram.[492] E isso não se deveu apenas aos preços do mercado internacional. Além disso, estudos indicam que a produtividade do agronegócio na Amazônia é inferior à alcançada em outras áreas[493] e que ela pode ser substancialmente aumentada, mantidas as terras já ocupadas, mediante investimento, tecnologia e gestão adequados.[494]

A lógica econômica que favorece o desmatamento também está presente na população de baixa renda, entre os pequenos produtores e nos assentamentos. Esses grupos sofrem com baixa produtividade, decorrente da falta de infraestrutura básica, do baixo acesso à tecnologia, à assistência técnica e aos mercados. Removem a cobertura de vegetação, promovem queimadas, esgotam o solo e migram em busca de novas áreas. Estima-se que os assentamentos agrícolas são responsáveis por aproximadamente 30% do desmatamento nos últimos anos.[495] Reduzir o desmatamento, nessa camada da população, depende do desenvolvimento de políticas públicas de assistência à sua produção e/ou da criação de alternativas econômicas que lhes ofereçam outras oportunidades de renda. Tal como se encontram esses pequenos produtores, a luta é pela sobrevivência e nela prevalece a visão de curto prazo. Ainda que o desmatamento e as queimadas (ou, mesmo, a

---

publicacoes/a-pecuaria-e-o-desmatamento-na-amazonia-na-era-das-mudancas-climaticas/. Acesso em: 2 abr. 2020.

[492] NOBRE, Carlos; SAMPAIO, Gilvan; BORMA, Laura S. et al. Land-use and climate change risks in the Amazon and the need of a novel sustainable development paradigm. *PNAS*, v. 113, 2016. p. 10760.

[493] Trabalho de 2016 observa que a produção agrícola da Amazônia representa 14,5% do produto interno do setor, com a utilização de uma área de 750.000km² de desmatamento; ao passo que São Paulo é responsável por 11,3% do produto agrícola bruto, valendo-se, para isso, de uma área de aproximadamente 193.000km². NOBRE, Carlos; SAMPAIO, Gilvan; BORMA, Laura S. et al. Land-use and climate change risks in the Amazon and the need of a novel sustainable development paradigm. *PNAS*, v. 113, 2016. p. 10759.

[494] STABILE, Marcelo C.C. et al. Solving Brazil's land use puzzle: Increasing production and slowing Amazon deforestation. *Land Use Policy*, 2019. p. 4. Disponível em: http://doi.org/10.1016/j.landusepol.2019.104362. Acesso em: 29 fev. 2020.

[495] STABILE, Marcelo C.C. et al. Solving Brazil's land use puzzle: Increasing production and slowing Amazon deforestation. *Land Use Policy*, 2019. p. 4. Disponível em: http://doi.org/10.1016/j.landusepol.2019.104362. Acesso em: 29 fev. 2020. Em outubro de 2019, 32% do desmatamento foi registrado em assentamentos. V. SISTEMA de Alerta de Desmatamento. *Imazon – Instituto do Homem e Meio Ambiente da Amazônia*, out. 2019. Disponível em: https://imazon.org.br/wp-content/uploads/2019/12/SAD-Outubro-2019.pdf. Acesso em: 3 mar. 2020.

extração de madeira e o garimpo ilegal) provoquem a exaustação do solo, eles são os instrumentos que permitem a sua subsistência imediata.[496] Nota-se, assim, que há uma lógica econômica na devastação da floresta. Enquanto essa lógica econômica não for enfrentada, a pressão sobre a floresta persistirá.

2 Modelo ambientalista: ênfase na preservação máxima da floresta

Em contraste com o anterior, há um segundo modelo de ocupação da Amazônia cujo foco primário é a preservação da floresta, sua fauna, flora, rios, povos e culturas tradicionais. Para tanto, procuram-se criar áreas intensamente resguardadas e reguladas, de modo que a maior parte do bioma amazônico esteja protegida perpetuamente. Situa-se nessa lógica a criação de largas unidades de conservação – que incluem parques nacionais, reservas biológicas, florestas nacionais e áreas de proteção ambiental –, bem como a demarcação de terras indígenas. As unidades de conservação, que são reguladas por lei aprovada no ano de 2000, podem ser (i) *de proteção integral*, que se destinam à manutenção dos ecossistemas livres de quaisquer alterações causadas por interferência humana;[497] e (ii) *de uso sustentável*, voltadas à exploração dos bens da natureza de maneira a garantir a perenidade dos recursos e processos ecológicos, de forma socialmente justa e economicamente viável.[498] As unidades de conservação resguardam o *habitat* e o modo de vida dos

---

[496] Estudos indicam que a chegada do desmatamento provoca um aquecimento da economia local e oportunidades de trabalho e renda para a população. A esse *boom* segue-se, contudo, uma queda econômica, *bust*, indicando que o crescimento produzido pelo desmatamento não se mantém. Um desses estudos observa, contudo, que, após a queda, a economia local se recupera parcialmente. De todo modo, o que interessa para o presente trabalho é que o aumento imediato das oportunidades de renda, para comunidades marcadas pela escassez, pode ser suficiente para acionar a lógica do desmatamento. Portanto, é preciso construir alternativas para essas comunidades. V. CELENTANO, Danielle; SILLS, Erin; SALLES, Márcio; VERÍSSIMO, Adalberto. Welfare outcomes and the advance of the deforestation frontier in the Brazilian Amazon. *World Developments*, v. 40, 2012. p. 850-864; e RODRIGUES, Ana S. L.; EWERS, Robert M.; PARRY, Luke *et al*. Boom-and Bust Development Patterns Across the Amazon Deforestation Frontier. *Science*, v. 324, 2009. p. 1435-1437.

[497] Lei nº 9.985/2002, art. 2º, I, e arts. 8º a 13. O grupo das unidades de conservação de proteção integral se compõe de estações ecológicas, reservas biológicas, parques nacionais, monumentos naturais e refúgio de vida silvestre, cada qual com características específicas.

[498] Lei nº 9.985/2002, art. 2º, I, e arts. 14 a 21. O grupo das unidades de conservação de uso sustentável se compõe pelas seguintes espécies: área de proteção ambiental, área de relevante interesse ecológico, floresta nacional, reserva extrativista, reserva de fauna, reserva de desenvolvimento sustentável e reserva particular do patrimônio natural.

povos tradicionais da floresta, protegem a biodiversidade e preservam o potencial econômico do bioma amazônico. Já as terras indígenas pertencem formalmente à União, mas, nos termos da Constituição, os "índios" têm direitos originários sobre as áreas que tradicionalmente ocupam, competindo ao Governo federal demarcá-las e protegê-las.[499] De ordinário, os povos indígenas desenvolvem um uso compatível com sua cultura tradicional, que valoriza o aproveitamento sustentável dos recursos naturais e a proteção da natureza. Como já assinalado, a exploração de recursos hídricos e do potencial energético, bem como a pesquisa e lavra de riquezas minerais em terras indígenas dependem de autorização do Congresso Nacional, da oitiva das comunidades interessadas e da garantia de sua participação nos resultados.[500] A criação de tais áreas constitui um obstáculo ao avanço descontrolado da atividade econômica. Em dados de 2019, as terras indígenas somavam 723 áreas, sendo 424 delas na Amazônia. Em termos de extensão, 98% dessas áreas estão na Amazônia Legal, representando 23% do seu território.[501] A demarcação de terras indígenas legitimamente ocupadas pelas populações nativas tem um componente de justiça imanente e outro utilitarista: preserva a vida de tais povos, resguarda direitos que veem de tempos imemoriais e contribui para a preservação ambiental, que beneficia toda a humanidade. Nada obstante, há críticos severos das políticas públicas de demarcação.[502]

Em 2004, diante do avanço sobre a floresta e sob pressão internacional, o Brasil lançou o Plano de Ação para Prevenção e Controle do Desmatamento na Região Amazônica (PPCDAm),[503] tendo por objetivos declarados reduzir de forma contínua e consistente o desflorestamento e criar as condições para se estabelecer um modelo de desenvolvimento sustentável na Amazônia Legal. O Plano foi estruturado em quatro fases, articuladas em torno de quatro eixos: (i) ordenamento fundiário e territorial; (ii) monitoramento e controle ambiental; (iii) fomento às

---

[499] Constituição Federal, art. 231.
[500] Constituição Federal, art. 232.
[501] LOCALIZAÇÃO e extensão das terras indígenas. *Povos Indígenas do Brasil*, 21 fev. 2019. Disponível em: https://pib.socioambiental.org/pt/Localização_e_extensão_das_TIs. Acesso em: 20 mar. 2020.
[502] Entre eles, o atual Presidente da República, Jair Bolsonaro. V. OLIVEIRA, Marcelo. Bolsonaro: país tem 'indústria de demarcação' e reservas indígenas abusivas. *UOL*, 11 fev. 2020.
[503] PLANO de Ação para Prevenção e Controle do Desmatamento na Região Amazônica. *Ministério do Meio Ambiente*. Disponível em: http://redd.mma.gov.br/pt/acompanhamento-e-a-analise-de-impacto-das-politicas-publicas/ppcdam. Acesso em: 19 fev. 2020.

atividades produtivas sustentáveis; e (iv) instrumentos econômicos e normativos. Na primeira fase do PPCDAm, entre 2004 e 2008, o eixo da ordenação fundiária e territorial logrou o maior êxito, com a criação de mais de 25 milhões de hectares de unidades de conservação federais e a homologação de 10 milhões de hectares de terras indígenas.[504] Na segunda fase, de 2009 a 2011, o eixo monitoramento e controle foi o grande responsável pela queda das taxas de desmatamento, em virtude da eficiência do sistema de monitoramento e da agilidade das ações integradas de fiscalização e de combate ao crime organizado, levadas a efeito pelo Ibama, Polícias Federal e Rodoviária, Força Nacional de Segurança Pública e apoio do Exército.[505] Em 2009, foi aprovada, ainda, a Política Nacional sobre Mudança do Clima (PNMC), por meio da qual o Brasil adotou o compromisso nacional voluntário de redução entre 36,1% e 38,9% das suas emissões de carbono projetadas até 2020.[506]

Embora todos os quatro eixos devessem ser implementados simultaneamente, as duas primeiras fases do PPCDAm se alinharam ao modelo ambientalista de ênfase na preservação da floresta.

3 O modelo híbrido: o difícil equilíbrio

O terceiro eixo do PPCDAm – fomento às atividades produtivas sustentáveis –visa ao desenvolvimento de atividades econômicas compatíveis que se compatibilizem com a preservação de um meio ambiente equilibrado. Trata-se de um meio termo que procura não ser indiferente às necessidades econômico-sociais dos produtores e trabalhadores da região, mas que não descura da necessidade premente de proteção da floresta. Como assinalado, as duas primeiras etapas do Plano foram bem-sucedidas na contenção do desmatamento. Em decorrência, intensificaram-se as demandas por alternativas econômicas para a população, já que a contenção das atividades ilícitas acaba resultando em algum grau de desestruturação dos seus meios de subsistência.

---

[504] PLANO de Ação para Prevenção e Controle do Desmatamento na Amazônia Legal. *Ministério do Meio Ambiente*. Disponível em: https://www.mma.gov.br/informma/item/616-prevenção-e-controle-do-desmatamento-na-amazônia. Acesso em: 20 mar. 2020. Também os Estados-Membros da região contribuíram com outros 25 milhões de hectares de unidades de conservação.

[505] PLANO de Ação para Prevenção e Controle do Desmatamento na Amazônia Legal. *Ministério do Meio Ambiente*. Disponível em: https://www.mma.gov.br/informma/item/616-prevenção-e-controle-do-desmatamento-na-amazônia. Acesso em: 20 mar. 2020.

[506] Lei nº 12.187/2009, art. 12.

O próprio relatório de avaliação da implementação da terceira etapa (2012-2015) constatou o êxito do plano na redução do desmatamento, mas ressalvou que o eixo de ações para o desenvolvimento sustentável havia obtido um grau baixo de sucesso e que esse é um capítulo essencial para que o esforço na promoção do desmatamento persista no tempo.[507] Não por acaso, a partir de 2015, com o desaquecimento da economia do país, os níveis de desflorestamento voltaram a crescer, seguindo em ritmo progressivo nos anos de 2016, 2017 e 2018. Em 2019, o aumento foi de 30% em relação ao ano anterior,[508] alcançando inclusive terras indígenas e unidades de conservação.[509]

As principais categorias fundiárias da Amazônia, relativamente às áreas públicas, são as unidades de conservação, as terras indígenas, os assentamentos da reforma agrária e as chamadas áreas ou glebas não destinadas. Nas áreas de titulação privada, de modo geral, o que se impõe é o respeito à reserva legal e às áreas de preservação permanente. Já as principais atividades econômicas da região são pecuária, agricultura e extrativismo, aí incluída a produção de madeira. O que está em questão é compatibilizar tais atividades com a preservação da floresta e do meio ambiente em geral. Para tanto, na terceira fase do PPCDAm, o foco no fomento às atividades econômicas sustentáveis tinha por propósito: (i) promover a viabilidade das cadeias produtivas (*supply chain*) que constituem alternativas ao desmatamento;[510] (ii) fomentar boas práticas agropecuárias, incluindo a substituição do uso do fogo; (iii) aumentar a produção e comercialização de madeira por meio de manejo florestal sustentável, com ampliação das concessões; e (iv) promover atividades

---

[507] AVALIAÇÃO Independente do Plano de Ação para Prevenção e Controle do Desmatamento na Amazônia Legal: PPCDAm 2007-2010. *Cepal, Ipea e GIZ*, 2011. Disponível em: http://repositorio.ipea.gov.br/bitstream/11058/884/1/IPEA_GIZ_Cepal_2011_Avaliacao%20PPCDAm%202007-2011_web.pdf. Acesso em: 20 fev. 2020.

[508] PRODES – Monitoramento do Desmatamento da Floresta Amazônica por Satélite. *Instituto Nacional de Pesquisas Espaciais – INPE*. Disponível em: http://www.obt.inpe.br/OBT/assuntos/programas/amazonia/prodes. Acesso em: 1º mar. 2020.

[509] A ESTIMATIVA da taxa de desmatamento por corte raso para a Amazônia Legal em 2019 é de 9.762km². *Instituto Nacional de Pesquisa Espaciais – INPE*, 18 nov. 2019. Disponível em: http://www.inpe.br/noticias/noticia.php?Cod_Noticia=5294. Acesso em: 1º mar. 2020.

[510] Cadeias produtivas são a soma das operações de obtenção e comercialização de uma matéria-prima até que chegue ao usuário final. Na produção agrícola, ela é composta das seguintes etapas: aquisição de insumos e sementes, plantio, cultivo, colheita, transporte, armazenamento, beneficiamento e comercialização. V. VIAL, Luiz Antônio Machado; SETTE, Tânia Cristina Campanhol; SELITO, Miguel Afonso. *Cadeias produtivas* – Foco na cadeia produtiva dos produtos agrícolas. Disponível em: https://ensus2009.paginas.ufsc.br/files/2015/09/CADEIAS-PRODUTIVAS-UNISINOS.pdf. Acesso em: 21 mar. 2020.

produtivas sustentáveis nos assentamentos e na agricultura familiar.[511] Por ser a agropecuária a principal atividade econômica e principal motor do desmatamento, torna-se particularmente importante a melhoria da produtividade por hectare[512] e a recuperação de pastos e de superfícies degradadas, com o que se evita a pressão sobre a floresta para abertura de novas áreas para criação ou cultivo. Segundo estudiosos, quase 70% dos espaços desmatados são subutilizados e existem alguns milhões de hectares abandonados. Com o uso de tecnologia, a terra que foi desmatada é mais do que suficiente para sustentar, pelas próximas décadas, fazendas, mineração e mesmo empreendimentos hidrelétricos.[513]

Incentivo a atividades sustentáveis (com regularização fundiária, assistência técnica e acesso a meios tecnológicos), conscientização quanto aos efeitos maléficos do fogo (empobrece o solo no longo prazo, emite gases estufas e causa incêndios florestais), melhor aproveitamento do solo, recuperação de áreas degradadas e reocupação de terras abandonadas são alguns instrumentos, ao lado de monitoramento, fiscalização e repressão, que podem ser utilizados para conter o desmatamento na Amazônia. Porém, como demonstram os dados acima, o modelo híbrido não foi capaz de conter a lógica econômica da destruição. A preservação da floresta, portanto, vai exigir, além de todos os esforços descritos até aqui, soluções ousadas, criativas, originais, que demandam, entre outras coisas, valorização dos conhecimentos tradicionais locais e investimento pesado em ciência e tecnologia.

II Um novo modelo de desenvolvimento: a quarta revolução industrial e a bioeconomia da floresta

Ao longo do tempo, a Amazônia experimentou atividades econômicas de baixo impacto ambiental, como a produção florestal

---

[511] PLANO de Ação para Prevenção e Controle do Desmatamento na Amazônia Legal. (PPCDAm) – 3ª fase (2012-2015). Pelo uso sustentável e conservação da floresta. *Ministério do Meio Ambiente*. p. 71. Disponível em: https://www.mma.gov.br/images/arquivo/80120/PPCDAm/_FINAL_PPCDAM.PDF. Acesso em: 21 mar. 2020.

[512] A pecuária ainda apresenta baixa produtividade e baixo aproveitamento. A taxa média de lotação da pecuária na Amazônia ainda é muito baixa, entre 0,5 e 1,0 animal por hectare (PLANO de Ação para Prevenção e Controle do Desmatamento na Amazônia Legal. (PPCDAm) – 3ª fase (2012-2015). Pelo uso sustentável e conservação da floresta. *Ministério do Meio Ambiente*. p. 71. Disponível em: https://www.mma.gov.br/images/arquivo/80120/PPCDAm/_FINAL_PPCDAM.PDF. Acesso em: 21 mar. 2020).

[513] VERÍSSIMO, Beto. Let's cut Amazon deforestation to zero. Here's how. *Americas Quarterly*, 2015. p. 3.

não madeireira – açaí, babaçu, borracha, castanha do Brasil – e de alto impacto, como agronegócio, extração de madeira e mineração. A verdade é que não houve mudança significativa no patamar econômico, social e humano da região, embora a devastação da floresta tenha chegado próxima a 20% da área total. Diante desse quadro, cientistas dedicados ao estudo da Amazônia têm procurado desenvolver novas ideias para velhos desafios, apostando na combinação da sociobiodiversidade com novas tecnologias.

Cabe aqui recapitular que o mundo atravessou, até o final do século XX, três grandes revoluções industriais: a primeira delas é simbolizada pelo uso do vapor; a segunda, pela eletricidade; e a terceira, pela internet, a rede mundial de computadores, conectando bilhões de pessoas pelo mundo em tempo real.[514] Já agora está em curso a quarta revolução industrial,[515] produto da fusão da tecnologia da informação e da biotecnologia, num mundo marcado pelo avanço da inteligência artificial e seus desdobramentos, como internet das coisas, *drones*, carros autônomos, robótica, nanotecnologia, impressão em 3-D, entre muitos outros avanços. A aplicação dessas inovações, invenções e modernidades para desenvolver um novo modelo econômico para a Amazônia tem sido apontada como o caminho do futuro e a redenção para a região.

A bioeconomia é um modelo econômico que prioriza a sustentabilidade. Ela se funda em inovações no campo da tecnologia e das ciências biológicas, com vistas a diminuir a dependência de recursos não renováveis e a viabilizar processos produtivos e industriais de baixo carbono e baixo impacto ambiental.[516] A grande transformação ocorreu quando se tornou possível ler e copiar o código da vida – o

---

[514] V. BARROSO, Luís Roberto. Revolução tecnológica, crise da democracia e mudança climática: limites do direito num mundo em transformação. *Revista Estudos Institucionais*, v. 5, 2019. p. 1277.

[515] SCHWAB, Klaus. *The fourth industrial revolution*. Nova York: Crown Business, 2017; SCHWAB, Klaus. The fourth industrial revolution: What it means and how to respond. *Snapshot*, 12 dez. 2015.

[516] THE bioeconomy to 2030: designing a policy agenda. OCDE, abr. 2009. Disponível em: http://www.oecd.org/futures/long-termtechnologicalsocietalchallenges/ thebioeconomyto2030designingapolicyagenda.htm. Acesso em: 23 mar. 2020: "De uma ampla perspectiva econômica, a bioeconomia se refere ao conjunto de atividades econômicas relacionadas à invenção, desenvolvimento, produção e uso de produtos e processos biológicos" ("From a broad economic perspective, the bioeconomy refers to the set of economic activities relating to the invention, development, production and use of biological products and processes").

DNA –, e também editá-lo.⁵¹⁷ Hoje, técnicas envolvendo a biologia genética estão presentes em domínios diversos, que vão de terapias e fármacos a cultivos agrícolas, rações animais, combustíveis, couros, vacinas, plásticos e uma variedade de produtos. A linguagem do mundo, que já migrara do analógico para o digital, chega agora ao código genético.⁵¹⁸ Surge, assim, um novo paradigma para o desenvolvimento sustentável, baseado na bioeconomia. A aplicação desse novo paradigma à Amazônia, aliando o conhecimento da biodiversidade da região às possibilidades da Indústria 4.0, tem sido defendida pelo aclamado climatologista brasileiro Carlos Nobre, em publicações no Brasil e no exterior, assim como em apresentação no Fórum Econômico Mundial de 2020, em Davos. O parágrafo que se segue traz a síntese de algumas de suas ideias.

Após a contenção relativa do desmatamento, notadamente entre 2004 e 2012, abriu-se uma janela de oportunidade para estruturar uma "terceira via" de desenvolvimento para a Amazônia, entre os dois extremos representados por manter a floresta intocada ou continuar a derrubá-la. Trata-se da bioeconomia da floresta, que consiste em utilizar o conhecimento propiciado pelas ciências, pela tecnologia, pela inovação e pelo planejamento estratégico para a elaboração de novos produtos farmacêuticos, cosméticos e alimentos, bem como para a pesquisa de novos materiais e soluções energéticas. Exemplo: as plantas da Amazônia contêm segredos bioquímicos, como novas moléculas, enzimas, antibióticos e fungicidas naturais, que podem ser sintetizados em laboratório e resultar em produtos de valor agregado.⁵¹⁹ Também há exemplos de frutos típicos, entre os quais se destacam o açaí e o cupuaçu.⁵²⁰ Ambos já foram objeto de tentativas indevidas

---

[517] HARVARD BUSINESS REVIEW – BRASIL. *Bioeconomia*: uma agenda para o Brasil. Brasília: CNI, 2013. p. 6.

[518] HARVARD BUSINESS REVIEW – BRASIL. *Bioeconomia*: uma agenda para o Brasil. Brasília: CNI, 2013. p. 8.

[519] No mesmo sentido, v. Thomas Lovejoy: "Todas as espécies desse sistema incrivelmente biodiverso representam soluções para um conjunto de desafios biológicos – cada um deles com potencial transformador e que pode gerar benefícios para toda a humanidade" ("Every species in this incredibly biodiverse system represents solutions to a set of biological challenges – any one of which has transformative potential and could generate global human benefits"). V. WORLD BANK. *Why the Amazon's biodiversity is critical for the globe*: an interview with Thomas Lovejoy. Disponível em: https://www.worldbank.org/en/news/feature/2019/05/22/why-the-amazons-biodiversity-is-critical-for-the-globe. Acesso em: 23 mar. 2020.

[520] NOBRE, Ismael; NOBRE, Carlos. Projeto "Amazônia 4.0": definindo uma terceira via para a Amazônia. *Futuribles em Português*, v. 2, 2019. p. 8-13; 15; NOBRE, Carlos; SAMPAIO,

de apropriação dos seus nomes e usos.[521] Aliás, o açaí tornou-se um item importante da pauta de exportação brasileira, cuja produção beneficia mais de 300 mil agricultores e gera, anualmente, mais de 1 bilhão de dólares para a economia da região. É nesse contexto que se concebe o conceito de *Amazônia 4.0*, que visa agregar às potencialidades da sociobiodiversidade amazônica – fauna, flora e conhecimentos tradicionais – as novas tecnologias e possibilidades da quarta revolução industrial. A ideia é transformar os recursos naturais em produtos de maior valor agregado, gerados e consumidos de forma sustentável. Todo esse processo deve ter a justa preocupação de trazer benefícios substanciais para as comunidades locais.[522]

Como intuitivo, tudo o que se expôs até aqui envolve educação, ciência, tecnologia e atração de recursos humanos para a região, vindos de outras partes do Brasil e também de grandes centros internacionais. Gente que possa se juntar ao esforço que de longa data desenvolvem instituições privadas e públicas como Inpa – Instituto Nacional de Pesquisas da Amazônia, ISA – Instituto Socioambiental, Inpe – Instituto Nacional de Pesquisas Espaciais, Imazon – Instituto do Homem e Meio Ambiente da Amazônia e Censipan – Centro Gestor e Operacional do Sistema de Proteção da Amazônia e muitas outras. É justamente essa limitação local para a geração de conhecimento, em razão do baixo investimento e do consequente número reduzido de centros de pesquisa e pesquisadores, que dificulta a exploração das potencialidades aqui descritas.[523] Sempre lembrando que vivemos em um mundo no qual conhecimento, informação e tecnologia são os principais ativos.

Gilvan; BORMA, Laura S. *et al*. Land-use and climate change risks in the Amazon and the need of a novel sustainable development paradigm. *PNAS*, v. 113, 2016. p. 10759-10760; 10764-10765.

[521] Como já lembrado anteriormente, além do caso do açaí, também o cupuaçu teve o seu nome e seu uso objeto de registro em marcas e patentes, no Japão, nos Estados Unidos e na União Europeia. Posteriormente, tais registros foram desconstituídos. V. NOGUEIRA, Renata Campos; SOARES, Milena. Patenting bioactive molecules from biodiversity: the Brazilian experience. *Expert Opinion. Ther. Patents*, v. 20, 2010. p. 7.

[522] NOBRE, Ismael; NOBRE, Carlos. Projeto "Amazônia 4.0": definindo uma terceira via para a Amazônia. *Futuribles em Português*, v. 2, 2019. p. 8-13; 15; NOBRE, Carlos; SAMPAIO, Gilvan; BORMA, Laura S. *et al*. Land-use and climate change risks in the Amazon and the need of a novel sustainable development paradigm. *PNAS*, v. 113, 2016. p. 10759-10760, 10764-10765.

[523] VAL, Adalberto Luis. *Caminhos para manter a floresta de pé*. Amazônia em debate: oportunidades, desafios e soluções. Rio de Janeiro: BNDES, 2010. p. 32. Disponível em: https://web.bndes.gov.br/bib/jspui/bitstream/1408/1906/2/Amaz%C3%B4nia%20em%20 debate_oportunidades%2C%20desafios%20e%20solu%C3%A7%C3%B5es%20final-A_P.pdf: "[G]ostaria de lembrar, antes de mais nada, que a Amazônia contribui com aproximadamente

A grande meta, portanto, deve ser produzir conhecimento de ponta e transversal, em áreas como tecnologia digital, ciências biológicas, estudos genéticos, desenvolvimento de matérias-primas e outras. Financiamentos governamentais, *start ups*, novos centros de pesquisa, parcerias público-privadas, empreendedores sociais e privados, investidores e empresas poderão contribuir para que ocorra algo assemelhado ao que se passou no Vale do Silício, na Califórnia. Ciência de ponta para enfrentar grandes problemas.[524] Parece ambicioso demais? Mas, afinal, se a Amazônia é vital para a humanidade, porque nos acomodarmos com um patamar baixo? A esse propósito, documento divulgado no final de 2019 por um grupo de cientistas brasileiros e estrangeiros incluiu entre suas propostas o estabelecimento de um Painel Científico para a Amazônia – PCA (Science Panel for the Amazon – SPA), composto por pesquisadores do setor público e da academia, dos países amazônicos e do resto do mundo. O painel também deverá ter, segundo o documento, a participação de representantes das culturas locais, detentores de conhecimentos tradicionais da floresta.[525]

Em suma: a maior proteção contra a destruição da floresta é que haja maior racionalidade econômica em preservá-la do que em destruí-la, quer porque a sua preservação gera renda para a população, quer porque gera resultados econômicos substanciais de que o país não pode prescindir ou, ainda, porque gera avanços biotecnológicos que aproveita toda a humanidade. Quando esse objetivo for alcançado, a floresta estará mais segura. Se esse objetivo não for alcançado, não haverá aparato repressivo capaz de conter a sua destruição.

8% do PIB brasileiro, mas recebe apenas 2% dos investimentos em ciência e tecnologia do total aplicado no país".

[524] NOBRE, Carlos; SAMPAIO, Gilvan; BORMA, Laura; CASTILLA-RUBIO, Juan Carlos; SILVA, José S.; CARDOSO, Manoel. Land-use and climate risks in the Amazon and the need of a novel sustainable development paradigm. *Proceedings of the National Academy of Sciences of the United States of America*, 16 set. 2016. p. 10765: "Tornou-se vital e de fato urgente instigar uma verdadeira revolução científica, de alta tecnologia e inovação na Amazônia" ("It has become vital and indeed urgent to instigate a real scientific, high-tech, and innovation revolution in the Amazon").

[525] SCIENTIFIC Framework to save the Amazon. *Scientists of the Amazon Countries and Global Partners*, 30 set. 2019. p. 11. Disponível em: https://www.conservation.org/docs/default-source/brasil/ascientificframeworktosavetheamazonfinalversion.pdf. Acesso em: 23 mar. 2020.

III A participação internacional

A participação internacional também pode ser um fator importante na contenção do desmatamento e na sustentabilidade da economia da Amazônia. Em primeiro lugar, os países hoje desenvolvidos devem reconhecer sua responsabilidade histórica pela destruição de suas próprias florestas, bem como sua expressiva contribuição para a mudança climática. Assim, é de justiça que colaborem com os países em desenvolvimento para que não sigam o mesmo caminho, mediante financiamento de programas e projetos que reduzam a emissão de gases de efeito estufa, bem como prestando a assistência técnica necessária. Em segundo lugar, é fato que boa parte da produção agrícola, pecuária, madeireira e mineral da Amazônia destina-se ao mercado de consumo internacional. Logo, esse mercado pode influenciar o comportamento dos produtores domésticos, exigindo práticas sustentáveis de produção. Finalmente, em terceiro lugar, o mercado financeiro internacional pode dar sua colaboração, incorporando a lógica ambiental em suas análises de risco e viabilidade relativamente aos empreendimentos que busquem financiamento ou colocação de ações no mercado. Passa-se, a seguir, ao exame dessas três possíveis vertentes da participação do mercado internacional no combate ao desmatamento.

1 Financiamento e assistência técnica para redução do desmatamento: MDL e REDD+

Duas iniciativas se destacam no que diz respeito ao financiamento e à assistência técnica a países emergentes para a promoção do desenvolvimento sustentável. A primeira é o Mecanismo de Desenvolvimento Limpo (MDL), que remonta à Convenção-Quadro e ao Protocolo de Kyoto. Por esse instrumento, previu-se que os países desenvolvidos prestariam assistência a projetos de redução de emissões de países em desenvolvimento. Estabeleceu-se que esses projetos gerariam reduções certificadas de emissão (RCE), que poderiam ser negociadas no mercado global, de modo a levantar recursos para a preservação ambiental. O MDL tinha aplicabilidade prevista até 2020. Foi, contudo, alvo de diversas críticas, entre as quais a sua impropriedade para efetivamente lograr impactos ambientais efetivos, já que os países desenvolvidos os usavam justamente para seguir emitindo gases acima do limite.[526]

A segunda iniciativa, que parece destinada a substituir o MDL, é o sistema de Redução de Emissões por Desmatamento e Degradação Ambiental (REDD+).[527] Trata-se de um mecanismo voltado à capacitação e ao financiamento de projetos de redução de desmatamento ou de recuperação de florestas em países em desenvolvimento, por meio do qual se prevê o pagamento de uma compensação a tais países por seu desempenho na consecução desses objetivos.[528] Esse instrumento foi incorporado pelo Acordo de Paris, pelo qual os países desenvolvidos foram instados a aportar, em seu conjunto, 100 bilhões de dólares ao ano para financiar ações de REDD+, de modo a ajudar os países emergentes a alcançarem as metas de redução de emissões de gases estufa.[529] No âmbito internacional, duas iniciativas importantes de financiamento do REDD+ foram os fundos lançados pelo Banco Mundial (World Bank Forest Carbon Partnership Facility – FCPF) e o UN-REDD Programme, projeto conjunto da Organização das Nações Unidas com a Food and Agriculture Organization.[530] Alguns países desenvolvidos também lançaram programas bilaterais de apoio ao REDD+, como a Noruega e a Alemanha. Entretanto, o financiamento para ações de REDD+

---

[526] NARAIN, Urvashi; VELD, Klaas Van't. The clean development mechanism's low-hanging fruit problem: When might it arise, and how might it be solved? *Environmental and Resource Economics*, v. 40, 2008. Disponível em: https://doi.org/10.1007/s10640-007-9164-x. Acesso em: 28 mar. 2020; SUBBARAO, Srikanth; LLOYD, Bob. Can the Clean Development Mechanism (CDM) deliver? *Energy Police*, v. 39, 2011. Disponível em: https://doi.org/10.1016/j.enpol.2010.12.036. Acesso em: 28 mar. 2020; MICHAELOWA, Axel; JOTZO, Frank. Transaction costs, institutional rigidities and the size of the clean development mechanism. *Energy Policy*, v. 33, 2001. Disponível em: https://doi.org/10.1016/j.enpol.2003.08.016. Acesso em: 28 mar. 2020.

[527] Há um elemento central que diferencia o REDD+ do MDL. No âmbito do Acordo de Paris, todos os países têm uma meta própria de redução das emissões globais a alcançar; ao passo que, na sistemática do Protocolo de Kyoto, os países desenvolvidos tinham uma meta predefinida e buscavam créditos de carbono nos países em desenvolvimento de modo a flexibilizá-la (GREINER, Sandra; CHAGAS, Thiago; KRÄMER, Nicole *et al*. Moving towards next generation carbon markets: observation from article 6 ilots. *Climate Focus e Perspectives*, jun. 2019).

[528] O REDD constituía, originalmente, um mecanismo destinado à diminuição do desmatamento e da degradação florestal (REDD). Mais tarde, incluíram-se em seu escopo o manejo sustentável de florestas, a conservação e o aumento dos estoques de carbono florestal (REDD+).

[529] UNFCCC. *Draft da decisão de adoção do Acordo de Paris*. Itens 54 e 115. Disponível em: https://unfccc.int/resource/docs/2015/cop21/eng/l09r01.pdf. Acesso em: 6 mar. 2020.

[530] RECIO, María Eugenia. Dancing like a toddler? The Green Climate Fund and REDD+ International rule-making. *Review of European, Comparative & International Environmental Law*, v. 28, 2019. p. 132.

disponível hoje é insuficiente para as ações de redução:[531] predominam os recursos estatais em montantes limitados e fala-se na necessidade de criar incentivos para que o mercado privado também contribua com recursos.[532]

Em 2008, o Brasil criou o Fundo Amazônia,[533] voltado ao financiamento de ações de REDD+, e que, até o fim de 2018, havia recebido aproximadamente R$3,4 bilhões em doações. Esse montante é composto por 93,8% de recursos provenientes do governo da Noruega, 5,7% do governo da Alemanha e 0,5% da Petróleo Brasileiro S/A – Petrobras.[534] Em 2009, o país aprovou sua já mencionada Política Nacional sobre Mudança do Clima (PNMC).[535] Em 2010, assumiu, ainda, o compromisso com a redução de 80% dos índices de desmatamento da Amazônia Legal, com relação à média verificada entre 1996 e 2005.[536] Em 2015, estabeleceu sua Estratégia Nacional para REDD+ (ENREDD+)[537] e criou a Comissão Nacional para REDD+ (CONAREDD+).[538] Em decorrência disso, o Fundo Amazônia tornou-se elegível para acesso a pagamentos por resultados REDD+ alcançados pelo Brasil e reconhecidos pela UNFCCC. A história do país vinha sendo, portanto, uma história bem-sucedida na captação de recursos e na construção de credibilidade quanto à sua capacidade de gestão e utilização daqueles. Entretanto, o grande aumento do desmatamento na região amazônica em 2019, as

---

[531] RECIO, María Eugenia. Dancing like a toddler? The Green Climate Fund and REDD+ International rule-making. *Review of European, Comparative & International Environmental Law*, v. 28, 2019. p. 132.

[532] VIANA, Virgílio. Financing REDD: how government funds can work with the carbon market. *IIED (International Institute for Enviroment and Development) Briefing*, jun. 2009.

[533] Decreto nº 6.527/2008. O Fundo tem por objeto o financiamento de ações de prevenção, monitoramento e combate ao desmatamento e de promoção da conservação e do uso sustentável da Amazônia Legal.

[534] FUNDO Amazônia – 10 Anos: Relatório de Atividades 2018. *Fundo Amazônia.* p. 27-31. Disponível em: http://www.fundoamazonia.gov.br/export/sites/default/pt/.galleries/documentos/rafa/RAFA_2018_port.pdf. Acesso em: 20 fev. 2020.

[535] Lei nº 12.187/2009.

[536] Decreto nº 7.390/2010, art. 6º, §1º, I. Atualmente, a previsão consta do Decreto nº 9.578/2018, art. 19, §1º, inc. I, que consolidou os atos normativos acerca do Fundo Nacional sobre Mudança do Clima.

[537] MINISTÉRIO DO MEIO AMBIENTE. ENREDD+ Estratégia nacional para redução das emissões provenientes do desmatamento e da degradação florestal, conservação dos estoques de carbono florestal, manejo sustentável de florestas e aumento de estoques de carbono florestal. Brasília: MMA, 2016. Disponível em: http://redd.mma.gov.br/images/publicacoes/enredd_documento_web.pdf. Acesso em: 6 mar. 2020.

[538] Decreto nº 8.576/2015 (substituído pelo Decreto nº 10.144/2019, atualmente em vigor).

queimadas e os desentendimentos com o Governo Federal conduziram à suspensão dos repasses de valores pelos países referidos.[539]

2 Exigência dos mercados consumidores: produtos não associados ao desmatamento

Uma segunda contribuição importante para a preservação da Amazônia pode vir dos mercados consumidores das exportações brasileiras. Como já mencionado, uma porção bastante significativa da produção agrícola e pecuária do país é destinada ao mercado internacional, com impacto relevante sobre o PIB. Diante dessa realidade, restrições por parte dos consumidores estrangeiros a produtos associados ao desmatamento podem ser eficazes para desincentivar comportamentos ambientalmente nocivos. E, de fato, uma experiência muito bem-sucedida, conhecida como *Moratória da Soja*, comprova o ponto. Em 2006, o Greenpeace promoveu uma campanha denunciando nominalmente empresas da indústria da soja – responsáveis pela assistência técnica, financiamento e compra da produção – como cúmplices do desmatamento da Amazônia.[540] A partir daí, teve início a negociação que resultou em um pacto entre as entidades da agroindústria, ONGs ambientais e o próprio Governo no sentido da não aquisição da soja proveniente de áreas desmatadas após julho de 2006. As grandes empresas da indústria cederam diante do risco de danos reputacionais perante um mercado consumidor crescentemente consciente das questões ambientais. Estudos demonstram a queda vertiginosa do desmatamento relacionado à produção dessa *commodity*.[541]

A iniciativa serviu, ainda, de modelo para a celebração de acordo semelhante com grandes empresas produtoras e exportadoras da carne brasileira alguns anos mais tarde. Esse segundo acordo, celebrado com o Greenpeace, ficou conhecido como *G4 Zero Cattle Aggrement*. Por meio dele, essas empresas se comprometeram com o desmatamento zero em

---

[539] NEGRÃO, Heloísa. Após Alemanha, Noruega também bloqueia repasses para Amazônia. *El País*, 16 ago. 2019. Disponível em: https://brasil.elpais.com/brasil/2019/08/15/politica/1565898219_277747.html. Acesso em: 7 mar. 2020; BARBOSA, Vanessa. Noruega suspende repasse de mais de R$130 milhões ao Fundo Amazônia. *Exame*, 19 ago. 2019. Disponível em: https://exame.abril.com.br/brasil/noruega-suspende-repasse-de-mais-de-r-130-milhoes-ao-fundo-amazonia/. Acesso em: 7 mar. 2020.

[540] EATING up the Amazon. *Greenpeace International*, 2006. Disponível em: http://www.greenpeace.org/usa/wp-content/uploads/legacy/Global/usa/planet3/PDFs/eating-up-the-amazon-executiv.pdf. Acesso em: 6 mar. 2020.

[541] GIBBS, Holly *et al*. Brazil's soy moratorium. *Science*, v. 347.

sua cadeia de fornecedores.[542] Um estudo sobre o impacto do acordo na atividade pecuária constatou que ele efetivamente provocou redução do desmatamento por parte dos fornecedores diretos dessas empresas.[543] As duas iniciativas demonstram que o mercado de consumo de um produto pode interferir sobre o seu modelo de produção e estabelecer incentivos para que se torne ambientalmente responsável.[544] Não basta, contudo, que apenas os fornecedores diretos sejam monitorados. É preciso controlar toda a cadeia de produção, para evitar que os fornecedores envolvidos com desmatamento vendam para os que estão regulares, "lavando" o produto contaminado. O não monitoramento dos fornecedores indiretos pode produzir mera aparência de engajamento no combate ao desmatamento.[545] Um dos instrumentos habitualmente utilizados em tal monitoramento é a certificação.[546] De todo modo, as experiências antes narradas demonstram a efetividade das ações de controle sobre a cadeia de fornecimento. Embora haja iniciativas internacionais nesse sentido, é preciso reforçá-las, impor o monitoramento de fornecedores indiretos, tornar crível a possível restrição aos produtos comprometidos com desmatamento e sancionar os fornecedores irregulares.[547]

---

[542] A iniciativa foi antecedida por ações criminais deflagradas pelo Ministério Público Federal contra pecuaristas e frigoríficos envolvidos com desmatamento. Tais processos e a repercussão do fato conduziram à celebração de termos de ajustamento de conduta por parte dos frigoríficos, por meio dos quais eles se comprometeram a monitorar sua cadeia de fornecedores e a não adquirir carnes daqueles que estivessem envolvidos com desmatamento. V. NATIONAL WILDLIFE FEDERATION (NWF); GIBBS LAND USE AND ENVIRONMENTAL LAB (GLUE). A path towards zero deforestation cattle. *Zero Deforestation Cattle*. Disponível em: http://www.zerodeforestationcattle.org/#/home. Acesso em: 5 mar. 2020.

[543] GIBBS, Holly et al. Did Ranchers and Slaughterhouses Respond to Zero-Deforestation agreements in the Brazilian Amazon? *Conservative Letters*, v. 9, n. 1, p. 32-42, jan./fev. 2016.

[544] No mesmo sentido, NEPSTAD, Daniel et al. Slowing Amazon deforestation through public policy and interventions in beef and soy supply chains. *Science*, v. 344, 2014; BRANNSTROM, Chrisitan et al. Compliance and market exclusion in Brazilian agriculture: analysis and implications for "soft" governance. *Land Use Policy*, v. 29, 2012.

[545] INSTITUIÇÕES financeiras e a gestão do risco de desmatamento. *Febraban – Federação Brasileira de Bancos; FGV EAESP – Centro de Estudos em Sustentabilidade*, maio 2018. p. 32-36.

[546] NEPSTAD, Daniel C.; STICKLER, Claudia M.; ALMEIDA, Oriana T. Globalization of the Amazon soy and beef industries: opportunities for conservation. *Conservation Biology*, v. 20, 2006.

[547] A título ilustrativo, para iniciativas internacionais nesse sentido, v. ações do Consumer Goods Forum (CGF), da Tropical Forest Aliance (TFA), bem como a NY Declaration on Forests e a Amsterdam Declaration Partnership. V. NATIONAL WILDLIFE FEDERATION (NWF); GIBBS LAND USE AND ENVIRONMENTAL LAB (GLUE). A path towards zero deforestation cattle. *Zero Deforestation Cattle*. Disponível em: http://www.zerodeforestationcattle.org/#/home. Acesso em: 5 mar. 2020.

3 Critérios para as instituições financeiras: o desmatamento como fator de depreciação e risco

A mesma lógica é aplicável ao mercado financeiro. Os atores financeiros podem contribuir para reforçar o modelo predatório de produção atualmente existente, se se comportarem com indiferença quanto à questão ambiental, ou podem ser agentes de uma grande mudança de paradigma. O agronegócio depende de recursos para financiar sua produção. Esses recursos podem ser levantados de muitas formas: por meio de financiamentos, venda de participações acionárias, abertura de capital ou outros instrumentos. As instituições financeiras influenciam as decisões sobre investimentos e os modelos de negócio, ao levarem ou não em conta o critério ambiental em suas decisões.[548] Nesse sentido, vale assinalar que há uma compreensão crescente de que os investimentos financeiros podem ser adversamente afetados por problemas ambientais ou por danos reputacionais decorrentes de empresas envolvidas com desmatamento.[549] Basta considerar, por exemplo, a possibilidade de restrição aos pertinentes produtos pelos respectivos mercados de consumo, tratada no item anterior. Cogita-se, ainda, a alternativa de responsabilizar as instituições financeiras que patrocinem atividades ilícitas.[550]

Algumas instituições financeiras já passaram a adotar a análise de risco ambiental em seus investimentos. É o caso do Banco da Noruega, que excluiu de seu portfólio as companhias que não se ajustaram a determinados *standards* ambientais.[551] Na mesma linha, a International Finance Corporation, braço financeiro do Banco Mundial, incluiu o aspecto ambiental em seus critérios de medição de performance.[552] Esse tipo de preocupação tampouco é estranho às instituições financeiras brasileiras. De fato, existem parâmetros de verificação da regularidade

---

[548] FICHTNER, Jan; HEEMSKERK, Eelke M.; GARCIA-BERNARDO, Javier. Hidden power of the Big Three? Passive index funds, re-concentration of corporate ownership, and new financial risk. *Business and Politics*, 19, 2017.

[549] GALAZ, Victor *et al*. Why ecologists should care about financial markets. *Trends in Ecology & Evolution*, v. 30, 2015.

[550] SCHOLTENS, Bert. Why finance should care about ecology. *Trends in Ecology and Evolution*, v. 32, 2017. Disponível em: https://www.sciencedirect.com/science/article/abs/pii/S0169534717300915. Acesso em: 6 mar. 2020.

[551] GALAZ, Victor *et al*. Why ecologists should care about financial markets. *Trends in Ecology & Evolution*, v. 30, 2015.

[552] GALAZ, Victor *et al*. Why ecologists should care about financial markets. *Trends in Ecology & Evolution*, v. 30, 2015.

ambiental para fins de financiamento agropecuário e exigências específicas para empresas que integram o bioma Amazônia.[553] Também, aqui, o exame dos atores financeiros não deve se ater à empresa financiada ou a seus fornecedores diretos. Precisam ter em conta toda a cadeia produtiva, considerar também os fornecedores indiretos e estabelecer *standards* de conformação e de boas práticas, que, se não atendidos, ensejem a rejeição do financiamento ou a aplicação de penalidades.

Mesmo os produtores mais resistentes à questão ambiental respondem a incentivos econômicos. Caso a regularidade ambiental de toda a sua cadeia se torne uma condição sem a qual não lograrão financiar a sua atividade, a tendência é de que venham a ajustar seu comportamento a essa nova realidade. Portanto, uma terceira possibilidade de participação internacional no combate ao desmatamento na Amazônia é o estabelecimento de *standards* globais de performance ambiental a serem levados em conta pelas instituições financeiras para a avaliação da abertura de capital, da aquisição de participação acionária, do financiamento ou de qualquer outro negócio que envolva agentes que tenham, em sua cadeia de fornecedores, empresas atuantes no bioma da Amazônia. Ainda que os *standards* não sejam obrigatórios, seu reconhecimento como boas práticas e a adesão de instituições podem criar importantes incentivos reputacionais e contribuir para a construção de um novo paradigma ambiental.[554]

Conclusão

A mudança climática, o aquecimento global e a extinção de espécies constituem desafios ameaçadores do nosso tempo, com graves implicações para o futuro da humanidade. A Amazônia desempenha um papel crítico no enfrentamento desses problemas e no equilíbrio ecológico do planeta, por sua extraordinária biodiversidade, por sua função no ciclo da água e no regime de chuvas, bem como por sua capacidade de armazenamento de carbono, de grande importância

---

[553] INSTITUIÇÕES financeiras e a gestão do risco de desmatamento. *Febraban – Federação Brasileira de Bancos; FGV EAESP – Centro de Estudos em Sustentabilidade*, maio 2018. p. 52-67.

[554] As instituições financeiras podem, ainda, incentivar a adesão a *green bonds*, instrumentos de financiamento para empreendimentos que geram benefícios ambientais e/ou que apoiam atividades sustentáveis. V. OECD. *Mobilizing bond markets for a low-carbon transition, green finance and investment*. Paris: OECD Publishing, 2017.

para a mitigação do aquecimento global. Sua preservação é de vital importância para o Brasil e para o mundo. A Amazônia brasileira, que corresponde a 60% de sua extensão total, atingiu o ápice do desmatamento e da degradação em 2004, ano no qual a destruição da floresta atingiu 27.772 km². A partir daí, no entanto, desenvolveu-se uma nova consciência na matéria, que impulsionou uma extraordinária queda progressiva do desflorestamento, que em 2014 ficou reduzido a 5.012 km². O objetivo final deve ser o desmatamento líquido zero. No entanto, após 2015, os números da destruição voltaram a subir, chegando a quase 10.000 km², em razão, sobretudo, do arrefecimento do ímpeto governamental no monitoramento, fiscalização e repressão de atividades ilícitas envolvendo a floresta. Os principais crimes ambientais praticados na Amazônia são desmatamento, queimadas, extração clandestina de madeira e mineração ilegal. A grilagem de terras públicas também constitui um grave problema.

A ocupação da Floresta Amazônica, do início dos anos 70 aos nossos dias, se deu por duas vias opostas e excludentes: de um lado, atividades econômicas como agricultura, pecuária e mineração, aliadas a grandes projetos de infraestrutura, numa visão que associava desenvolvimento a desmatamento; e, de outro lado, a preservação intocada da maior parte da floresta, mediante a criação de unidades de conservação e demarcação de terras indígenas, áreas onde eram vedadas ou altamente reguladas quaisquer atividades econômicas. Nenhum dos dois modelos foi capaz de extrair as melhores potencialidades econômicas, sociais e ambientais da floresta: o primeiro, porque fundado em uma lógica de derrubada, e o segundo, porque incapaz de conter a expansão das fronteiras do desmatamento.

A bioeconomia da floresta, modelo econômico que prioriza a sustentabilidade, vem sendo concebida como um novo paradigma para o desenvolvimento econômico e social da Amazônia, por seu baixo impacto ambiental. A bioeconomia se funda em inovações no campo da tecnologia e das ciências biológicas, aliando a biodiversidade da região, os conhecimentos tradicionais e a chamada Indústria 4.0, fruto da quarta revolução industrial. Abre-se, assim, um amplo campo para novos produtos farmacêuticos, cosméticos e alimentares, bem como para a pesquisa de novos materiais e soluções energéticas. Esse novo modelo exige substanciosos investimentos em pesquisa, ciência e tecnologia, atração de recursos humanos de excelência, do Brasil e do exterior, e mecanismos eficientes de financiamento e incentivos, com parcerias públicas e privadas. Estímulo importante a essa nova perspectiva será a atitude e exigência dos mercados consumidores e financiadores quanto à sustentabilidade ambiental dos produtos que irão consumir e financiar, o que também impactaria a indústria do gado, da soja e da madeira na região, evitando novos desmatamentos e incentivando o manejo florestal adequado.

Existe uma lógica econômica e social na devastação da floresta. É uma lógica perversa, mas poderosa. Para que ela seja derrotada, é necessário um modelo alternativo consistente, capaz de trazer desenvolvimento sustentável, segurança humana e apoio da cidadania. A ignorância, a necessidade e a omissão estatal são os inimigos da Amazônia. A ciência, a inclusão social e a conscientização da sociedade serão a sua salvação.

ARTIGOS JORNALÍSTICOS

HISTÓRIA DO BRASIL QUE DÁ CERTO[555]

Parte do país ficou viciada em notícia ruim. É bastante compreensível. São anos de escândalos de corrupção, recessão e desemprego elevado. Tendo se acostumado com o insucesso, muita gente já não consegue reconhecer as coisas que dão certo. É como se boas realizações atrapalhassem a narrativa do fracasso geral. No rol de carências do país, um bom psicanalista também pode vir a calhar.

Este ano, em meio a uma pandemia que já produziu um número de mortos que se aproxima de 200 mil, o Brasil realizou eleições para prefeitos e vereadores em 5.568 municípios. Foram mais de 550 mil candidatos. Embora o sistema político brasileiro tenha problemas variados – é caro, tem baixa representatividade e dificulta a governabilidade –, o sistema de apuração dos resultados é um dos melhores do planeta.

Peço licença, então, para contar uma história do Brasil que dá certo. E não há nada de personalista ou cabotino no que vou descrever. O sistema de urnas eletrônicas vem desde 1996 e, portanto, seu aperfeiçoamento é consequência de sucessivas gestões do Tribunal Superior Eleitoral. Narro, porém, alguns dos diferentes obstáculos que precisaram ser superados em 2020.

O primeiro foi evitar o cancelamento das eleições. Diversos parlamentares defenderam essa medida para que as eleições municipais fossem transferidas para 2022, coincidindo com as eleições gerais. A prorrogação de mandatos – que só teve precedente no regime militar – conflitava com os princípios que exigem a periodicidade dos mandatos, a regularidade das eleições e a alternância no poder.

---

[555] Artigo publicado na *Crusoé*, 1º jan. 2021.

Evitado o pior, era preciso considerar a possibilidade do adiamento, ainda que dentro de 2020, para impedir a prorrogação de mandatos. O TSE, então, constituiu uma comissão de médicos, composta por infectologistas, sanitaristas, epidemiologistas, um biólogo e um físico especializado em modelagem de epidemias para monitorar a evolução da pandemia. Por unanimidade, a comissão concluiu que adiar a votação por algumas semanas minimizaria o risco de contágio. Com essa informação, o TSE contatou os presidentes do Senado Federal, Davi Alcolumbre, e o da Câmara dos Deputados, Rodrigo Maia, que, em tempo recorde, aprovaram emenda adiando as eleições por 42 dias. O adiamento se revelou acertado e as eleições se realizaram quando o número de casos havia caído significativamente.

Em seguida, iniciamos as providências para dar o máximo de segurança a eleitores, candidatos e colaboradores da Justiça Eleitoral. Instituímos, assim, uma comissão de estatísticos, formada por profissionais do próprio TSE, IMPA, Insper, USP e Fiocruz. Eles recomendaram que aumentássemos em uma hora o período de votação e que reservássemos as três primeiras horas para os maiores de 60 anos. As recomendações foram acolhidas e, de fato, na maior parte das seções, não ocorreram filas longas ou aglomerações.

Simultaneamente, criamos uma consultoria sanitária para elaborar um plano de segurança para eleitores, candidatos e colaboradores da Justiça Eleitoral. A consultoria foi integrada por três instituições de ponta: Fundação Oswaldo Cruz, Hospital Sírio Libanês e Hospital Albert Einstein. Além de um plano minucioso, que foi explicado didaticamente em cartazes espalhados por todos os locais de votação, também foi recomendada a aquisição de uma grande quantidade de materiais e equipamentos de segurança: máscaras, protetores faciais (*face shields*), álcool gel e outros itens para limpeza e organização da seção.

Estávamos em agosto. Não haveria tempo hábil par adquirir tudo pelo procedimento licitatório exigível da Administração Pública. Além disso, seria preciso obter do Tesouro Nacional mais alguns milhões de reais. Optamos por fazer uma chamada pública à iniciativa privada para que se tornasse parceira da democracia. Sinal extraordinário dos novos tempos, cerca de 40 empresas e entidades se apresentaram e graciosamente doaram tudo o que precisávamos, mais a gigantesca logística de distribuição por 26 estados. O transporte foi feito por avião, mais de 150 carretas, barco, balsa, tração animal e a pé. Uma pioneira parceria público-privada que deve orgulhar o Brasil.

Outro fantasma que assombrava as eleições era o das campanhas de desinformação e de circulação de notícias fraudulentas (*fake news*). Montamos uma operação de guerra para enfrentá-las. Fizemos parcerias com todas as mídias sociais. O combate foi feito, não pelo controle de conteúdo, mas impedindo os comportamentos coordenados inautênticos, como perfis falsos, uso abusivo de robôs e impulsionamentos ilegais. Foram derrubadas centenas de contas de milicianos digitais. Também fizemos uma coalizão com nove agências de checagem de notícias, que, em tempo recorde, desmentiam conteúdo falso sobre o processo eleitoral. A avaliação geral foi de que as notícias fraudulentas tiveram mínimo papel nas eleições.

Mais de 113 milhões de eleitores compareceram no 1º turno. Continuamos a ser a quarta maior democracia do mundo. E as consequências para quem não comparece são tão pequenas que quase é possível dizer que o voto no Brasil é facultativo. Aliás, e para deixar claro, por ora acho que o voto deve continuar a ser obrigatório, para evitar a deslegitimação da democracia e a exacerbação da polarização. Em algum lugar do futuro, porém, deverá ser verdadeiramente facultativo. A abstenção foi de cerca de 23%, percentual muito bom para um pleito em plena pandemia.

Os resultados do 1º turno foram divulgados no próprio dia. Um engasgo no novo equipamento, que pela primeira vez realizava a totalização centralizadamente no TSE, provocou um atraso de 2 horas e 50 minutos na divulgação. Por alguns dias, o vício em notícia ruim fez com que alguns procurassem fazer desse pequeno contratempo um grande problema. Mas logo a tolice se dissipou. Revelar os eleitos em quase 6 mil municípios com absoluta fidedignidade, na noite do dia da votação, é um feito extraordinário. E, no 2º turno, tudo saiu perfeito. A votação se encerrou às 17h e, às 19h30, os resultados já eram públicos.

Uma última palavra sobre a confiabilidade do processo eleitoral. Com o respeito devido às pessoas de boa-fé que pensam o contrário, as urnas eletrônicas se revelaram até aqui totalmente imunes a fraudes. Fraude havia no tempo do voto em cédula. E voto impresso, como decidiu o Supremo Tribunal Federal, é incapaz de assegurar a preservação do sigilo. Não adianta olhar para a experiência de outros países. No Brasil, até o painel de votação secreta do Senado Federal foi violado. A seguir, uma breve explicação para quem queira entender.

As urnas não operam em rede, isto é, não têm conexão via internet ou *bluetooth*. São imunes aos ataques *hackers*, sejam dos anarquistas (que querem provar que conseguem vencer as barreiras de segurança), dos chantagistas (que bloqueiam o funcionamento do sistema para cobrar resgate) ou dos fascistas (que querem desacreditar o sistema democrático). Daí a frustração que o sistema brasileiro produz nas milícias digitais.

Além disso, os programas para votação, apuração e totalização são submetidos à conferência dos partidos, do Ministério Público, da Polícia Federal, da OAB e de outras instituições. Em seguida, recebem o que se denomina *lacração*, procedimento que impede a sua adulteração. No dia das eleições, antes do início da votação, a urna imprime um boletim, chamado de *zerésima*, que comprova que não há qualquer voto nela. E, ao final da votação, ela emite o boletim de urna, com o nome e a votação dos candidatos. Ou seja: o resultado já sai impresso e é possível conferi-lo com os números divulgados pelo TSE. E mais: no dia da eleição, em todos os estados, dezenas de urnas são sorteadas para um procedimento de auditoria feito perante todos os partidos, num verdadeiro teste de integridade.

O voto impresso traria enorme confusão para um processo eleitoral de grande sucesso há mais de um quarto de século. Seria como mexer em um time que está ganhando. Basta imaginar a quantidade de candidatos derrotados pedindo recontagem, conferência e engendrando nulidades. Em vez de saírem das urnas, os vencedores passariam a depender de decisões judiciais. Não consigo pensar nada mais aterrorizante.

A propósito: o presidente norte-americano, fragorosamente derrotado nas eleições daquele país, já propôs mais de 50 ações judiciais, pedindo nova contagem de votos e anulações. Nenhuma foi considerada com fundamento, inclusive pela Suprema Corte, onde a maioria dos juízes foi nomeada por republicanos. Há quem ache que devemos imitar algumas coisas boas dos Estados Unidos. Mas as ruins, certamente, não precisamos.

E SE FIZÉSSEMOS DIFERENTE?[556]

Uma recessão mundial parece inevitável. E ela nos colherá após anos de recessão doméstica. Não virão tempos fáceis. Parece inevitável que todos ficaremos, ao menos temporariamente, mais pobres do ponto de vista material. Porém, na vida, tudo pode servir de aprendizado. Sou convencido de que podemos sair do desastre humanitário da pandemia do Covid-19 mais ricos como cidadãos e, talvez, também espiritualmente. Para isso, procuro alinhavar uma agenda pós-crise, mas que já pode ser colocada em prática desde logo. Toda escolha dessa natureza tem alguma dose de subjetividade, mas eis a minha lista de propostas: integridade, solidariedade, igualdade, competência, educação e ciência e tecnologia.

A *integridade* é a premissa de tudo o mais. Ela precede a ideologia e as escolhas políticas. Ser correto não é virtude ou opção: é regra civilizatória básica. Não há como o Brasil se tornar verdadeiramente desenvolvido com os padrões de ética pública e de ética privada que temos praticado. Um pacto de integridade só precisa de duas regras simples: no espaço público, não desviar dinheiro; no espaço privado, não passar os outros para trás. Será uma revolução.

Solidariedade significa não ser indiferente à dor alheia e ter disposição para ajudar a superá-la. Ela envolve, para quem foi menos impactado pela crise, a atitude de auxiliar aqueles que sofreram mais. Como exemplo, continuar pagando por alguns serviços, mesmo que não estejam sendo prestados. Da faxineira à manicure. E, evidentemente, caridade e filantropia por parte de quem pode fazer.

---

[556] Artigo publicado em *O Globo*, 13 abr. 2020.

A superação da *pobreza* extrema e da *desigualdade* injusta continua a ser a causa inacabada da humanidade. Vivemos num mundo em que 1% dos mais ricos possuem metade de toda a riqueza. E num país no qual, segundo a organização Oxfam, 6 pessoas somadas possuem mais do que 100 milhões de brasileiros. A pandemia escancarou o déficit habitacional, a inadequação dos domicílios e a falta de saneamento, em meio a tudo o mais. Já sabemos onde estão as nossas prioridades.

Quanto à *competência*, precisamos deixar de ser o país do nepotismo, do compadrio, das ações entre amigos com dinheiro público. Aliás, uma das coisas que mais dão alento no Brasil é o fato de que, quando se colocam as pessoas certas nos lugares certos, tudo funciona bem. Há exemplos recentes, no Banco Central, na Petrobras, na Infraestrutura e na Saúde. Precisamos derrotar as opções preferenciais pelos medíocres, pelos espertos e pelos aduladores. É hora de dar espaço aos bons.

O déficit na *educação básica* – que é a que vai do ensino infantil ao ensino médio – é a causa principal do nosso atraso. No Brasil, ela só se universalizou 100 anos depois dos Estados Unidos. Elites extrativistas e incultas escolheram esse destino. A falta de educação básica está associada a três problemas graves: vidas menos iluminadas, trabalhadores de menor produtividade e reduzido número de pessoas capazes de pensar soluções para o país. Ao contrário de outras áreas, os problemas da educação têm diagnósticos precisos e soluções consensuais. Há tanta gente de qualidade nessa área que é difícil entender o descaso.

E, por fim, há a urgente necessidade de mais investimento em ciência e tecnologia. O mundo vive uma revolução tecnológica e está ingressando na quarta revolução industrial. A riqueza das nações depende cada vez menos de bens materiais e, crescentemente, de conhecimento, informação de ponta e inovação. Precisamos prestigiar e ampliar nossas instituições de pesquisa de excelência, assim como valorizar os pesquisadores. A democracia tem espaço para liberais, progressistas e conservadores. Mas não para o atraso.

Tem se falado que, depois da crise, haverá um novo normal. E se não voltássemos ao normal? E se fizéssemos diferente?

NÓS, O SUPREMO[557]

I Introdução

Quando Tzu Lu, governador de She, perguntou a Confúcio "como servir ao príncipe", ele respondeu: "Diga-lhe a verdade, mesmo que o ofenda".
(Amartya Sen, *Democracy as a universal value*)

Todas as instituições democráticas estão sujeitas à crítica pública. E devem ter a humildade de levá-la em conta, repensando-se onde couber. Há algumas semanas, o Professor Conrado Hübner Mendes apresentou neste espaço uma análise severa do Supremo Tribunal Federal. Críticos honestos e corajosos não são inimigos. São parceiros na construção de um país melhor e maior. Aceitei o convite da *Ilustríssima* para apresentar um contraponto. Um dos fascínios das sociedades abertas, plurais e democráticas é a possibilidade de olhar a vida de diferentes pontos de observação.

Diversas das críticas *pontuais* apresentadas são irrespondíveis e correspondem a disfunções que eu e outros colegas temos procurado combater. Muitas das críticas *institucionais* são injustas. As instituições são como autoestradas: passam por inúmeros lugares e tocam a vida de muitas pessoas. Se alguém fotografar apenas os acidentes do percurso, transmitirá uma imagem distorcida do que elas representam. Por fim, no tocante à crítica *doutrinária* – referente aos papéis de uma suprema corte, inclusive o papel iluminista, que eu defendo –, o Professor Conrado e eu temos uma divergência antiga, franca e amistosa: considero suas

---

[557] Artigo publicado na Ilustríssima, da *Folha de São Paulo*, 23 fev. 2018.

ideias fora de época e de lugar. Por evidente, o debate que aqui se trava é entre dois professores. E não entre um professor e um ministro.

Parte I
Problemas e dificuldades do Supremo Tribunal Federal

I   As críticas procedentes

A primeira crítica pertinente é o *excesso de processos*: mais de 100 mil em 2017. A segunda, que decorre da primeira, é a *monocratização* do tribunal, *i.e.*, o número elevado de decisões individuais dos ministros. A explicação para o fato é singela: se o plenário, em um cálculo otimista, só consegue julgar 200 processos por ano, a alternativa é ficar tudo parado ou optar-se pela decisão individual. A terceira é a *oscilação da jurisprudência*, *i.e.*, a variação das decisões conforme o caso concreto. A quarta crítica do Professor Conrado é a *inobservância, por certos ministros, de orientação firmada pelo plenário*. A quinta crítica volta-se contra os *pedidos de vista de caráter obstrutivo*. A sexta e última diz respeito ao *poder de agenda*, pelo qual o relator ou a presidência do tribunal podem atrasar indefinidamente qualquer julgamento. Logo à frente, comentarei cada uma delas, com a cogitação das soluções possíveis. A crítica individual dirigida a um colega, de que ofende as pessoas, protege os amigos e atua partidariamente, não será objeto de consideração aqui, por motivos éticos óbvios, que todos poderão compreender.

II   As competências que o STF não deveria ter

Supremas cortes, na maior parte do mundo, têm como missão institucional interpretar e aplicar a Constituição, com duas finalidades principais: (i) *proteger valores e direitos fundamentais*, como justiça, igualdade, liberdades individuais e privacidade; e (ii) *assegurar o respeito à democracia*, traçando os limites de atuação de cada poder e impedindo que as maiorias políticas manipulem ou falseiem as regras do jogo democrático em benefício próprio. Por exceção, supremas cortes exercem, também, alguns papéis atípicos, entre os quais o de atuarem como tribunal penal de 1º grau para julgamento de determinadas autoridades. A Constituição de 1988 exacerbou este papel, dando ao STF competência para julgar todos os membros do Congresso Nacional. Boa parte dos problemas enfrentados pelo tribunal advém dessa atribuição que ele não deveria ter. O foro privilegiado acarreta a politização indevida da mais alta corte e gera tensões com o Congresso Nacional e desprestígio perante a sociedade, por se tratar de competência que exerce mal.

III Propostas de solução

De longa data, desde bem antes de ir para o Supremo, tenho apresentado propostas para enfrentar muitos dos problemas apontados. Diversas delas já vêm sendo debatidas internamente e estão em fase de amadurecimento. A primeira é a mais óbvia e urgente: o STF não deve admitir mais recursos extraordinários (que respondem por 85% de seus processos) do que possa julgar em um ano. Tudo o que não for selecionado – por critérios discricionários, mas transparentes – transita em julgado, *i.e.*, o processo acaba. A segunda proposta é que, admitido o recurso extraordinário, pelo reconhecimento de repercussão geral ao caso – isto é, que a questão discutida tem uma relevância que ultrapassa o mero interesse das partes envolvidas –, será marcada a data do julgamento, saltando-se um semestre. Vale dizer: todos os recursos extraordinários a serem julgados terão data designada entre 6 e 9 meses depois de aceitos. Em terceiro lugar, os relatores teriam que distribuir aos colegas, algumas semanas antes do julgamento, ao menos a ementa (o resumo) do seu voto. Por fim, um acordo de cavalheiros – que a maioria já pratica – estabeleceria que nenhuma questão institucionalmente relevante seria decidida por algum ministro individualmente.

Ficariam assim resolvidos os problemas de excesso de processos, monocratização, poder de agenda e pedidos de vista. Sim, porque diante da antecedência da pauta e da prévia circulação da síntese do voto, dificilmente haveria necessidade de vista. Nos demais casos, findo o prazo regimental, dar-se-ia a reinclusão automática em pauta. Quanto à inobservância de orientações do plenário por alguns ministros – o que é a exceção, e não a regra –, trata-se de fato negativo, mas que precisa ser contextualizado: muitos juízes, formados na tradição romano-germânica, ainda não se adaptaram à cultura de respeito aos precedentes, que é uma novidade trazida do direito anglo-saxão. O problema, que é residual, em breve estará superado. A variação casuística da jurisprudência – que tampouco é a regra – está associada, sobretudo, às competências penais nesses tempos convulsionados, e revela que ainda é preciso lutar contra a cultura de leniência e impunidade com a criminalidade do colarinho branco, bem como contra o compadrio em geral. Por fim, quanto ao foro privilegiado, está em curso o julgamento da proposta de restringi-lo drasticamente, deixando-o limitado aos fatos praticados no cargo e em razão do cargo. A maioria absoluta do tribunal já aderiu a ela.

Parte II
A inestimável contribuição do STF para a democracia brasileira

I   A proteção dos direitos fundamentais

O Estado democrático de direito envolve três componentes essenciais: governo da maioria, limitação do poder e respeito aos direitos fundamentais. Manter o equilíbrio entre os três termos dessa equação é a missão das supremas cortes. No tocante à proteção dos direitos fundamentais – uma de suas atribuições principais –, o Supremo teve papel admirável, contribuindo para a derrota de preconceitos e de visões autoritárias da vida. Os exemplos são numerosos. Em relação à *comunidade LGBT*, (i) assegurou direitos plenos aos casais homoafetivos e (ii) está em vias de permitir aos transexuais o registro do nome social, independentemente de cirurgia de redesignação de sexo. No tocante às *mulheres*, (i) assegurou seus direitos reprodutivos em caso de anencefalia e, em qualquer caso, até o terceiro mês de gestação (decisão da 1ª Turma); (ii) reforçou a proteção contra a violência doméstica na interpretação da Lei Maria da Penha e nas situações de estupro; e (iii) pôs fim à desequiparação entre o casamento e a união estável, para fins de sucessão hereditária, o que causava grave discriminação à mulher não casada.

Também no que diz respeito à *população negra*, validou as ações afirmativas (i) no acesso às universidades e (ii) no ingresso nos cargos públicos, (iii) assim como protegeu os direitos das comunidades quilombolas. Quanto aos índios, o Supremo assegurou a demarcação de grandes reservas, que protegem não apenas as populações nativas, como também o meio ambiente. Em matéria de *liberdade de expressão*, derrubou a interpretação que exigia autorização prévia para a divulgação de biografias e foi extremamente proativo na proteção da liberdade de imprensa. Em tema de *liberdade científica*, assegurou as pesquisas com células-tronco embrionárias, importante fronteira da medicina contemporânea. E esteve na vanguarda da ética animal, uma percepção que só agora começa a entrar no radar da sociedade, proibindo a briga de galo, a farra do boi e a vaquejada. Na vida, a gente deve saber comemorar as vitórias.

II   A proteção das regras do jogo democrático e da moralidade política e administrativa

Outro papel decisivo de uma suprema corte é evitar o abuso dos governantes e das maiorias políticas. Também aqui o tribunal teve momentos de elevação. Um deles foi a proibição do modelo mafioso de financiamento eleitoral por empresas que vigorava no país. Merecem registro, da mesma forma, a validação e a interpretação expansiva da Lei da Ficha Limpa. A intervenção para impor regras ao procedimento de *impeachment*, evitando que ele fosse conduzido errática e tendenciosamente, embora tenha gerado alguma incompreensão, foi um dos pontos altos do tribunal. Quanto ao mérito, faltava atribuição constitucional ao Supremo para se pronunciar. No esforço por promover decência política, o STF proibiu o nepotismo nos três poderes, contribuindo para o enfrentamento da cultura patrimonialista que ainda é onipresente no país. Também procurou impor um mínimo de fidelidade partidária no desmoralizado sistema político brasileiro. E, em muitas situações, foi capaz de conter abuso e desvio de poder, como na recente suspensão cautelar de aspectos inaceitáveis do decreto presidencial de indulto.

III   Os diferentes papéis de uma suprema corte

Supremas cortes desempenham três grandes papéis em uma democracia: contramajoritário, representativo e iluminista. Sua atuação *contramajoritária* se dá, tipicamente, quando o tribunal declara a inconstitucionalidade de uma lei ou de um ato do Poder Executivo. Essa é o única atribuição que vem expressa na Constituição. Por não enxergarem além da literalidade dos textos, há autores que só reconhecem este papel. Cortes constitucionais, porém, desempenham também uma função *representativa*, quando atendem a demandas sociais que não foram satisfeitas a tempo e a hora pelo Legislativo. Na história recente do Brasil, proibição do nepotismo, fim do financiamento eleitoral por empresas e fidelidade partidária se inserem nessa categoria: foram decididas na omissão ou contra a vontade do Congresso, para acudir inequívocas reivindicações da sociedade, não acolhidas em razão de um déficit de representatividade.

Já o papel *iluminista* deve ser exercido com grande parcimônia e autocontenção, em conjunturas nas quais é preciso empurrar a história. Em alguns momentos cruciais do processo civilizatório, a razão humanista precisa impor-se sobre o senso comum majoritário. A abolição da escravatura ou a proteção de mulheres, judeus, negros, homossexuais, deficientes e minorias em geral foram conquistas que nem sempre puderam ser feitas pelo processo político majoritário. É preciso que um órgão não eletivo ajude a dar o salto histórico necessário. Exemplos de decisões iluministas de cortes constitucionais: fim da segregação racial nas escolas públicas nos EUA; proibição da tortura de "terroristas" em Israel; abolição da pena de morte na África do Sul; reconhecimento das uniões homoafetivas no Brasil. Há exemplos pelo mundo afora. Pela posição do Professor Conrado Hübner Mendes, nada disso teria acontecido, e viveríamos sob o risco da tirania da maioria e do paternalismo moralista. Com o respeito devido e merecido, esta é uma visão superada desde o segundo pós-guerra.

Parte III
O STF e o momento brasileiro: a dura luta contra a corrupção

I   Extensão e profundidade do problema

A corrupção no Brasil, que vem em processo acumulativo desde muito longe, não se manifesta em falhas individuais ou pequenas fraquezas humanas. Ela é fruto de um pacto oligárquico celebrado entre boa parte da classe política, do empresariado e da burocracia estatal para saque do Estado brasileiro. O modo de fazer política e de fazer negócios no país funciona mais ou menos assim: o agente político relevante indica o dirigente do órgão ou da empresa estatal, com metas de desvio de dinheiro; o dirigente indicado fraudaa licitação para contratar empresa que seja parte no esquema; a empresa contratada superfatura o contrato para gerar o excedente do dinheiro que vai ser destinado ao agente político que fez a indicação, ao partido e aos correligionários. Note-se bem: este não foi um esquema isolado! Este é o modelo padrão. A ele se somam a cobrança de propinas em empréstimos públicos, a venda de dispositivos em medidas provisórias, leis ou decretos; e os achaques em comissões parlamentares de inquérito, para citar alguns exemplos mais visíveis. Nesse ambiente, faz pouca diferença saber se o dinheiro vai para a campanha, para o bolso ou um pouco para cada um. Porque o problema maior não é para onde o dinheiro vai, e sim de onde ele vem: de uma cultura de desonestidade que foi naturalizada e passou a ser a regra geral.

II O papel decisivo do STF na mudança da cultura de impunidade

O Supremo Tribunal Federal tem dado uma contribuição importante para o enfrentamento deste estado de coisas, ainda que de forma menos vigorosa do que pessoalmente acho que deveria. De fato, ao longo do julgamento da Ação Penal nº 470 (*Mensalão*), pela primeira vez, empresários, políticos e burocratas foram condenados por crimes como corrupção ativa e passiva, peculato, lavagem de dinheiro, evasão de divisas e gestão fraudulenta de instituições financeiras. Foi uma virada histórica na cultura da impunidade, que abriu caminho para a Operação Lava-Jato. Na sequência histórica, com participação direta ou indireta do Supremo, vieram a ser presos três ex-presidentes da Câmara dos Deputados, dois ex-chefes da Casa Civil, um ex-secretário de Governo da Presidência da República, ex-governadores, alguns dos maiores empresários do país e um político símbolo da corrupção atávica. Impossível negar que o Brasil já mudou.

Foi decisiva, para esta nova realidade, a decisão de permitir a execução das condenações penais após o 2º grau. Pela primeira vez, ricos delinquentes, que sempre escapavam do sistema penal pela procrastinação indefinida, passaram a ser punidos e a colaborar com a Justiça. O impacto prático dessa modificação foi expressivo e abrangente, desbaratando esquemas diversos. Sem surpresa, já se fala em voltar atrás. Parte da elite brasileira, inclusive no Judiciário, milita no tropicalismo equívoco de que corrupção ruim é a dos outros, mas não a dos que frequentam os mesmos salões que ela. Infelizmente, somos um país em que alguns ainda cultivam corruptos de estimação. Mas há um sentimento republicano e igualitário crescente, capaz de vencer essa triste realidade.

III   A reação oligárquica

A reação oligárquica não tardou. A Nova Ordem passou a atingir pessoas que se imaginavam imunes e impunes. Para combatê-la, uma enorme *Operação Abafa* foi deflagrada em várias frentes. Entre os representantes da Velha Ordem, há duas categorias bem visíveis: (i) a dos que não querem ser punidos pelos malfeitos cometidos ao longo de muitos anos; e (ii) um lote pior, que é o dos que não querem ficar honestos nem daqui para frente. Gente que tem aliados em toda parte: nos altos escalões, nos poderes da República, na imprensa e até onde menos seria de se esperar. Mesmo no Judiciário ainda subsiste, em alguns espaços, a mentalidade de que rico não pode ser preso, não importa se corrupto, estuprador ou estelionatário. Volta-se aqui à malsinada competência penal do Supremo. Neste universo de criminalidade, em que se misturam ideologia, desonestidade e projetos de poder, coube ao tribunal o ônus de arbitrar as perdas e danos causados pela tempestade ética, política e econômica que se abateu sobre o Brasil. Seria ingenuidade supor que pudesse escapar ileso, sem desagradar a muitos, de todos os lados. Onde foi possível, o tribunal exerceu sua função moderadora. Mas seria fantasioso imaginá-lo como uma instância hegemônica, capaz de neutralizar todas as tensões e atritos vindos dos outros dois vértices da Praça dos Três Poderes. Com um detalhe: o Supremo é uma instituição plural. Não tem chefe. Hierarquia existe é nas Forças Armadas. Este foi o outro filme.

Conclusão

Em um livro notável, intitulado *Por que as nações fracassam*, Daron Acemoglu e James A. Robinson exploram as causas da prosperidade e da pobreza nos diferentes países. A principal conclusão da obra é que o sucesso dos países está associado à existência de instituições políticas e econômicas que não sejam apropriadas pelas elites, mas que sejam verdadeiramente inclusivas, capazes de dar a todos segurança, igualdade de oportunidades e confiança para inovar e investir. E promover a "destruição criativa" da Velha Ordem. É possível – apenas possível – que o Brasil esteja vivendo um momento de refundação, um novo começo. Aos trinta anos de democracia, as instituições estão sendo construídas e consolidadas. Uma das tarefas mais difíceis é derrotar a cultura da desigualdade, da apropriação privada do que é público e do compadrio no andar de cima, que sempre adiaram o futuro do país.

Sem ter conseguido escapar de algumas armadilhas deixadas pelo passado, o Supremo Tribunal Federal tem prestado bons serviços à estabilidade institucional e ao avanço social no Brasil, protegendo as regras do jogo democrático e assegurando o respeito aos direitos fundamentais. Os aspectos mais problemáticos de sua atuação se deram relativamente a uma competência que ele não deveria ter: a de funcionar como juízo criminal de 1º grau para políticos encrencados. Mesmo assim, vem tendo papel decisivo no enfrentamento da corrupção, contribuindo de forma relevante – ainda que nem sempre linear – para atender à imensa demanda por integridade, idealismo e patriotismo que germinou na sociedade brasileira. Temos andado na direção certa, ainda quando não na velocidade desejada. E, nos dias ruins, há sempre um consolo libertador, que vale para todos e ajuda a mudar o mundo: não importa o que esteja acontecendo à sua volta, faça o melhor papel que puder.

O SEQUESTRO DA NARRATIVA[558]

O Brasil vive a necessidade de enfrentar três tipos distintos de criminalidade, cada qual com o seu cortejo de malefícios e atrasos civilizatórios: (i) a criminalidade violenta, que inclui homicídios, latrocínios, roubos e estupros; (ii) a criminalidade organizada, que inclui as facções criminosas e sua atuação no tráfico de drogas, de armas e toda a delinquência associada a esses crimes; e (iii) a criminalidade institucionalizada, que é a praticada dentro das instituições, por agentes públicos desonestos. A detecção da lavagem de dinheiro é decisiva para o enfrentamento tanto do crime organizado quanto da corrupção entranhada no Estado.

Nesse sentido, foi um alívio a decisão do Supremo Tribunal Federal, relativamente ao compartilhamento de dados pela Receita Federal e pelo Coaf (rebatizado de UIF). Como disse em meu voto pela revogação da medida cautelar que havia sido concedida, não era bom para o Brasil, para a Justiça nem para o Supremo, nesse quadro e nessa quadra em que o país vive, criar mais dificuldades e entraves burocráticos para o combate à alta criminalidade. Sem mencionar o descrédito que nos traria a percepção internacional de que aqui se lava dinheiro com facilidade.

Tenho dito e repetido da bancada do Supremo Tribunal Federal que o Brasil foi devastado, ao longo de muitos anos, por um processo de corrupção estrutural, sistêmica e institucionalizada. Não foi fenômeno de um governo, de um partido ou de uma pessoa. Foi o acúmulo histórico de décadas, que um dia transbordou. A corrupção nos atrasa na história, com suas consequências desastrosas, que incluem: a)

---

[558] Artigo publicado na *Crusoé*, 26 dez. 2019.

fraudes em licitações; b) superfaturamento de contratos; c) propinas em empréstimos e financiamentos públicos; d) propinas em desonerações e isenções tributárias; e) achaques em CPIs; e f) emendas orçamentárias parlamentares cujos recursos não chegam ao seu destino.

Tão ruim quanto o país feio e desonesto que resulta dessa fotografia é o conjunto de decisões equivocadas que são tomadas pelos motivos errados. É aí que se materializam as obras inúteis e as aquisições desnecessárias. Tudo provado, documentado, confessado. Há em curso no Brasil, no entanto, um esforço imenso para capturar a narrativa do que aconteceu no país. Muita gente querendo transformar a imensa reação indignada da sociedade brasileira e de algumas de suas instituições no enfrentamento da corrupção numa trama para perseguir gente proba e honesta. E, para isso, não se hesita em lançar mão de um conjunto sórdido de provas ilícitas, produzidas por criminosos – Deus sabe a soldo de quem.

Este processo de tentativa de reescrever a história, com tinturas stalinistas, produz as alianças mais esdrúxulas, de um extremo ao outro do espectro político. Só falta a criação de um Ministério da Verdade, como na obra *1984*, de George Orwell, que vivia de reescrever a história a cada tempo, modificando os fatos. Nessa versão, tudo não passou de uma conspiração de policiais federais, procuradores e juízes, cooptados por um punitivismo insano contra gente que conduzia o país com lisura e boas práticas. Na conspiração, também foram incluídos a Receita Federal, o Banco Central e o Coaf. Pior: a conspiração se tornou internacional e agora abrange, também:

a) a Transparência Internacional, que nos coloca em um vexatório 105º lugar no Índice de Percepção da Corrupção. Atenção: a Transparência Internacional apenas divulga os dados apurados. Ela não os fabrica. Não adianta atirar no mensageiro;

b) a OCDE, que reiteradamente vem manifestando preocupação com a forma como viemos tratando a criminalidade que inclui corrupção e lavagem de dinheiro;

c) o Departamento de Justiça dos Estados Unidos, que multou a Petrobras em mais de US$800 milhões por práticas de corrupção com repercussão em território americano;

d) a Securities and Exchange Commission, que multou a Petrobras em US$933 milhões;

e) a Justiça Federal de Nova York, que homologou acordo de US$2,9 bilhões para pôr fim à ação coletiva movida por acionistas lesados por práticas de corrupção; e

f) os bancos suíços que, de ofício, comunicam às autoridades brasileiras os inequívocos indícios de lavagem de dinheiro procedente de atividades ilícitas.

Para que não se perca a memória do país, gostaria de lembrar:

a) eu ouvi o áudio do senador pedindo propina ao empresário e indicando quem iria recebê-la, bem como vi o vídeo do dinheiro sendo entregue;

b) eu vi o inquérito em que altos dignitários recebiam propina para atos de ofício, abriam *offshores* por interpostas pessoas e sem declará-las à Receita, subcontratavam empresas de fundo de quintal e tinham todas as despesas pagas por terceiros;

c) eu vi o deputado correndo pela rua com uma mala de dinheiro com a propina recebida, numa cena que bem serve como símbolo de uma era;

d) todos vimos o apartamento repleto com R$51 milhões, com as impressões digitais do ex-secretário da Presidência da República no dinheiro;

e) eu vi, ninguém me contou, o inquérito em que o senador recebia propina para liberação dos pagamentos à empreiteira pela construção de estádio;

f) todos vimos o diretor da empresa estatal que devolveu a bagatela de R$182 milhões; e

g) todos vimos a usina que foi comprada por US$1,2 bilhão e revendida por menos da metade do preço.

Eu não preciso continuar a enumeração do que é público e notório. O país vem fazendo um esforço enorme para empurrar para a margem da história essa velha ordem, em que era legítima a apropriação privada do Estado e o desvio rotineiro de dinheiro público. A sociedade brasileira já não aceita mais o inaceitável e desenvolveu uma enorme demanda por integridade, idealismo e inclusão social. As instituições precisam corresponder a essas expectativas, ajudando a fazer um país melhor e maior.

A GUERRA PERDIDA[559]

A guerra atualmente em curso na Rocinha, maior favela da América Latina, situada no Rio de Janeiro, é uma guerra perdida. Trata-se de uma disputa entre quadrilhas pelo controle do tráfico, que tem impedido a vida normal daquela comunidade desde meados de setembro. Escolas e comércio têm sido obrigados a fechar constantemente, ao som de tiros que vêm de todos os lados. Recentemente, uma turista espanhola morreu de uma bala perdida. Além da guerra, também as balas são perdidas por ali.

Há décadas se pratica no Brasil o mesmo tipo de política de enfrentamento contra drogas. Polícia, armamento e muitas prisões. Não é preciso ser *expert* no assunto para reconhecer o óbvio: não tem dado certo. O tráfico e o consumo, ao longo do tempo, só aumentaram. Atribui-se a Einstein uma frase que aparentemente não é dele, mas que se aplica bem ao caso: insanidade é fazer repetidamente a mesma coisa e esperar resultados diversos.

Em um caso ainda em discussão perante a Suprema Corte do Brasil, votei pela inconstitucionalidade da criminalização do porte de maconha para consumo próprio. O julgamento foi suspenso e ainda está sem data para ser retomado. Além disso, propus a abertura de um debate amplo sobre a legalização primeiro da maconha, e, se funcionar, também da cocaína. O tema é extremamente delicado e depende de decisão do Poder Legislativo. Porém, como a questão das drogas tem impacto profundo sobre o sistema de justiça criminal, é legítimo que a Suprema Corte participe do debate público.

---

[559] Versão em português de artigo publicado no *The Guardian*, 15 nov. 2017.

Apresento, assim, as minhas razões. Minha primeira premissa é a de que droga é algo ruim. Porque assim é, o papel do Estado e da sociedade é o de desincentivar o consumo, tratar os dependentes e reprimir o tráfico. A ideia da descriminalização (e da possível legalização) funda-se na crença de que ela facilitará a realização desses objetivos. A segunda premissa é a de que a guerra às drogas fracassou. Desde a década de 70, sob a influência e liderança dos Estados Unidos, o mundo enfrentou este problema com polícia, exército e armamento pesado. A triste realidade é que depois de mais de 40 anos, bilhões de dólares, centenas de milhares de presos e milhares de mortos, a situação piorou. Ao menos em países como o Brasil. Há uma terceira premissa, estabelecida pelo economista americano Milton Friedman, insuspeito de exageros progressistas: a criminalização produz como único resultado o monopólio do traficante.

Expostas as premissas, cabe enunciar os fins visados. Na maioria dos países da América do Norte e da Europa a maior preocupação das autoridades recai sobre o usuário, e o impacto das drogas sobre sua vida e a da sociedade. Trata-se de uma preocupação relevantíssima. Mas, nas circunstâncias do Brasil, a maior preocupação há de ser quebrar o domínio que o tráfico exerce sobre as comunidades pobres. Entre nós, o tráfico se transformou no principal poder político e econômico em milhares de bairros populares do Brasil. E esse cenário impede que uma família de gente honesta e trabalhadora eduque seus filhos fora da influência das facções criminosas, que intimidam, cooptam e exercem uma concorrência desleal com qualquer atividade lícita. E o poder do tráfico advém da ilegalidade.

A segunda finalidade que uma política pública de legalização deve visar é impedir o hiperencarceramento de jovens pobres, primários e de bons antecedentes, presos por tráfico com quantidades não relevantes de maconha. No país, 1 em cada 3 presos responde por tráfico de drogas. Ao entrar na prisão, o jovem preso terá de aderir a uma das facções que controlam os presídios. Nesse dia, ele passa a ser um bandido perigoso. Mas tem mais. A vaga que ele ocupa custou R$40 mil para ser criada e consome R$2 mil por mês. E, por fim, no dia seguinte ao da prisão, ele já foi substituído por outro jovem, recrutado no exército de reserva existente nas comunidades pobres.

Veja-se o desatino da política adotada: ela destrói vidas, gera resultados piores para a sociedade, custa caro e não produz qualquer impacto sobre o tráfico. Só por superstição, preconceito ou desconhecimento alguém pode achar que esta é uma boa política pública.

Por isso, penso que se deva pensar em meios alternativos de lidar com o problema das drogas. Com planejamento adequado, participação de especialistas e atenção para as experiências de outros países, deve-se considerar a possibilidade de tratar a maconha como se trata o cigarro: como um produto lícito, regulado, vendido em lugares determinados, que paga tributos, não pode ser consumido por menores, sofre restrições quase absolutas à publicidade, traz cláusula de advertência e sofre campanhas de desincentivo ao consumo. Informação relevante: nas últimas duas décadas, o consumo de cigarro no Brasil caiu a menos da metade. O combate à luz do dia, com ideias e informação, trouxe resultados muito melhores.

Não é possível ter certeza de que uma política progressiva e cautelosa de descriminalização e legalização será bem-sucedida. O que é possível afirmar é que a política atual de criminalização não deu certo. É preciso arriscar, sob pena de nos acomodarmos com um estado de coisas muito ruim. Como disse o navegador brasileiro Amyr Klink: "O maior naufrágio é não partir".

PREFÁCIOS

ALGO DE NOVO DEBAIXO DO SOL[560]

Como regra geral, na minha vida acadêmica, só costumo elaborar prefácios para livros escritos por meus orientandos de mestrado e de doutorado. Assim faço, por três razões básicas: não conseguiria administrar meu tempo se fosse diferente; em relação aos trabalhos que orientei, já tive oportunidade de lê-los horizontalmente; e uma das minhas gratificações na vida é empurrar jovens talentos para o sucesso acadêmico. Fábio Ulhoa Coelho e sua *Biografia não autorizada do direito* não preenchem nenhum dos requisitos descritos acima. Fábio e eu somos da mesma geração, na qual ele é um dos nomes de maior sucesso e merecido reconhecimento. Vale dizer: não o orientei tampouco ele precisa de apresentação. Por isso mesmo, recebi surpreso e honrado o convite para escrever essas linhas. Pedi a ele, então, os originais do trabalho, para que eu pudesse passar os olhos no breve intervalo entre o Natal e o *Réveillon* e dar uma resposta. Aqui vai ela. A verdade é que a vida, ainda uma vez, foi generosa comigo: além de me permitir associar o meu nome ao de Fábio, proporcionou-me a oportunidade de ler, em primeira mão, um texto de excepcional qualidade e de rara originalidade.

Fábio Ulhoa Coelho escreveu um livro fascinante. Erudito e simples, analítico e objetivo, profundo e conciso. Virtudes raras, que não costumam andar juntas. Um dos livros que mais me impressionaram nos últimos tempos foi *Sapiens: uma breve história da humanidade,* do Yuval Noah Harari. Tratava-se de uma maneira singular de olhar e narrar a história da condição humana, com pontos de observação diferentes

---

[560] Prefácio ao livro de COELHO, Fábio Ulhoa. *Biografia não autorizada do direito.* São Paulo: Martins Fontes, 2021.

do convencional e *insights* de grande sagacidade. Pois Fábio faz coisa semelhante ao recontar a história do direito, percorrendo caminhos distintos do da historiografia oficial. Aqui se tem a diferença entre uma fotografia tradicional e uma obra de arte. Li muitas partes com concordância plena. Outras, com algumas dúvidas. E teve umas tantas que li com espanto. Mas não houve uma passagem sequer que não tenha lido com interesse, prazer e proveito. Este não é um livro que deva ser lido com *viés de confirmação*. Ele é feito para se repensar o que sempre se achou. Esse o seu mérito maior.

Em lugar de fazer um prefácio resumindo o livro, antecipando ideias e dando *spoiler* de suas conclusões, optei por algo mais modesto: separei algumas proposições feitas por Fábio ao longo do livro para com elas estabelecer uma interlocução construtiva. Na verdade, apresento algumas breves reflexões despertadas pela verve contundente e brilhante do autor. Observação importante: no geral, cheguei a conclusões idênticas ou análogas.

De maneira peremptória, o livro afirma que *o direito não é uma ciência, mas um conjunto de opiniões racionais*. Se tomarmos como paradigma o conceito de ciências válido para as ciências naturais, a tese é irrefutável. De fato, o direito é um domínio do conhecimento que não pode se servir, em escala relevante, da ambição de *objetividade* que caracteriza as ciências exatas e da natureza. Nessas áreas, as principais matérias-primas intelectuais são a observação, a experimentação e a comprovação, todas elas passíveis de acompanhamento e confirmação por parte dos demais cientistas e da comunidade em geral. O direito, por seu lado, não lida com fenômenos que se ordenem independentemente da atividade de quem o cria ou interpreta. Sua marca é a subjetividade dos seus atores. A criação do direito é essencialmente fruto de uma vontade política e sua interpretação e aplicação nunca serão inteiramente objetivas. As ciências humanas não lidam com a certeza matemática, mas, sim, com a racionalidade prática, com a lógica do verossímil e do justificável. Só é possível falar em *ciência do direito* como referência a um conjunto organizado de conhecimentos, fundado em princípios, regras e conceitos próprios. E com pretensões normativas, isto é, a ambição de conformar a realidade. Mas, por evidente, não é ciência em rigor técnico. O livro bem demonstra o ponto.

Outro *insight* que destacaria é o de que *o Poder Judiciário deve construir uma forte aliança com a sociedade. Não sendo legitimado por eleições populares, ele depende diretamente da confiança que as pessoas em geral têm na Justiça.* Embora esse nem sempre seja o senso comum, também aqui é impossível não concordar. Numa democracia, ninguém exerce poder em nome próprio. Todo poder é representativo, isto é, deve ser exercido em nome e no interesse da sociedade. Como consequência, nada mais natural do que a ouvir. Por certo, a aliança com a sociedade não significará ceder ao clamor público ou às paixões desordenadas das multidões. A vontade popular prioritária, a ser preservada pelo Judiciário, é a que está materializada na Constituição. Por isso mesmo, se o sentimento social dominante não passar no crivo da Constituição, o Judiciário e, particularmente, o Supremo Tribunal Federal, deverão produzir uma decisão contramajoritária. Porém, não havendo óbice constitucional, é natural e desejável levar em conta o sentimento da sociedade dentro das possibilidades de interpretação legítimas e viáveis. Aliás, é precisamente essa sintonia que dá capital político e credibilidade às supremas cortes para produzirem decisões iluministas em favor de grupos vulneráveis – mulheres, negros, *gays*, populações nativas, internos do sistema penitenciário. Em outra passagem feliz, Fábio destaca que é o empoderamento dos mais fracos, em dada cultura, que dá a medida da sua civilização.

Aliás, incidental e sutilmente, Fábio Ulhoa Coelho passa diversas mensagens importantes para o Brasil de hoje. Uma delas diz respeito à *urgência da sustentabilidade ambiental*. Em sintonia com o momento em que vivemos, está ali subentendida a gravidade de temas como a mudança climática e o aquecimento global, que são algumas das grandes questões definidoras do nosso tempo.[561] Há relevante consenso científico quanto à seriedade do problema. *Se você ouvir alguém falando algo diferente disso, desconsidere*, adverte o autor. De fato, o negacionismo nessa matéria e a indiferença aos crimes ambientais configuram um caso grave de responsabilidade internacional e de injustiça intergeracional. Por infeliz coincidência, no dia em que li essa passagem – 29.12.2020 –, o Pantanal estava em chamas, a Amazônia apresentava níveis recordes de desmatamento e a manchete do jornal *Folha de S.Paulo* era: "Em 2 anos, governo esvaziou órgãos de defesa ambiental".

Em outra passagem, o livro adverte para os riscos do apelo ao nacionalismo exacerbado, que *pode, na verdade, ser o oposto da defesa dos interesses dos brasileiros, e ocultar a manutenção de nossa economia fechada,*

---

[561] NORDHAUS, William. *The climate casino*: risk, uncertainty, and economics for a warming world. New Haven: Yale University Press, 2013. p. 11.

garantindo o mercado interno "cativo" às empresas aqui instaladas. De fato, o protecionismo, as posições antiglobalização e a economia fechada são marcas da cultura política brasileira, que nos têm atrasado na história. Capitalismo pressupõe concorrência, risco e igualdade entre os agentes econômicos. No Brasil, há uma atávica preferência por financiamento público, reserva de mercado e tratamento favorecido. Uma espécie de socialismo para ricos. O exemplo da China, lembrado por Fábio, é emblemático: quando se fechou para o mundo, no período da dinastia Qing (a partir do século XVII), deixou de ser uma potência econômica e tecnológica, e entrou em profunda decadência.[562] Com a reabertura da economia, em 1976, com Deng Xiaoping, após a morte de Mao, a China voltou a ser uma potência mundial, tendo tirado milhões de pessoas da linha da pobreza extrema.

Não passou despercebido ao olhar arguto de Fábio o papel da internet, que, segundo ele, *democratizou mais ignorância do que conhecimento*. A rede mundial de computadores é o símbolo da Revolução Tecnológica ou Digital que subverteu nossas vidas, modificando o modo como fazemos pesquisas, compras, reservas ou ouvimos música. Vivemos sob um novo vocabulário, que inclui utilidades que, até ontem, não conhecíamos e sem as quais hoje já não saberíamos viver: Google, Amazon, Skype, Waze, Spotify, YouTube, Netflix, em meio a muitas. Para os solteiros, tem Tinder. Também vieram as chamadas redes sociais: WhatsApp, Facebook, Instagram, Twitter e TikTok. Todos passaram a ter direito à voz. Houve uma enorme democratização do acesso ao conhecimento e da liberdade de expressão. Alguns chegaram a sonhar com uma grande esfera pública deliberativa, para troca de ideias, de argumentos e tomada de decisões. Talvez esse não deva ser um projeto a se abandonar. Mas, por ora, temos que nos preocupar com as campanhas de desinformação que contaminam todo o debate público.[563] A mentira apelidada de *pós-verdade* ou de *fatos alternativos*. E muita ignorância, também, como detectou Fábio. Alguns seres das sombras habitam as redes sociais, disseminando ódio, ofensas e teorias conspiratórias, frequentemente com problemas de ortografia e concordância. Sem mencionar terraplanismos variados. Também, aqui, é preciso ter fé no processo civilizatório.

---

[562] Sobre o tema, v. FERGUSON, Niall. *Civilization*: the West and the rest. Londres: Penguin Random House, 2011. p. 44 e ss.

[563] Sobre o tema, v. MELLO, Patrícia Campos. *A máquina do ódio*. São Paulo: Companhia das Letras, 2020.

Não menos importante é o destaque que o livro dá ao *iluminismo*, marcando *o momento em que o conhecimento começa a se desapegar da autoridade*. Razão, ciência, humanismo e progresso são as marcas do abrangente movimento filosófico que revolucionou o mundo das ideias ao longo do século XVIII.[564] O iluminismo foi o ponto culminante de um ciclo histórico iniciado com o Renascimento, no século XIV, e que teve como marcos a Reforma Protestante, a formação dos Estados nacionais, a chegada dos europeus à América e a Revolução Científica. A *razão* passa para o centro do sistema de pensamento, dissociando-se da fé e dos dogmas da teologia cristã. Nesse ambiente, cresce o ideal de conhecimento e de liberdade, com a difusão de valores como a limitação do poder, a tolerância religiosa, a existência de direitos naturais inalienáveis e o emprego do método científico, entre outros. Estava aberto o caminho para as revoluções liberais, que viriam logo adiante, e para a democracia, que viria bem mais à frente, já avançado o século XX.

A partir daí, Fábio Ulhoa Coelho escreve páginas luminosas acerca do impacto do iluminismo no direito e sobre a extraordinária transformação que foi a passagem do modelo em que as leis eram ditadas pela tradição para o modelo da positivação. A *positivação* do direito, isto é, sua criação por ato de vontade de uma autoridade – e não como revelação divina ou racional –, foi uma revolução no pensamento jurídico. A ideia de que o direito pudesse ser feito era estranha às sociedades antigas.[565] Em meio à onda cientificista que dominou o mundo ao longo do século XIX, procurou-se dar ao direito a mesma objetividade que se vislumbrava nas ciências da natureza. A intenção era trazer certeza e segurança às relações jurídicas, num mundo Pós-Revolução Industrial, que assistia ao avanço do capitalismo e dos grandes negócios. Surge, então, a *lei*, tal como a concebemos hoje: uma decisão política emanada do poder competente, que não precisa reproduzir a tradição, mas, justamente ao contrário, pode inovar inteiramente no ordenamento jurídico. É o soberano quem faz o direito. Com o passar do tempo, o que foi mudando foi o titular do poder soberano: primeiro o monarca, depois o parlamento aristocrático e, finalmente, os representantes do povo. Pelo menos, assim é a lenda.

---

[564] PINKER, Steven. *Enlightenment now*: the case for reason, science, humanism and progress. Nova York: Penguin, 2018.
[565] GRIMM, Dieter. *Constituição e política*. Belo Horizonte: Del Rey, 2006. p. 4.

A propósito, Fábio desmistifica diversas lendas sobre o direito, que são passadas de geração para geração. E, no caminho, faz distinções essenciais entre ciência, religião e opinião. Eu poderia seguir aqui, indefinidamente, dialogando com a profusão de boas ideias lançadas no livro. Mas este prefácio já está de bom tamanho e devo sair do caminho do leitor. Há uma passagem conhecida do Eclesiastes, na qual se lê: "O que foi é o que há de ser; o que se fez, isso se tornará a fazer. Não há nada de novo debaixo do sol".[566] Pode ser; não vou comprar essa briga. Mas, mesmo sendo iguais, as coisas sempre podem comportar um novo olhar, um novo ponto de observação, que as torna diferentes. Mesmos fatos, novas verdades. É isso o que faz Fábio Ulhoa Coelho nesta compacta obra-prima. E o faz com sabedoria e simplicidade. Como a vida deve ser vivida. Não há sofisticação maior que essa.

Brasília, 26 de janeiro de 2021.

---

[566] Eclesiastes 1:9.

A CONSTITUCIONALIZAÇÃO TARDIA DO DIREITO PENAL BRASILEIRO[567]

I   O autor e o tema que escolheu

O direito é feito de conhecimentos que vão se acumulando ao longo do tempo, sendo reproduzidos e refinados por autores de gerações diversas. Vez por outra, surge um jurista diferenciado, capaz de lançar um olhar criativo e inovador sobre ideias que já iam se cristalizando. Ademar Borges de Souza Filho é um caso emblemático do que acabo de dizer. Num texto primorosamente escrito, bem pensado e documentado à exaustão, novas luzes e concepções vêm tirar o direito penal brasileiro de um discurso que o tem mantido no mesmo lugar há muito tempo: cruel, ineficiente e incapaz de fornecer os incentivos certos para a sociedade. O sistema combina o pior de dois mundos: arbitrariedade e impunidade.

Ademar foi meu aluno no Programa de Pós-Graduação em Direito Público na Universidade do Estado do Rio de Janeiro – UERJ, onde cursou o doutorado. Numa turma de nível invulgar, destacou-se desde o primeiro momento por sua inteligência aguda, raciocínio articulado e pensamento crítico. Seu projeto original de tese versava as relações entre decisões de tribunais internacionais de direitos humanos e o direito interno. O tema era, de fato, de grande relevância. Tive alguma responsabilidade, no entanto, em desviar as preocupações de Ademar para o direito penal, uma área na qual muitos temas estavam à espera de um autor.

---

[567] Prefácio ao livro de SOUZA FILHO, Ademar Borges de. *O controle de constitucionalidade de leis penais no Brasil*. Belo Horizonte: Fórum, 2019.

Compartilhei com ele, à época, as reflexões que havia feito na conferência de encerramento da Conferência Nacional da OAB, em 2011, que sintetizo aqui.[568] O sistema punitivo brasileiro está desarrumado filosófica, normativa e administrativamente, precisando de um exercício de pensamento criativo e energia construtiva. Ele não realiza adequadamente nenhuma das funções próprias da pena criminal: não previne, não ressocializa nem prevê retribuição na medida certa. A sociedade tem a sensação difusa de impunidade, mas as estatísticas de encarceramento são elevadíssimas. Temos uma justiça tipicamente de classe: mansa com os ricos e dura com os pobres. Leniente com o colarinho branco e severa com os crimes de bagatela. Meninos da periferia com quantidades relativamente pequenas de drogas são os alvos preferenciais do sistema. Ou seja: havia uma imensa demanda por uma releitura do direito penal à luz da Constituição. O processo de constitucionalização do direito que já havia chegado ao direito civil, ao direito administrativo e a outros ramos do direito precisava chegar ao direito penal.

Ademar aceitou o desafio, mudou o tema de sua tese e produziu um trabalho excepcional. Por evidente, embora eu tenha sido o orientador, na companhia honrosa do Professor Daniel Sarmento, trata-se da tese dele, e não da minha. Vale dizer: nem tudo o que está aqui lançado corresponde às minhas próprias ideias. Ademar vem de importante experiência na advocacia criminal e conservou esse ponto de observação ao longo da maior parte do trabalho. Era inevitável que fosse assim, apesar de meu esforço em demonstrar que parte das arbitrariedades que se praticam – como o excesso de prisões provisórias, por exemplo – era o subproduto de um processo que não funcionava e não chegava ao fim em tempo minimamente razoável. Ou seja: um processo mais célere e eficaz seria o melhor antídoto contra algumas distorções. Entendo as angústias do autor. E conheço as minhas: desde que virei (também) juiz criminal por uma falha dramática de desenho institucional do Supremo Tribunal Federal (STF), tive de passar a olhar a vida de diferentes pontos. O da defesa, o da acusação e o da sociedade. Um juiz criminal precisa proteger, simultaneamente, os direitos fundamentais do acusado e a

---

[568] BARROSO, Luís Roberto. Democracia, desenvolvimento e dignidade humana: uma agenda para os próximos dez anos. *Migalhas*, 24 nov. 2011. Disponível em: https://www.migalhas.com.br/Quentes/17,MI145656,91041-Luis+Roberto+Barroso+encerra+Conferencia+da+OAB+com+10+propostas+para.

esfera jurídica da próxima vítima, seja a vida de alguém, sua integridade física ou a honestidade no trato com o dinheiro público. A justiça criminal não funciona apenas como escudo, mas também como espada dos direitos fundamentais: o princípio da proporcionalidade não proíbe somente excessos punitivos, mas também a proteção deficiente. É papel da jurisdição constitucional garantir a tutela efetiva dos direitos fundamentais, entre os quais se incluem os direitos de natureza difusa, aí incluído o direito de ser governado com honestidade. Para ser efetiva, essa tutela não pode se resumir a uma declaração de princípios, mas tem de ser concretizada no mundo real, na transformação de práticas arraigadas há muito tempo no Brasil e que se disseminaram, nos últimos tempos, em níveis espantosos e endêmicos. Como juiz constitucional, não posso fechar os olhos a essa realidade e deixar de contribuir, dentro dos limites da Constituição e das leis, para o seu combate. Foi o que procurei fazer, por exemplo, ao interpretar restritivamente a competência penal por prerrogativa de foro, ao votar pela execução da pena após a condenação em segunda instância e ao propor limites para o abuso da competência presidencial na concessão de indulto.

Não se muda um país com direito penal, e sim com educação de qualidade, distribuição justa de riqueza, poder e bem-estar social, bem como com debate público democrático e de qualidade. Mas no atual estágio civilizatório da humanidade, o direito penal tem o papel importante de desincentivar condutas desviantes. E a jurisdição constitucional, ao interpretá-lo à luz da Constituição, não pode deixar de ter em conta que a efetividade mínima do sistema punitivo é imprescindível para a proteção dos direitos fundamentais de todos. É na calibragem desse papel que Ademar e eu podemos ter uma ou outra divergência. Quanto ao mais, estamos alinhados. E, de todo modo, eventuais diferenças de pontos de vista não me impedem de reconhecer neste trabalho um dos melhores textos já escritos sobre o direito penal contemporâneo.

II O livro

Este livro corresponde à versão atualizada e reduzida da tese que deu ao autor o merecido título de doutor em direito público pela Universidade do Estado do Rio de Janeiro, com distinção e louvor. Como assinalado, o trabalho procura explorar as potencialidades da constitucionalização do direito penal a partir da jurisdição constitucional, em particular da atuação do STF.

O autor reconhece, logo ao início, que o direito penal brasileiro precisa passar por uma reforma estrutural profunda. O quadro é dramático: a população carcerária cresce exponencialmente, com elevadíssimo custo social e sem produzir impactos relevantes na redução dos escandalosos índices de violência. Cerca de 40% das pessoas que ocupam as prisões ainda não foram definitivamente julgadas. As prisões são, em geral, locais que não garantem condições mínimas de dignidade. Uma vez inseridos no sistema penitenciário, os condenados são cooptados por facções criminosas; se isso não ocorrer, ficam estigmatizados e encontram grande dificuldade em retomar sua vida pessoal e profissional.

A renovação da política criminal brasileira exige um esforço de racionalização das práticas punitivas, a cargo dos poderes Legislativo e Executivo. Porém, cabe também ao Poder Judiciário a tarefa de tornar realidade o ideal civilizatório de um direito penal subsidiário (dedicado às práticas violadoras dos direitos mais importantes e dos valores mais essenciais da sociedade), moderado (sem exageros punitivos ou messianismo populista), republicano (igualitário e avesso à política criminal do compadrio) e eficiente (rápido, sério e previsível). O livro defende a necessidade de romper com a inércia que tem impedido a magistratura brasileira de avançar mais intensamente na realização de mudanças estruturais no sistema de justiça criminal brasileiro.

Nos capítulos iniciais, o autor apresenta suas premissas teóricas para a interação entre Constituição e direito penal. Mostra, então, como a dogmática penal tentou, em várias partes do mundo, estabelecer a relação entre o direito penal e o direito constitucional por meio da categoria do bem jurídico penal. Apesar da elevada sofisticação dessas teorias acerca do bem jurídico, os Tribunais Constitucionais, prudentemente, não embarcaram na proposta de declarar a inconstitucionalidade dos tipos penais voltados a proteger bens jurídicos não identificados, por exemplo, com direitos fundamentais. Nesse ponto, a proposta apresentada nesse livro, de substituir a fórmula tradicionalmente defendida pela dogmática penal pela aplicação do princípio da proporcionalidade, como critério de aferição da legitimidade das leis penais, parece mais promissora. Esse tem sido o caminho que Tribunais Constitucionais na Europa e na América latina têm trilhado nos últimos anos.

Na sequência, Ademar faz uma leitura retrospectiva dos avanços do STF no controle de leis penais, demonstrando que a maior parte das decisões relevantes – seis delas invalidando leis que restringiram desproporcionalmente o princípio da individualização da pena – resultou do julgamento de ordens de *habeas corpus* pelo Plenário. Na visão do autor, com a qual estou de pleno acordo, isso é um sinal de que o *habeas corpus* pode ter maior funcionalidade quando voltado à proteção direta de direitos fundamentais, e não como instrumento ordinário de correção de falhas na aplicação da lei infraconstitucional. Para ele, as decisões proferidas pelo Plenário, dotadas de eficácia expansiva, poderiam contribuir de forma mais efetiva para a constitucionalização do direito penal no Brasil do que as milhares de decisões proferidas em *habeas corpus* individuais discutindo temas infraconstitucionais desprovidos de transcendência e de relevância social e jurídica.

O livro apresenta, ainda, uma consistente proposta sobre o papel que o STF deve desempenhar no controle de constitucionalidade das leis penais. Sob o aspecto do controle material de constitucionalidade das leis penais, o autor defende a aplicação rigorosa e metodologicamente controlada do princípio da proporcionalidade, permitindo à jurisdição constitucional analisar empiricamente os resultados produzidos pela norma penal.

Já no tocante ao aperfeiçoamento do controle formal de constitucionalidade, o autor se vale do princípio da deliberação suficiente – construído na jurisprudência da Corte Constitucional da Colômbia e aplicado, com adaptações, por outros Tribunais Constitucionais – para defender que a produção legislativa no campo penal deve ser acompanhada de estudos de impacto e de razões públicas. O conhecimento empírico, tão menosprezado no Brasil, é particularmente valioso para o direito penal, que produz consequências diretas e relevantes na vida das pessoas. Com apoio na ideia de devido processo de elaboração normativa desenvolvida pela Professora Ana Paula de Barcellos, o livro aposta na possibilidade de intensificação do controle formal de constitucionalidade das leis penais, com base na premissa de que também o legislador deve ser obrigado a oferecer informações sobre a realidade na qual pretende intervir e razões públicas que justifiquem a sua intervenção.

Pessoalmente sou convencido de que um direito penal moderado, sério e igualitário contribui, decisivamente, para a redução do encarceramento, por desempenhar o grande papel que cabe ao direito penal:

funcionar como prevenção geral, dissuadindo as pessoas de delinquirem diante da probabilidade da punição.

III Conclusão

A vida acadêmica, à qual me dedico há quase quatro décadas, trouxe-me alegrias diversas. Alunos queridos e bem-sucedidos, livros, palestras, amigos pelo mundo e certo senso de realização pessoal. Poucas sensações são mais gratificantes, porém, do que a de poder acompanhar o surgimento, a evolução e o despontar de um grande talento, de uma estrela de brilho intenso. Alguém olhando de longe, como já ouvi mais de uma vez, pode por vezes supor que as pessoas têm sorte e por acaso estão no lugar certo na hora certa. Na verdade, não é assim. O lugar a gente cria e a hora a gente faz. Não existe acaso. Sou testemunha da dedicação, seriedade e absoluta integridade com que Ademar Borges desenvolveu sua carreira acadêmica, até chegar à produção deste trabalho notável, que reformulará as bases da discussão do direito penal brasileiro. Para quem é do ramo, a vida estará dividida em antes e depois da leitura.

COMPLIANCE E A REFUNDAÇÃO DO BRASIL[569]

> *A situação é tão indigna, que mesmo pessoas sem nenhuma dignidade já estão ficando indignadas.*
> (Millor Fernandes)[570]

I Introdução

O Ministro Ricardo Villas Bôas Cueva e a Professora Ana Frazão apresentam ao público um livro de excepcional qualidade, que reúne boa parte do que há de mais relevante em termos de pessoas e de ideias a propósito do tema *compliance*. Um conjunto variado de fatores é responsável pela visibilidade e expansão de um conceito e de uma prática que se tornaram imprescindíveis no ambiente corporativo contemporâneo. Na verdade, há no país um novo *business*, uma nova área de atividade que são os profissionais e os departamentos de *compliance*. É bom que seja assim. Espera-se que seja o prenúncio de um novo tempo, em que a ideia de integridade seja um vetor fundamental do comportamento humano.

Nos últimos tempos, o Brasil tem vivido uma tempestade política, econômica e ética que mudou a percepção da sociedade em relação a muitas questões, inclusive e notadamente aquelas associadas

---

[569] Prefácio ao livro de CUEVA, Ricardo Villas Bôas; FRAZÃO, Ana (Coord.). *Compliance*: perspectivas e desafios dos programas de conformidade. Belo Horizonte: Fórum, 2019.

[570] A frase é citada de memória. Não consegui localizar a fonte. Tenho o registro de tê-la lido em *O Pasquim*, há muitos anos. Penitencio-me de antemão se a memória me houver traído. Com o tempo, tem acontecido mais amiúde.

ao cumprimento da lei e ao combate à corrupção. De acordo com a Transparência Internacional, o Brasil ocupa a 96ª posição no Índice de Percepção da Corrupção de 2017, num *ranking* que inclui 180 países. Tratando-se de uma das dez maiores economias do mundo, a posição é constrangedora. Pior: nas últimas pontuações, o Brasil vem caindo vertiginosamente. De fato, em 2006 era o 79º e, em 2015, o 69º. É possível, porém, que o aumento da percepção da corrupção não signifique, necessariamente, um aumento no volume dos comportamentos desviantes. Pode ser um sinal de que o país deixou de varrer a sujeira para baixo do tapete e passou a enfrentar corajosamente o problema. Embora a ideia de *compliance* não esteja associada exclusivamente ao combate à corrupção, esta tem sido a área em que a demanda tem sido mais significativa.

II O quadro brasileiro atual

É impossível não identificar as dificuldades em superar a corrupção sistêmica como um dos pontos baixos desses últimos trinta anos de democracia no Brasil. O fenômeno vem em processo acumulativo desde muito longe e se disseminou, nos últimos tempos, em níveis espantosos e endêmicos. Não foram falhas pontuais, individuais. Foi um fenômeno generalizado, sistêmico e plural, que envolveu empresas estatais, empresas privadas, agentes públicos, agentes privados, partidos políticos, membros do Executivo e do Legislativo. Havia esquemas profissionais de arrecadação e distribuição de dinheiros desviados mediante superfaturamento e outros esquemas. Tornou-se o modo natural de se fazerem negócios e de se fazer política no país. A corrupção é fruto de um pacto oligárquico celebrado entre boa parte da classe política, do empresariado e da burocracia estatal para saque do Estado brasileiro.

A fotografia do momento atual é devastadora: a) o presidente da República foi denunciado duas vezes, por corrupção passiva e obstrução de justiça, e é investigado em dois outros inquéritos; b) um ex-presidente da República teve a condenação por corrupção passiva confirmada em segundo grau de jurisdição; c) outro ex-presidente da República foi denunciado criminalmente por corrupção passiva; c) dois ex-chefes da Casa Civil foram condenados criminalmente, um por corrupção ativa e outro por corrupção passiva; d) um ex-ministro da Secretaria de Governo da Presidência da República está preso, tendo sido encontrados em apartamento supostamente seu 51 milhões de reais; e) dois ex-presidentes da Câmara dos Deputados estão presos, um deles já condenado por corrupção passiva, lavagem de dinheiro e evasão de divisas; f) um presidente anterior da Câmara dos Deputados foi condenado por peculato e cumpriu pena; g) mais de um ex-governador de estado se encontra preso sob acusações de corrupção passiva e outros crimes; h) todos os conselheiros (menos um) de um Tribunal de Contas estadual foram presos por corrupção passiva; i) um senador, ex-candidato a presidente da República, foi denunciado por corrupção passiva.

Alguém poderia supor que há uma conspiração geral contra tudo e contra todos! O problema com esta versão são os *fatos*: os áudios, os vídeos, as malas de dinheiro, os apartamentos repletos, assim como as provas que saltam de cada compartimento que se abra. É impossível não sentir vergonha pelo que aconteceu no Brasil. Por outro lado, poucos países no mundo tiveram a coragem de abrir as suas entranhas e enfrentar o mal atávico da corrupção com a determinação que boa parte da sociedade brasileira e uma parte do Poder Judiciário têm demonstrado. Para isso têm contribuído mudanças de atitude das pessoas e das instituições, assim como alterações na legislação e na jurisprudência. Há uma imensa demanda por integridade, idealismo e patriotismo na sociedade brasileira, e esta é a energia que muda paradigmas e empurra a história.

Como seria de se esperar, o enfrentamento à corrupção tem encontrado resistências diversas, ostensivas e dissimuladas. A Nova Ordem que se está pretendendo criar atingiu pessoas que sempre se imaginaram imunes e impunes. Destaco aqui três concepções que dão força a uma enorme *Operação Abafa* que foi deflagrada em várias frentes. Em primeiro lugar, parte do pensamento progressista no Brasil vislumbra a corrupção como uma nota de pé de página na história, acreditando que os fins justificam os meios. Por outro lado, parte da elite brasileira milita no tropicalismo equívoco de que corrupção ruim é a dos adversários, e não a dos que frequentem as mesmas mesas de pôquer, *vernissages* e salões que ela. Por fim, vêm os corruptos propriamente ditos, que se dividem em duas categorias bem visíveis: (i) a dos que não querem ser punidos pelos malfeitos cometidos ao longo de muitos anos; e (ii) um lote pior, que é o dos que não querem ficar honestos nem daqui para frente. Gente que tem aliados em toda parte: nos altos escalões, nos poderes da República, na imprensa e até onde menos seria de se esperar. Mas há um sentimento republicano e igualitário crescente, capaz de vencer essa triste realidade.

Naturalmente, é preciso tomar cuidado para evitar a criminalização da política. Em uma democracia, política é gênero de primeira necessidade. Seria um equívoco pretender demonizá-la e, mais ainda, criminalizá-la. A vida política nem sempre tem a racionalidade e a linearidade que certa ânsia por avanços sociais e civilizatórios exige. O mundo e o Brasil viveram experiências históricas devastadoras com tentativas de governar sem política, com a ajuda de militares, tecnocratas e da polícia política. Porém, assim como não se deve criminalizar a política, não se deve politizar o crime. Não há delito por opiniões, palavras e votos. Nessas matérias, a imunidade é plena. No entanto, o parlamentar que vende dispositivos em medidas provisórias cobra participação em desonerações tributárias ou canaliza emendas orçamentárias para instituições fantasmas (e embolsa o dinheiro) comete um crime mesmo. Não há como "glamourizar" a desonestidade.

A corrupção tem custos elevados para o país, financeiros, sociais e morais. No tocante aos custos financeiros, apesar das dificuldades de levantamento de dados – subornos e propinas geralmente não vêm a público –, noticiou-se que apenas na Petrobras e empresas estatais investigadas na Operação Lava-Jato os pagamentos de propina chegaram a 20 bilhões de reais. Levantamento feito pela Federação das Indústrias de São Paulo – FIESP projeta que até 2,3% do PIB são perdidos a cada ano com práticas corruptas, o que chegaria a 100 bilhões de reais por ano. Os custos sociais também são elevadíssimos. Como intuitivo, a corrupção é regressiva, pois só circula nas altas esferas e ali se encontram os seus grandes beneficiários. Porém, e muito mais grave, ela compromete a qualidade dos serviços públicos, em áreas de grande relevância como saúde, educação, segurança pública, estradas, transporte urbano etc. Nos anos de 2015 e 2016, ecoando escândalos de corrupção, o PIB brasileiro caiu 7,2%.[571]

O pior custo, todavia, é provavelmente o custo moral, com a criação de uma cultura de desonestidade e esperteza, que contamina as pessoas ou espalha letargia. O modo de fazer política e de fazer negócios no país passou a funcionar mais ou menos assim: (i) o agente político relevante indica o dirigente do órgão ou da empresa estatal, com

---

[571] SARAIVA, Alessandra; SALLE, Robson. PIB do Brasil cai 7,2%, pior recessão desde 1948. *Valor Econômico*, 7 mar. 2017.

metas de desvio de dinheiro; (ii) o dirigente indicado frauda a licitação para contratar empresa que seja parte no esquema; (iii) a empresa contratada superfatura o contrato para gerar o excedente do dinheiro que vai ser destinado ao agente político que fez a indicação, ao partido e aos correligionários. Note-se bem: este não foi um esquema isolado! Este é o modelo padrão. A ele se somam a cobrança de propinas em empréstimos públicos, a venda de dispositivos em medidas provisórias, leis ou decretos; os achaques em comissões parlamentares de inquérito, para citar alguns exemplos mais visíveis. Nesse ambiente, faz pouca diferença saber se o dinheiro vai para a campanha, para o bolso ou um pouco para cada um. Porque o problema maior não é para onde o dinheiro vai, e sim de onde ele vem: de uma cultura de desonestidade que foi naturalizada e passou a ser a regra geral.

A cidadania, no Brasil, vive um momento de tristeza e de angústia. Uma fotografia do momento atual pode dar a impressão de que o crime compensa e o mal venceu. Mas seria uma imagem enganosa. O país já mudou e nada será como antes. A imensa demanda por integridade, idealismo e patriotismo que hoje existe na sociedade brasileira é uma realidade inescapável. Uma semente foi plantada. O trem já saiu da estação. Há muitas imagens para ilustrar a refundação do país sobre novas bases, tanto na ética pública quanto na ética privada. É preciso empurrar a história, mas ter a humildade de reconhecer que ela tem o seu próprio tempo. E não desistir antes de cumprida a missão. Este livro do Ministro Ricardo Cueva e da Professora Ana Frazão se insere nesse processo histórico decisivo de transformação do país.

III Conteúdo e importância de *compliance*

A situação, no Brasil era tão ruim em termos de preocupação com a lei e submissão a normas éticas que não havia em vernáculo uma palavra que expressasse, com precisão, o sentido de *compliance*. Mais recentemente, os programas nessa área têm sido referidos como programas de integridade, conformidade ou cumprimento. Em sua essência, *compliance* significa a observância das normas legais e regulamentares aplicáveis, bem como dos valores éticos gerais, dos códigos de conduta específicos de determinado ramo de atividade e das expectativas legítimas da sociedade. O termo também abarca os programas de incentivos a tais condutas. No trabalho que abre essa obra, Milena Donato Oliva e Rodrigo da Guia Silva consignaram:

A noção de *compliance* envolve o estabelecimento de mecanismos de autorregulação e autorresponsabilidade pelas pessoas jurídicas. Quando se pensa em *compliance*, se reconduz imediatamente à ideia de autovigilância.

[...] Consubstancia sistema de controles cuja função primordial consiste em promover uma cultura de respeito à legalidade e evitar a ocorrência de violações às normas jurídicas e ao Código de Ética de cada entidade.

A história legislativa da busca por integridade e combate à corrupção remonta ao *Foreign Corrupt Practices Act* – FCPA, editado nos Estados Unidos em 1977, sendo considerado um marco histórico na matéria. Ainda nos Estados Unidos, merece menção a *U.S. Sentencing Guidelines*, promulgadas em 1991, que previram a existência de programas de *compliance* como atenuante no caso de crimes federais. No Reino Unido, na mesma linha do FCPA, o *UK Bribery Act* – UKBA, de 2010, considerou crime o pagamento ou recebimento de propinas para/por agentes públicos. Diversos outros países da Europa, como Alemanha, Portugal, Espanha e outros possuem leis ou dispositivos legais impondo regras de *compliance*.

No Brasil, a Lei nº 12.846, de 1º.8.2013, conhecida como Lei Anticorrupção, prevê a alternação de sanções de multa para empresas que adotem programas de integridade. A Lei nº 13.303, de 30.6.2016, referida como Lei das Estatais, impõe às empresas públicas, sociedade de economia mista e suas subsidiárias deveres de transparência (art. 8º) e regras de controle interno e de integridade (art. 9º e §1º). Já o Decreto nº 8.420 de 18.3.2015, ao disciplinar os programas de integridade, impõe uma série de parâmetros que incluem (art. 42): (i) comprometimento da alta direção da pessoa jurídica; (ii) padrões de conduta, código de ética, políticas e procedimento de integridade aplicáveis a todos os empregados e administradores; (iii) treinamentos periódicos; (iv) controle interno; (v) análise periódica de riscos; (vi) canais de denúncia; e (vii) transparência quanto a doações políticas.

Embora se tenha enfatizado aqui o *compliance* anticorrupção, as finalidades dos programas de *compliance* abrangem múltiplas áreas, como bem anota em seu texto o Ministro Ricardo Cueva. É possível focar-se, assim também, em *compliance* criminal, antifraude, para proteção de dados pessoais, trabalhista, ambiental, dos direitos do consumidor, em meio a outros. Em seu texto, Cueva lembra, ainda, passagem feliz de Norberto Bobbio, que caracteriza a democracia como o governo do poder visível. É preciso ter cuidado, por outro lado, com o risco de programas de integridade de fachada, implementado como mero discurso de retórica pelas empresas, como adverte Ana Frazão. Aliás, não é apenas a legislação que exige programas e práticas de integridade. Inúmeras empresas privadas – e mesmo consumidores – impõem às empresas com as quais fazem negócio ou cujos produtos adquirem a observância de código de ética e de conduta como pressuposto do relacionamento comercial.

Como assinalado acima, o Brasil vive um processo profundo de transformação. Sairemos da crise atual melhores do que entramos. A sociedade já mudou e deixou de aceitar o inaceitável. A iniciativa privada, que pagou preço altíssimo pelos desatinos dos últimos tempos, está mudando rapidamente. O Judiciário vai mudando lentamente. A política ainda não mudou, mas vai mudar.

Este livro notável na sua extensão e profundidade vem contribuir para a melhor compreensão do tema *compliance* e para a mudança do patamar da ética empresarial no Brasil. Cuida-se, na feliz expressão de Fábio Medina Osório, da criação de um ambiente de transparência, em que o novo paradigma é o de um setor privado com deveres públicos. Saio do caminho para que o leitor possa desfrutar de uma leitura indispensável na matéria, valioso roteiro para se atender à imensa demanda por integridade, idealismo e patriotismo presente na sociedade brasileira.

Brasília, 20 de agosto de 2018.

VIDA E MORTE DAS CONSTITUIÇÕES NA AMÉRICA LATINA: DEMOCRACIA, INSTABILIDADE E PAPEL DOS TRIBUNAIS[572]

Richard Albert, Carlos Bernal e Juliano Zaiden Benvindo reuniram nessa obra alguns dos nomes mais representativos do constitucionalismo latino-americano contemporâneo. Os textos compõem um mosaico de múltiplos tons, reunindo análises e reflexões sobre a ordem institucional de países diversos, como Bolívia, Brasil, Chile, Colômbia, Equador e México. O leitor menos familiarizado com a realidade latino-americana deve saber que, apesar das muitas aflições comuns, não é tarefa fácil fazer um corte transversal das variadas experiências constitucionais do continente e construir para elas uma narrativa unitária. Por isso mesmo, um dos grandes méritos desse livro de excepcional qualidade teórica é estabelecer um diálogo entre professores de diferentes países e concepções. Essa é uma realização por si só relevante, pois a interação entre juristas latino-americanos é bem menor do que seria de se supor e desejar.

O conjunto de textos que se seguem abordam temas diversos, mas conexos, que incluem a transição para a democracia, o processo constituinte, a reforma das constituições, as possibilidade e limites do controle de constitucionalidade das emendas constitucionais, bem como a difícil consolidação da democracia na América Latina. A leitura dos textos bem pensados e bem escritos dessa obra, bem como uma

---

[572] Versão em português do prefácio ao livro de ALBERT, Richard; BERNAL, Carlos; BENVINDO, Juliano Zaiden. *Constitutional change and transformation in Latin America*. Oxford: Hart Publishing, 2019.

interlocução constante com os seus editores, inspiraram as breves reflexões que faço a seguir.

I Algumas vicissitudes comuns ao constitucionalismo latino-americano

O constitucionalismo latino americano passou por múltiplas fases desde a primeira metade do século XIX. Ao longo desses 200 anos, em meio a composições diversas entre conservadores e liberais, alguns fatores estiveram ubiquamente presentes, influenciando e conformando as experiências constitucionais do continente. Destaco, a seguir, três desses fatores:

(i) *Autoritarismo e instabilidade institucional*. Provavelmente, o traço mais constante do período foi a tentação autoritária, manifestada em ditaduras civis ou militares, bem como em democracias frágeis, verdadeiras encenações de liberdades inexistentes. Associada ao autoritarismo, vem a instabilidade institucional, com quebras da legalidade constitucional, golpes de Estado e o fantasma permanente da intervenção militar. Nesse contexto, surgindo ora como causa, ora como consequência das duas disfunções aqui descritas – autoritarismo e instabilidade –, sempre esteve presente o hiperpresidencialismo, significando concentração ampla de poderes no Executivo, assim como fragilidade do Legislativo e do Judiciário.

(ii) *Patrimonialismo e corrupção*. A má separação entre o público e o privado foi um dos legados da colonização ibérica. Ela está associada ao modo como se estabeleciam as relações políticas, econômicas e sociais entre o Imperador e os colonizadores. Não havia separação própria entre a Fazenda do rei e a Fazenda do reino, entre bens particulares e bens do Estado. Os deveres públicos e as obrigações privadas se sobrepunham. Esses os antecedentes da cultura de apropriação privada do Estado por elites extrativistas, do capitalismo de compadrio e da existência de bolsões de corrupção estrutural e sistêmica onipresentes na América Latina. Corrupção, aqui, no sentido da utilização do poder para obtenção de vantagens ilegítimas.

(iii) *Desigualdade social*. A desigualdade social é uma marca indelével das sociedades latino-americanas. As sucessivas Constituições lidaram de modo diferente com o fenômeno. Por vezes, reforçaram o modelo de exclusão, por mecanismos como o voto censitário e a proibição de participação política dos analfabetos, que, durante largos períodos, correspondiam à parte expressiva da população. Ao longo do tempo, porém, houve iniciativas que procuraram atenuar o abuso do poder econômico, como exemplo, a introdução de leis que procuravam assegurar direitos mínimos aos trabalhadores. Algumas Constituições, como a mexicana de 1917, abrigaram direitos sociais desde o início do século XX. Todavia, a efetiva justiciabilidade desses direitos só entrou no debate constitucional e jurisprudencial bem mais à frente, na virada do século XX para o XXI, constituindo um dos temas mais intrincados do debate jurídico contemporâneo. Neste primeiro quarto do século XXI, a crise fiscal da maioria dos países tem embalado o discurso de desmonte do Estado social, que, de resto, jamais se implantara de modo amplo entre nós.

II Uma história fragmentada: a duração das constituições na América Latina

A América Latina tem uma história política conturbada, marcada por golpes de Estado e quebras da legalidade constitucional. A substituição de Constituições é uma prática constante na região, apesar de relativa melhora nos últimos tempos. Confiram-se alguns dados: (i) a República Dominicana detém o recorde mundial no tema: já teve 31 Constituições, sendo a atual de 2015; (ii) a Venezuela já teve 26 Constituições, sendo a atual de 1999; (iii) o Equador já teve 20 Constituições, sendo a atual de 2008. Alguns países tiveram um pouco mais de estabilidade constitucional e são regidos por Constituições mais antigas: a Argentina teve 6 Constituições, sendo a atual de 1853 (mas nem por isso teve uma história institucional menos instável); a Costa Rica é regida desde 1949 pela mesma Constituição. O Brasil seguiu a sina latino-americana, com 8 Constituições, sendo a atual de 1988. A

Colômbia, que já teve 9 Constituições, é regida pela de 1991. O Chile já teve 10, estando em vigor, atualmente, a Constituição de 1980. Comparativamente, na América do Norte e na Europa, a taxa de substituição de Constituições é significativamente menor. Os Estados Unidos tiveram uma única Constituição. O Canadá teve duas. Na Europa, viveram sob uma única Constituição países como Bélgica, Dinamarca e Holanda. A França foi uma exceção a esta regra, tendo tido 16 ao todo, embora a Constituição atual esteja em vigor desde 1958. O projeto de Constituição Europeia não chegou a se realizar e, ao menos por ora, parece ter ficado mais distante. Embora a duração de uma Constituição não seja, por si só, prova de sucesso institucional, a falta de continuidade frustra alguns dos objetivos que ela visa promover. Um deles, importante de destacar, é a criação de um *sentimento constitucional*, um misto de afeto e respeito que os cidadãos devem sentir em relação à sua Constituição. Naturalmente, se ela for um documento que não se consolida, ficando à mercê dos ventos políticos, não há como se desenvolver este sentimento.

III Fatores que influenciam a durabilidade das constituições

A durabilidade das constituições sofre, naturalmente, a influência de fatores ditos *ambientais*, como história, cultura, política, economia. Porém, o *desenho institucional* também faz grande diferença, ao estabelecer o conteúdo da Constituição e seus mecanismos de mudança. No Brasil, por exemplo, a Constituição de 1988 tem ajudado a guiar o país em momentos de crise econômica e turbulência política. Três fatores de *design institucional* capazes de influenciar diretamente a expectativa de vida das Constituições são: (i) a participação na elaboração da Constituição e os interesses efetivamente levados em conta no texto final (*inclusividade da Constituição*); (ii) a abrangência e o grau de detalhamento do texto (*analiticidade*); e (iii) sua capacidade de absorver mudanças e de ser alterada para adaptar-se a novas realidades (*plasticidade*).

Inclusividade ou representatividade da Constituição. Um primeiro fator é a diversidade de interesses dos grupos sociais e políticos abrigados na Constituição. Isto é, a incorporação pela Constituição dos atores políticos e sociais relevantes. No Brasil, os corredores da Assembleia Constituinte de 1987-88 eram um espetáculo antropológico. Segundo Ulysses Guimarães, seu presidente, tinha "gente de rua, de praça, de favela, de fábrica, de trabalhadores, de cozinheiras, de menores carentes, de índios, de posseiros, de empresários, de estudantes, de aposentados, de servidores civis e militares". O lado negativo de todo esse processo foi uma Constituição que muitas vezes se perdeu no varejo das miudezas e deu excessivo abrigo aos interesses de servidores públicos e até de setores privados.

O caráter analítico ou o grau de abrangência da Constituição. A extensão da Constituição, a quantidade de temas nela versados e o grau de detalhamento empregado têm influência no seu prazo de permanência. Ao contrário do senso comum de que Constituições sintéticas tenderiam a ser mais duradouras, Elkins, Ginsburg e Melton defendem que com frequência passa-se o contrário: Constituições analíticas por vezes perduram por mais tempo. A Constituição brasileira, que em 2018 completou 30 anos, tem um texto que, mais do que analítico, é bastante prolixo: atualmente tem 250 artigos no corpo permanente e 100 disposições transitórias. Em número de palavras, só perde para a da Índia e da Nigéria. Mas não foge muito do padrão latino-americano. Na região, a mais sintética e duradoura é a da Argentina, de 1853, com 129 artigos e 17 disposições transitórias. Porém, como prova de que a duração das Constituições não é garantia de estabilidade institucional, a história política da Argentina é tão ou mais acidentada do que a dos seus vizinhos.

Grau de plasticidade ou de adaptabilidade da Constituição a novas realidades. Este fator diz respeito ao nível de dificuldade para se promoverem modificações formais ou informais do texto constitucional. Nessa matéria, os dois extremos são ruins: procedimentos extremamente difíceis impedem reformas necessárias e tornam os textos defasados; procedimentos facilitados, por sua vez, permitem que maiorias ocasionais comprometam valores e princípios que devem ser duradouros. Além do procedimento formal de emendas, a Constituição está sujeita a mudanças informais, que podem ser produzidas por interpretação judicial e em certos casos por lei. São as chamadas *mutações constitucionais*. Como regra geral, as constituições são rígidas e preveem um procedimento para reforma constitucional mais difícil do que o exigido para a edição de leis ordinárias. Há regras diferenciadas quanto à iniciativa, às instâncias de deliberação e quanto ao *quorum*. Para citar alguns exemplos, no México, ele é de 2/3, no Brasil 3/5 e no Peru maioria absoluta.

IV O núcleo essencial das constituições latino-americanas: as cláusulas pétreas

Constituições devem poder se ajustar a novas realidades e demandas sociais, mediante procedimento formal de emenda. O poder de reformar a Constituição, no entanto, não deve ser o de deformá-la, com a supressão de algum de seus elementos essenciais. Isso significaria a sua morte. Para que haja sentido na sua preservação, uma Constituição deverá conservar a essência de sua identidade original, o núcleo de decisões políticas e de valores fundamentais que justificaram sua criação. Em alguns países, esse núcleo essencial da Constituição é protegido pela existência de limites materiais ao poder de reforma, previstos de modo expresso na Constituição. São as chamadas cláusulas pétreas ou cláusulas de intangibilidade ou de eternidade. Essas cláusulas não podem ser substancialmente alteradas, nem mesmo por maiorias qualificadas. Cláusulas pétreas, portanto, existem para preservar o núcleo essencial das Constituições.

Essas cláusulas de intangibilidade protegem os conteúdos mais variados. Na América Latina, por exemplo, uma cláusula pétrea presente na Constituição de diferentes países é a proibição de reeleição do presidente da República. Diversos países que não blindaram a cláusula de não reeleição contra emendas tiveram suas Constituições alteradas nesse ponto, a exemplo de Peru (em 1993), Argentina (em 1994), Brasil (em 1996), Venezuela (em 1999 e depois em 2009), Colômbia (em 2004), Equador (em 2008) e Bolívia (em 2009). Outras vezes, as cláusulas pétreas funcionam como respostas contra o passado. É o caso da Constituição da Alemanha, a Lei Fundamental de Bonn, que estabeleceu a democracia e a dignidade humana como preceitos constitucionais imodificáveis, documentando as novas bases de refundação do Estado alemão. Em alguns casos, ainda, as cláusulas pétreas funcionam como proteção de certos interesses ou atores políticos. Na Jordânia, por exemplo, a Constituição proíbe emendas que alterem os "direitos do rei".

A Constituição americana de 1787, na sua versão original, impedia a abolição do tráfico de escravos antes de 1808. E, na sua versão atual, proíbe que um Estado seja privado de igual representação no Senado sem consentimento. Boa parte das Constituições do mundo protege de forma absoluta a república como forma de governo. A Constituição brasileira protege, igualmente, contra o poder de emenda, a Federação, que no Brasil surgiu associada à República. Cabe ainda mencionar a proteção, em algumas Constituições, sob a forma de cláusula intangível, da democracia, do pluripartidarismo, da separação entre Igreja e Estado, da língua oficial, da religião. Algumas poucas Constituições utilizam termos vagos, como a da Bolívia (que protege as "bases fundamentais" da Constituição), do Equador (que protege "a estrutura fundamental, a natureza e os elementos constitutivos do Estado") e da Venezuela (que protege "a estrutura e os princípios fundamentais da Constituição").

O que é fora de dúvida, aqui, é que existe uma tensão entre cláusulas pétreas e democracia, na medida em que elas impõem uma restrição relevante ao exercício do poder das maiorias. Em razão desse caráter contramajoritário e potencialmente antidemocrático, as cláusulas pétreas devem ser interpretadas restritivamente, sem que se alargue o seu sentido e alcance. Nessa linha, a Comissão de Veneza recomenda que as cláusulas de intangibilidade se limitem à tutela dos princípios básicos da ordem democrática e sejam interpretadas e aplicadas de forma restritiva e cautelosa. Há precedente do STF nesse mesmo sentido. Em doutrina, e mesmo na prática de alguns países (como Índia e Colômbia), já se colocou a discussão de que mesmo sem cláusulas de intangibilidade explícitas, emendas constitucionais não podem modificar o núcleo essencial do texto, pois isso significaria a substituição da Constituição.

V   O controle de constitucionalidade de emendas

A existência de cláusulas pétreas não significa, necessariamente, que elas serão passíveis de controle de constitucionalidade por órgão judicial ou análogo. Na França, por exemplo, em mais de uma ocasião, o Conselho Constitucional já declarou não ter competência para se pronunciar sobre a validade de emendas à Constituição. Nos Estados Unidos e em países da Europa, embora em tese seja admissível o controle de constitucionalidade de emendas, na prática não há precedentes. Em países como Áustria, Bulgária e República Tcheca, já houve casos, mas são excepcionais e raros.

Na América Latina, o cenário é diverso. Com alguma frequência, Supremas Cortes e Tribunais Constitucionais da região reconheceram sua competência para controlar a constitucionalidade de emendas, bem como invalidaram-nas por motivos formais e materiais. Vale dizer: reconheceram a existência de limites materiais, explícitos ou implícitos, ao poder de reforma. Exemplo emblemático é o da Colômbia. Pelo texto constitucional, a Corte Constitucional somente tem competência expressa para controlar erros de procedimento na formação das emendas. A Corte, porém, desde 2003, expandiu este poder para controlar não apenas vícios formais, mas também materiais. Afirmou, assim, que o poder de reforma constitucional não tem competência para a substituição integral da Constituição (teoria da substituição). A teoria da substituição foi aplicada em mais de uma dezena de oportunidades. Em uma delas, julgada em 2005, a Corte apreciou a questão de emenda permitindo a reeleição presidencial. Por maioria apertada de 5 a 4 entendeu legítima a alteração que permitia uma reeleição. Mas alertou que a eleição para mais dois mandatos seria provavelmente inconstitucional. Porém, quando ao final do segundo mandato do Presidente Álvaro Uribe foi aprovada emenda autorizando um terceiro mandato, a Corte declarou, em 2010, a inconstitucionalidade da emenda. Entendeu que havia violação da separação de poderes, por fortalecer excessivamente o Poder Executivo, e do princípio democrático, por afetar a alternância no poder.

Não custa aqui reiterar que, em razão da tensão entre poder de controle de constitucionalidade de emendas e democracia, os tribunais devem exercer esta competência com autocontenção. Não se deve esquecer que as emendas à Constituição são aprovadas mediante um processo mais dificultoso, que normalmente exige a formação de amplas maiorias, de modo que desfrutam de alto grau de legitimidade democrática e presunção reforçada de constitucionalidade.

O CAMINHO DO MEIO

Aceitei com alegria o convite formulado por Roberta Ferme Sivolella para apresentar esta obra, que coordena na companhia do Professor Jorge Boucinhas e da Juíza Lorena Colnago. Roberta foi minha aluna de graduação na Faculdade de Direito da Universidade do Estado do Rio de Janeiro – UERJ, em tempos idos, e de novo, mais recentemente, no programa de doutorado, numa ponte aérea quase permanente entre Rio e Brasília. Ao longo do tempo, pude acompanhar sua evolução na carreira, tanto na atuação em primeiro grau, no TRT da 2ª Região, quanto no Tribunal Superior do Trabalho, onde há alguns anos atua como juíza auxiliar. Íntegra, extremamente competente e dedicada ao seu trabalho, tem o reconhecimento que merece. Não menos distintas foram as carreiras dos dois outros coordenadores dessa obra, que igualmente me honram com o convite para essas breves palavras.

O livro vem em boa hora. Precisamos falar sobre o direito do trabalho. Nos últimos anos, ele saiu do espaço de uma justiça especializada, acompanhada apenas pelos que nela militam, para ser alçado ao centro de alguns dos debates jurídicos mais candentes da atualidade. No calor das opiniões, até mesmo a extinção da Justiça do Trabalho chegou a ser trazida à discussão, num arroubo que não pode ecoar junto aos que conhecem o importante papel que ela desempenha na pacificação social no Brasil. Quando um cidadão humilde, sentindo-se injustiçado, brada que "vai procurar os seus direitos", é da Justiça do Trabalho que ele normalmente está falando. A verdade é que existe choro e ranger de dentes de um lado e de outro – dos reclamantes e dos reclamados. Como em quase tudo na vida, é preciso trilhar o caminho do meio, evitando quer os excessos que desbordam da proteção legítima e razoável quer a deficiência na proteção do que é fundamental.

Nos últimos tempos, inúmeros temas trabalhistas ou conexos chegaram ao Supremo Tribunal Federal, em questões envolvendo terceirização de atividade-fim, responsabilidade subsidiária da Administração Pública, salário-maternidade, intervalo na jornada extraordinária de mulheres, exposição de gestantes a atividades insalubres, dano moral e material decorrente de acidente de trabalho, teletrabalho, suspensão do contrato de trabalho durante a pandemia da Covid-19, em meio a outros. Alguns deles receberam especial atenção, por sua importância e visibilidade: a cobrança de honorários advocatícios e periciais em caso de sucumbência, a contribuição sindical compulsória e a prevalência do ajustado em negociação coletiva sobre o legislado.

Muitos desses temas são versados com proficiência nesse livro, e o leitor fará bom proveito em acompanhar os argumentos desenvolvidos. Não é o caso de reproduzi-los aqui, tampouco de estabelecer eventual contraditório. A vida comporta muitos pontos de observação. E, muitas vezes, as pessoas desejam alcançar os mesmos fins, mas têm concepções diversas sobre a melhor maneira de chegar até eles. De minha parte, tenho posições públicas em favor da diminuição de incentivos à litigiosidade trabalhista, que alcança recordes mundiais. Ou existe violação maciça dos direitos dos trabalhadores ou existem espertezas diversas dos litigantes ou há uma legislação que ninguém consegue cumprir. Seja qual for a resposta – muito possivelmente algum grau de combinação de todas essas hipóteses –, é preciso enfrentar o tema. Uma das vicissitudes brasileiras é a dificuldade de reconhecer um problema e enfrentar em debate aberto suas causas e consequências, com base nos fatos e em dados empíricos, que é a única forma de se resolverem deficiências e insuficiências no funcionamento das instituições.

No tocante à contribuição sindical, considerei, ao votar na matéria, que a lei era constitucional e que não era verdadeiramente o papel do Supremo intervir para escolher qual modelo sindical o país deve ter. O que estava em discussão era se a contribuição paga pelos trabalhadores aos sindicatos deveria ser compulsória ou facultativa, vale dizer, se devia ser o exercício de uma vontade pelo trabalhador ou se podia ser uma imposição feita pelo Estado. Na minha visão, tinha-se ali, como em outras situações, um embate entre modelos: um de origem autoritária e paternalista, de um lado, e outro querendo irromper e trazer o futuro, em um modelo de autonomia individual e de maior responsabilidade pessoal de cada um nas escolhas que faz. Mas no fundo, como consignei em meu voto, não fazia muita diferença a minha preferência, porque essa era uma decisão a ser tomada pelo Congresso Nacional. Apenas acrescentei ao final do meu voto um apelo ao legislador: para concluir a reforma sindical, era imprescindível o fim da unicidade sindical, porque do contrário o modelo fica capenga.

Por fim, a questão da negociação coletiva, que foi objeto de um *leading case* relatado por mim, antes mesmo da Reforma Trabalhista. O direito individual do trabalho tem na relação de trabalho, estabelecida entre o empregador e a pessoa física do empregado, o elemento básico a partir do qual constrói os institutos e as regras de interpretação. Justamente porque se reconhece, no âmbito das relações individuais, a desigualdade econômica e de poder entre as partes, as normas que regem tais relações são voltadas à tutela do trabalhador. Entende-se que a situação de inferioridade do empregado compromete o livre exercício da autonomia individual da vontade e que, nesse contexto, regras de origem heterônoma – produzidas pelo Estado – desempenham um papel primordial de defesa da parte hipossuficiente. Também por isso a aplicação do direito rege-se pelo princípio da proteção, optando-se pela norma mais favorável ao trabalhador na interpretação e na solução de antinomias.

Essa lógica protetiva está presente na Constituição, que consagrou um grande número de dispositivos à garantia de direitos trabalhistas no âmbito das relações individuais. Essa mesma lógica encontra-se presente no art. 477, §2º, da CLT e na Súmula nº 330 do TST, quando se determina que a quitação tem eficácia liberatória exclusivamente quanto às parcelas consignadas no recibo, independentemente de ter sido concedida em termos mais amplos. Não se espera que o empregado, no momento da rescisão de seu contrato, tenha condições de avaliar se as parcelas e valores indicados no termo de rescisão correspondem efetivamente a todas as verbas a que faria jus. Considera-se que a condição de subordinação, a desinformação ou a necessidade podem levá-lo a agir em prejuízo próprio. Por isso, a quitação, no âmbito das relações individuais, produz efeitos limitados. Entretanto, tal assimetria entre empregador e empregados não se coloca – ao menos não com a mesma força – nas relações coletivas.

Como consequência, a autonomia coletiva da vontade não se encontra sujeita aos mesmos limites que a autonomia individual. A própria Constituição, em seu art. 7º, XXVI, prestigiou a autonomia coletiva da vontade e a autocomposição dos conflitos trabalhistas, acompanhando a tendência mundial ao crescente reconhecimento dos mecanismos de negociação coletiva, retratada na Convenção nº 98/1949 e na Convenção nº 154/1981 da Organização Internacional do Trabalho. O reconhecimento dos acordos e das convenções coletivas permite que os trabalhadores contribuam para a formulação das normas que regerão a sua própria vida.

Sei que algumas das minhas posições não correspondem ao senso comum dominante entre os militantes da Justiça do Trabalho. A esse propósito, tenho debates intensos e acalorados – mas sempre de grande proveito para mim – com minha adorável colega e querida amiga, Ministra Rosa Weber. No fundo, não temos maior divergência quanto ao objetivo final: assegurar o máximo razoável de direitos aos trabalhadores, dentro de um ambiente de livre iniciativa e justiça social. Nos diversos ramos do direito em que preciso atuar, tenho o hábito de procurar identificar quais são os valores e vetores que me movem. Pois bem: entendo que a leitura do direito do trabalho à luz da Constituição deve observar os seguintes princípios e objetivos: (i) assegurar os direitos fundamentais, de natureza trabalhista, inscritos na Constituição, que incluem salário mínimo, segurança no trabalho, jornada de trabalho, repouso remunerado, férias e aposentadoria; (ii) preservar o emprego e aumentar a empregabilidade; (iii) formalizar o trabalho, removendo os obstáculos que levam à informalidade; (iv) melhorar a qualidade geral e a representatividade dos sindicatos; (v) desonerar a folha de salários; e (vi) acabar com a imprevisibilidade do custo das relações do trabalho.

É boa a hora de eu sair do caminho. Cumprimento os coordenadores pela iniciativa de deflagrarem uma reflexão de qualidade relativamente a temas sensíveis das relações do trabalho. Precisamos de pesquisa empírica na matéria – para que a discussão se dê sobre fatos, e não sobre posições ideológicas *a priori* – e de diálogo, para que o bom debate nos ajude a encontrar os melhores caminhos. A meta deve ser criação de uma legislação e de uma jurisprudência que, a um só tempo, evitem a precarização do trabalho e as práticas abusivas, de um lado, e, de outro, estimulem a geração de empregos e combatam a informalidade. Não há fórmula mágica nem verdades absolutas. A vida democrática é feita das composições possíveis entre visões diferentes.

Esta obra foi composta em fonte Palatino Linotype, corpo 10
e impressa em papel Offset 75g (miolo) e Supremo 250g (capa)
pela Gráfica Formato.